ものと人間の文化史

135

石干見《いしひみ》

最古の漁法

田和正孝編

法政大学出版局

はじめに――東アジアの石干見文化

沿岸部に、岩塊やサンゴ石灰岩を馬蹄形や方形に積んで築かれた石垣状の定置漁具がある。上げ潮流とともにこの石垣をこえて接岸した魚類が、退潮時、石垣内に封じ込められて漁獲される。日本では一般に「石干見《いしひみ》」とよばれる伝統漁具である。

石干見は、世界各地の潮汐作用が顕著な干潟や、ラグーンの発達したサンゴ礁地帯に広く分布する。日本では有明海周辺と南西諸島に数多く分布していたことが知られている。また、東シナ海とその周辺海域、とくに韓国と台湾に数多くの石干見が現存していることが近年の研究で明らかとなってきた。東アジアは石干見の一大分布域ということができるだろう。本書は、このような状況をふまえて、まず、総論として、世界の石干見の状況（第一章）と、それらの構造（第二章）および所有（第三章）について概観し、各論として、東アジアにおける石干見研究の最前線を提示することを目的としている。

東アジアの石干見に関する研究は、これまで数々の成果を蓄積してはいるが、けっして連綿と続けられてきたわけではない。表0-1は、主要な石干見研究を年代ごとに整理したものである。これに沿って、研究を簡単に回顧してみよう。

表 0-1　東アジアにおける石干見研究

年代	～1980 年	1981～1990 年	1991～2000 年	2001 年～
総論	藪内（1978）			田和（2002）
日本	西村（1967, 1969, 1979） Nishimura（1968a, 1968b, 1971, 1975） 水野（1980） 小野（1973）	西村（1986）	多辺田（1995）	矢野・中村・山崎（2002） 水野（2002）
台湾	西村（1980）		陳（1992, 1995, 1996a, 1996b） 顔（1992） 田和（1997, 1998） 洪（1999a, 1999b）	田和（2003）
韓国			李・許（1999）	

各文献については，巻末の参考文献一覧を参照いただきたい。なお，本書第 1 章～第 3 章は総論欄にある田和（2002），第 6 章は李・許（1999），第 7 章は陳（1996a），第 8 章は田和（2003），第 9 章は田和（1997）をそれぞれ加筆・修正したものである。

日本における石干見研究は、海洋人類学者の西村朝日太郎が先駆者といってもよく、西村と西村の「教え子たち」を中心に一九六〇年代から一九七〇年代にかけて調査・研究が活発に展開された。西村らはオセアニアに広く分布する干瀬《ひせ》というエコシステムが有する漁撈文化に注目しながら、有明海、奄美、沖縄（琉球諸島）における石干見の構造、所有関係などを明らかにしてきた。同じころ地理学者の藪内芳彦は、イギリスの海洋人類学者ホーネルの漁撈文化人類学的研究をうけて、石干見の分布論を展開した。藪内は、石干見漁の分布圏を世界地図の上に示している。その図からは藪内自身も指摘しているように、分布圏の時代的相違を明らかにすることができないし、分布限界も大雑把になっていることは否めない。また分布圏を設定するために用いた文献資料も明記されていないが、一九〇〇年代前期から中期にかけて発表された太平洋各地の民族誌の記述などを丹念にひろいあげて作成した貴重な図にまちがいない。

一九八〇年代にはいると、日本では、石干見の研究がほとんどおこなわれなくなった。私は、この原因として、西村らによる研究がひとつの到達点にいたったということ、漁業種類の主体が生産力の高い漁船漁業へと移行することによって石干見が漁具としての有効性を徐々に失い、その結果、研究対象として顧みられなくなったこと、の二つをあげたい。

その後、一〇年にわたる研究の空白期間を経て、多辺田政弘が共有財産としての沿岸域を考察する際、沖縄・九州に現存する石干見に注目した。さらに、最近になって、かつて西村の調査に参加した矢野敬生、中村敬、山崎正矩、水野紀一らが、一九七〇年代の調査データに近年の補足調査で得たデータを加えて、沖縄（琉球諸島）の石干見について報告した。矢野らが「今後これら以上の詳細な報告は書かれることがあるまい」というように、いずれも綿密な報告であり、研究自体の海洋民族学的価値は高く評価される。また、フィールドで試みられた漁具の詳細な計測、生態学的な視点に基づく潮流の計測などさまざまな研究手法の提示は、開始後間もない韓国、台湾における今後の石干見研究に大きく貢献するものと考えられる。本書の第四章は矢野・中村が、第五章は水野が、このような調査資料を骨子とし、新たな知見を加えて執筆したものである。

韓国では一九九〇年代後半になって石干見の緊急調査がおこなわれ、多くの石干見が現存し利用されていることが明らかとなった。第六章は李相高と許成会による、この貴重な調査記録である。石干見は漁村社会における伝統文化の遺産という観点からも重要な価値を有する。したがって、現存する石干見に対しては破壊されぬように保存策を講じ、国民の教育の場所として活用するための方策を樹立する必要性がある。このようなメッセージも含みながら展開するこの章は、韓国における石干見研究の幕開けを予感させる。

台湾では、澎湖列島の石干見が一九八〇年、西村によって「発見」され、その状況は日本にも紹介された。しかしそれ以降、研究は停滞していた。やっと一九八〇年代の後半になって、地理学者の陳憲明が調査を開始し、私も陳とともに、台湾本島北西海岸、苗栗県沿岸の石干見を調査した。一九九〇年代にはいると、澎湖列島の石干見漁業の研究が活発に開始された。列島北部の赤崁、吉貝嶼、鳥嶼、馬公市五徳などにある石干見の利用および所有形態が明らかにされるとともに、近年では、研究者のみならず地元小中学校の教員や学生の参加を得て、石干見の基礎的な悉皆調査も進められてきた。そこにはまだ十分には解明されていない澎湖列島の漁村の成立や漁場利用を探究しようとする態度のみならず、台湾固有の在地文化を見直そうとする意識も認められる。第七章は澎湖列島の石干見研究を考えるうえで基礎となる、陳による報告である。第八章は、前章をうけて、澎湖列島の石干見漁業史を明らかにする。第九章では、石干見漁業活動に注目して、漁具利用の生態学的な研究が試みられる。

以上のように一九九〇年代以降、各国によって事情や研究目的は異なるものの、石干見研究の成果が公表されるようになり、東アジアの石干見漁業の解明が進みつつある。本書からその状況をぜひ理解していただきたい。本書は、もちろん、石干見研究の最前線を伝えるものではあるが、そのことだけにとどまるものではない。今後、研究方法の精緻化や地域間の比較研究がさらに進められ、世界の石干見文化が明らかになってゆくための指針になればと、執筆者一同、心から願っている。

編　者

石干見＊目次

第一章　石干見の分布

一　石干見

漁業者がどのような日的をもってある種の漁具・漁法を利用するにいたったのかを考察することは、漁場利用の生態や人びとの海洋環境への適応の戦略を理解するうえで重要な研究テーマである。それにとどまらず、複数の漁具・漁法が利用されるときに発生する漁業者間の競合関係が明らかにされ、それを調整する制度上の問題が議論されるならば、水産資源の管理や持続的開発を考えるための新たな知見も得ることができる。しかし、漁具・漁法が変容してゆく過程を検証する作業はけっして容易ではない。漁業の近代化や技術革新によって旧来の漁具・漁法が消滅してしまったり、たとえそれらが残されていたとしても、漁具の材料や形状がいちじるしく変化したりしている場合が多いからである。

ところで、「はじめに」の冒頭に記したように、沿岸部に、岩塊やサンゴ石灰岩を半円形や馬蹄形、方形に積んで築かれた伝統的な定置漁具が世界中に分布する。上げ潮流とともに石垣をこえて接岸した魚類を、退潮時に石垣内に封じ込めて漁獲するものである。西日本から西南日本にかけても分布域のひとつであり、このような漁具は日本では一般に石干見（イシヒミ、イシヒビ）とよばれてきた。石干見研究の第一人者である西村朝日太郎は、人類がこの採捕方法を魚類が潮だまりに残される現象から学んだと考え、この漁法を、太古的性格を有するものとして「漁具の生ける化石」とよんだ（西村 一九六九、一九七九、一九八〇）。石干見はホモ・サピエンスが発達させたものであり、なかには起源が新石器時代までさかのぼれるものもあると述べる研究者もいる（Brandt 1984）。しかし、浅海に構築された石干見がいかに古い漁具であるかを特定したり、あるいは古い遺構を海岸の転石群から見いだしたりすることは、ほとんど不可能にちかい。

石干見の主要な分布域は日本、韓国、台湾など東アジア地域からフィリピン、インドネシアなど東南アジア、オーストラリア、ニューギニア、ソロモン諸島、サモア、タヒチなどの南太平洋諸地域までおよんでいる（西村 一九六七、一九六九、大島編 一九七七、藪内 一九七八、図1-1参照）。潮汐作用が顕著な、干潟やサンゴ礁の環境に適応した漁具である。

石干見は、近年では、漁具としての有効性をすでに失っている。さまざまな漁具・漁法が近代化してゆくなかで、新しい漁獲方法が石干見にとってかわったり、本来接岸するはずの魚群が漁船によって沖側でさきに漁獲されてしまったりするからである。あるものはそのまま放棄され、またあるものはその場所を他の用途に使うために破壊されてきた。現存する石干見もその数を急激に減少させつつある。こ

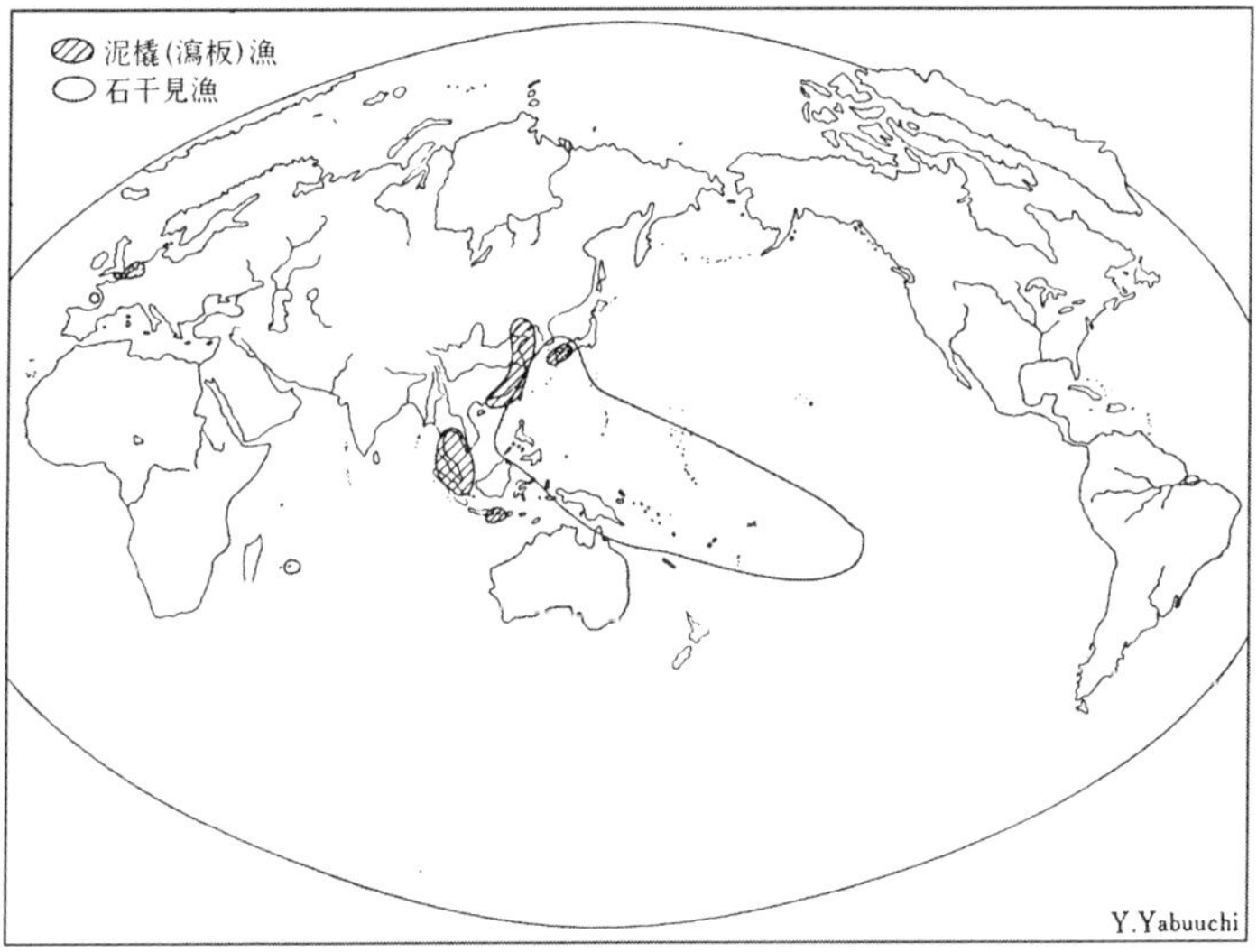

図 1-1　石干見漁の分布圏（藪内 1978）

のような現状を考えると、個々の漁業地域における石干見の分布や変容の過程を体系的に研究することは、緊急の課題といえるだろう。

　本章では、以上のことをふまえて、世界各地の民族誌的記述や漁業に関する文献に依拠しながら、石干見の分布域と現状についてふれてみたい。これは単調な作業である。しかし、各地の石干見の状況は、これまで一枚の世界地図上で概要が示されたり、個別の石干見研究のなかで総論的に扱われたりするにすぎなかった。物質文化研究の対象となることが少なかったといえる。銛《もり》や釣針などの特定の漁具とは異なり、石干見自体を直接手にとって見比べることができなかったことも一因であろう。本章はこれまでの研究の空白部分を埋め、同時に変容しつつある各地の漁業の文化要素を記述する点においても、意義があると考えている。

ただし、民族誌やその他の記録は必ずしも一定の調査目的や研究視点で記述されてはいないし、またそれらの記述自体にも精粗がある。したがって本章の記述内容には、究明が十分でない箇所が多々あることをあらかじめ断わっておかなければならない。また論をすすめるにあたって、名称上の煩雑さを避ける意味で、とくに断わらない限り、石干見という用語を「石を積んで築かれた伝統的な定置漁具」の一般名称として用いることもあらかじめつけくわえておきたい。

二 東アジアの石干見

日 本

日本の石干見の構造や立地場所の特異性、利用形態などの研究は、民俗学や文化人類学、地理学の分野で蓄積されてきた。分布域の特定や漁業技術の伝播、漁業活動、所有権の問題などが、一九六〇年代から七〇年代にかけて、藪内芳彦（一九六二、一九七八、藪内編 一九七八）、西村朝日太郎（一九六七、一九六九、一九七九、Nishimura 1975）、小野重朗（一九七三）、小川博（一九八四）、水野紀一（一九八〇）らによって議論されてきた。

石干見について記載された最も古い記録は、西村（一九六九）によれば、『島原御領村々大概様子書』

写真 1-1　五島列島福江島三井楽のスケアン（2002 年：橋村修氏提供）

であるという。長崎県島原地方には、一七〇七年の検地の際、一五八基の石干見が存在していたことがわかっている。明治期には長崎のほか、和歌山、山口、福岡、佐賀、熊本、大分、沖縄などの各県にも、石干見が分布していた。明治末年には全国で三〇四件の石干見漁業権が設定され、うち一〇〇件が福岡県、一〇三件が長崎県にあったという。その後の石干見漁業権数の変化を見ると、一九二四（大正一三）年に三五九、一九三〇（昭和五）年に三二三、一九三六（昭和一一）年に二七三となっている。長崎県の件数はつねに一〇〇をこえていた（小川 一九八四）。沖縄も石干見の数は多い。正確な数値は明らかでないが、一九三六年には一四件の漁業権があった。一九七二年に宮古島と小浜島だけで四三基存在したという（武田 一九九三）。沖縄全域で一〇〇基近い石干見の存在も確認されている。

石干見の名称は各地で異なる。有明海の諫早湾や島原半島、宇土半島付近にみられるものはスクイ、スキ、スッキイ（小川 一九八四）、長崎県五島列島福江島の三井楽《みいらく》ではスケアン（写真1-1）、福岡県、山口県の周防灘沿岸にみられるものがイシヒビやイシヒミとよばれた。スキやスッキイなどは紙を「漉く」などで使用されるように、構築された石垣が海水を漉《こ》す働きをしていることに由来する名称、あるいは「魚をすくいとる」という漁業活動の内容からつけられた名称であろう。竹材などを水底にたて、一方に口を設け、魚がこの中にいったん入るとでられないように工夫して構築された漁具をヒビとよんだりもするが、イシヒビはおそらく石でできたヒビからきた呼称、イシヒミはそれから派生した呼称と思われる。ただし、「石干見」という名称は、石垣の中の魚を干潮時に行って見てとることにちなんでつけられたのではないかとも推定されている（吉田 一九四八）。

奄美、沖縄では一般にカキ（写真1-2）あるいはカキイ、さらにウオガキやナガキなどと総称された（喜舎場 一九七七、長沢 一九八二、いれい 一九九七）ほか、竹富島ではカシ、西表島ではカシイ、小浜島ではカクス、石垣島の白保ではカチィ、新城島ではハイシ、久米島ではユウカチあるいはイッカチ、与那国島ではクミなどともいった（柳田・倉田 一九三八、西村 一九六七、長沢 一九八二、中村 一九九二）。カキの語源は、石を積み上げた「垣」からきたものと考えてよい。カシイやカチィなどはいずれもカキの転訛である。これらの語幹の前につくナやユウ、イッなどは「魚」すなわちウオの転訛である。クミは、魚を封じ「込める」というところからきた名称であろう（喜舎場 一九七七、柳田・倉田 一九三八）。

このように石干見の名称には、スクイ系、イシヒビ系、カキ系の主として三系列があったことがわか

写真 1-2　石垣島大浜のカキ（1961 年：杉本尚次氏提供）

る。

石干見の立地場所は、分布域から判断できるように、西日本にみられる干潟地帯と奄美、沖縄にみられるサンゴ礁地帯の二つに分類できる。石干見の形態は、海岸側を弦とする半円形が一般的であった。しかし、サンゴ礁地帯では必ずしも半円形ではなく、浅い礁原の地形に応じてさまざまな形をとった。奄美でみられるように、カキの本体から捕魚行為を効果的にする目的でコディスィ（小出し）と称されるL字状の石組みを設けたものもあった（水野 一九八〇）。石干見の石積み全体は通常は連続している。しかし、奄美、沖縄には最先端部が数メートル開いて、両側の石積みがいわば袖垣状になっている石干見がある。これは潮が沖に向かって流れ出る時（退潮時）に、開口部分に小型の網やウケ（筌）をしつらえて魚類を捕獲するものである。

以上のように人工的に石積みを配した石干見とは異なり、沖縄県久米島には天然のサンゴ礁を利用した石干見が存在している（長沢 一九八二）。これは連続するリーフ礁とその切れ目を利用したもので、退潮時、切れ目の部分にサリとよばれる三角網を敷設して礁に沿って沖へでようとする小魚を捕獲した。

石干見漁業の研究は、一九八〇年代以降になると、ほとんど見られなくなった。石干見の数が激減したのが主要因である。現存しているものでさえ、たとえば、有明海に面する長崎県北高来郡（現在は諫早市）高来町湯江の石干見や沖縄県八重山郡竹富町小浜の石干見は町の文化財に指定され、保存の対象となっている（多辺田 一九九五、中西 一九九七、中村 一九九二）。沖縄県宮古郡（現在は宮古島市）伊良部町の佐和田浜には一九七二年当時六基の石干見があった（西村 一九七九）。現在このうちの一基が残っているにすぎないが、これは観光資源としてパンフレット類に紹介されている。

ところが、最近、多辺田が、共有財産としての沿岸域を再考する指標のひとつとして、沖縄、九州に現存する石干見を取りあげた。石干見は耕地の狭隘な農村に立地している場合が多い。多辺田は石干見の利用と管理形態は、陸の空間である農地の所有関係や農作業の共同性を反映している、と述べる。そして、石干見を研究することが、地域住民の力で山林原野と地先の海を共有財産（コモンズ）として永続的に生かすことにつながる、と指摘する（多辺田 一九九五）。

韓国

韓国には古代新羅時代から漁梁《オリャン》という漁具が存在していた。高麗時代にも漁梁が代表的な漁法のひとつであった。これは、簀建《すだて》式の漁法である。その構造は、琵琶湖などで現在見られるエリ（魞）にひとしい。竹、木材、藁縄などを用いてつくられた漁帳《オジャン》や漁箭《オチュン》、防簾《バンリョン》などとよばれるものも同じ構造の陥穽《かんせい》漁具である。いずれも朝鮮半島の沿岸各地に多数分布し、タラ漁を中心にイワシ、サバ、イシモチ、タチウオ、エビなどを漁獲した。しかし、これらの漁具は、明治、大正期に大敷《おおしき》網、台《たい》網、角《かく》網といった日本式の近代的定置網が導入されたことによってその数を減少させた（吉田 一九五四）。

吉田（一九五四）は、韓末（一九世紀後半から二〇世紀初頭）における漁箭の中でもっとも原始的なものとして、石防簾《スッバンリョン》と土防簾《トーバンリョン》という二つの漁具をあげている。『韓國水産誌』第一輯（農商工部水産局編 一九〇八）には、慶尚道や全羅道でカタクチイワシ、サバ、エビ、コノシロなどをとった石防簾が例示されている。これは、湾入した干潟地のなかで地盤が少々急な海面において、石垣を沖側から漸次陸地に向かって湾曲に築き、汀線まで到達させた漁具である。長さは地形によって異なり、短いもので三、四〇間（約五〇～七〇メートル）、長いものになると一〇〇間（約一八〇メートル）に達した。高さは満潮面より水面下一、二尺（約三〇～六〇センチメートル）低くなるようにした。また湾曲部の底部下辺に直径三〇センチメートルほどの暗渠を設け、外側からここにウケを敷設し、干潮時にその中にはいった魚を捕獲した。地方によっては暗渠を設けず、築堤内の海水が半分以上退いたときにタモ網を持って堤内に入り、魚をすくった。『韓國水産誌』は他の種類の石防簾として、済州島においておこなわれるものもあげている。これには二種類あり、ひとつは湾内の地形を利用するもの、もうひとつは沿岸の傾斜面に築造するものであった。いずれも主としてイワシの捕獲を目的とした。構造は、直径約三〇センチメートル内外の石塊を幅約九〇センチメートル、高さ一・二〜一・五メートルに積み重ねて囲ったもので、堤内の広さは、一定しないものの、一〇〇平方メートルから二〇〇平方メートル程度であった。その他の海岸地方ではイシモチ、イワシ、雑魚の捕獲を目的として、村内で娯楽的に経営されたものもあった（吉田 一九五四）。

韓国では、古くはこのような漁具を石堤《スッチェ》、石箭《スッチュン》、あるいは石防簾と分類したが、石干見という名称は使ってはいなかったようである。吉田は、石防簾と土防簾が九州有明海方面にみられる石干見と同様の漁具であると指摘している（吉田 一九五四）。

全羅南道と全羅北道には近年までトックサルとよばれる方形に近い石干見があった。西村（一九六九）は、全羅南道海南郡にトックサルがあることを報告している。全羅北道の石干見については、一九六〇年代後半に実施された韓国民俗総合調査に基づく報告書の中に記述がある。石干見はトックサルだけでなくサルマギともよばれる。扶安郡山内面のトックサルは、海岸が陸地に深く入り込み、入口が狭く内側が広い内湾の地勢を利用して築造されている。湾口の幅は二〇〇メートルあまりで、ここに高さ二メートル、幅三メートルの石垣が築かれる。満潮時には水位がトックサルよりも二メートルも高くなる。自然石で築かれた石垣には小さな隙間があり、引き潮になれば海水は引いてしまって、魚だけがトックサルに残される。これは、湾を仕切るような直線的な堤状の構造のようである。このほか、内湾を仕切る直線状の堤とは異なる半円形に築かれたトックサルが、同じ郡内の海岸線に存在したことも報告されている（金　一九八八）。なお、慶尚南道の南海岸にも石干見が存在するが、ここではトルバルとも称する。亀山は、珍島郡でも、カエメギ、トックチャンとよばれる石干見漁法がかつておこなわれていたという伝承を得たことを報告している。また石干見漁業が当時（一九八〇年代前半頃）おこなわれている唯一の地域として済州島をあげている。さして広くもない島であるにもかかわらず、石干見はウォンやケマ、ウムチなどとさまざまな名称でよばれていた（亀山　一九八六）。

石干見は韓国の伝統的な漁撈文化を研究するにあたって重要な研究対象といえる。それにもかかわらず石干見に関する学術的研究はいまだ十分におこなわれていなかった。しかし、近年、李と許（一九九九）によって、はじめて石干見の緊急調査がおこなわれ、その結果、慶尚南道南海郡南海島、済州島、忠清南道泰安郡でかなりの数が現存し、実際に利用されているという報告が提出された。詳しい内容は本書の第六章で展開される。

石干見の名称はすでにみたように、地域ごとに多少の相違がある。李・許によれば、南海島では、トルバル（石の簾）、あるいはバル（簾）とよばれる。これに海岸の岩や島の固有名称や漁獲対象魚の名を冠して、固有の石干見の呼称ができあがる。たとえば、ベムソム（蛇島）という島の近くに位置するベムソムトルバル、小型のチョケ（貝類）が多獲されるチョケバルなどである。済州島では石干見は一般にウォン（垣）あるいは済州島の方言で足を意味するカダルとよばれる。李・許は、亀山が採集したケマやウムチという名称は記載していない。済州島でも海岸地形に基づいて名づけられたモサルウォンやムサルウォンというような固有名称がみられるし、新しい垣を意味するシンウォンなどがあるという。

泰安郡では、西村（一九六七）による指摘と同様にトクサルとよばれる。トクは石を意味する全羅道の方言で、サルは簾を意味している。

形状は、南海島のものは、基本的な馬蹄形や半円形とW字形のものである。いずれも独立した捕魚部を有する。泰安郡の石干見は南海島のそれと同じように、捕魚部がある。済州島の石干見には捕魚部はない。

李・許（一九九九）は、石干見漁業からは、伝統的な漁業の重要性と、漁村社会を中心として形成された韓国の漁業生産文化の一面をうかがい知ることができるという。石干見は伝統的な漁業のみならず、漁村社会の文化遺産という観点からも価値がある。したがって、現存する石干見についてはこれ以上破壊されないように保存策を早めに講じ、今後国民の教育の場所として活用するための方策を樹立する必要があること、伝統漁業の保存と活用のために石干見漁業の観光資源化と石干見の構造物に対する詳細な研究の必要性があることを指摘している。

台湾

台湾では、石干見のことを一般に石滬（チューホー　chioh-ho）とよぶ。石滬は、澎湖列島および本島北西部の新竹県、苗栗県の海岸部に分布していることが早くから知られていた。澎湖列島の石干見の中には先史時代から残存していると推定する研究者もいる（Tsang 1995）。ただし、記録として残っているものは清代以前にはない。一七一一年、澎湖列島の石滬に対して課税がなされたという記録がもっとも古いものである（蔣　一九七二）。

　澎湖列島には全域にわたって石滬が分布している。特に北部に多い。澎湖に石滬が多く分布していることについて、陳（一九九二）は、四つの自然的・社会的条件をあげる。すなわち、①島嶼の周囲に平坦なサンゴ礁の礁原が発達しており、石滬の構築に適していること、②海岸部に玄武岩質の岩石海岸が発達し、またサンゴ礁もあり、石滬を構築するための石材を入手しやすいこと、③潮差が一、三メートルに達し、潮位の変化に応じて活動する魚類が石滬に入りやすいこと、④冬季には季節風の影響で風波が強く、漁船漁業が困難であり、したがって魚類の陥穽をまつ定置性の漁具が適合していること、である。

　澎湖列島の石滬に使用される石材は、サンゴ石灰岩（硓砧石《ろうこいし》）と海岸部から切り出された玄武岩である。サンゴ石灰岩は透水性にすぐれるが玄武岩に比べて比重が小さいので、石積みの内側に積み、比重が大きく波に対しても壊れにくい玄武岩は外側をおおうように積む。

　古閑（一九一七a〜1、一九一八a〜c）の調査によれば、一九一七年、澎湖列島全体で三一七基の石滬が記録されている。その後、列島全体の石滬の数に関する正確な記録はなかった。しかし、顔（一九九二）の調査によって、列島最北端の吉貝嶼には一九九一年現在七八基が現存していることが明らかとなった（図1-2、写真1-3）。また、私が一九九五年三月に澎湖列島でおこなった聞き取り調査によると、石滬は列島全体で一五〇から二〇〇基現存すると推定されていた。ただし、同年時点で澎湖県政府に定

図 1-2　吉貝嶼の石滬
（台湾大学土木工程学研究所都市計画室編 1985）

写真 1-3　吉貝嶼北部の石滬（1995 年）

置漁業権として登録されていた石滬漁業権は一八件にすぎなかった。漁具としてはすでに重要ではなかったのである。

一九九〇年代になって在地文化の見直しが台湾各地で進められるようになり、澎湖列島でも固有の歴史や物質文化の調査研究が活発化した。石滬の基礎的な調査も進められ、特に一九九六年からは澎湖文化中心（センター）および采風文化学会所が主導した石滬漁業調査グループが悉皆調査を実施し、五五〇基におよぶ石滬の現状が明らかにされた（洪 一九九九ａ）。

これらの石滬の基本形としては、①半円形の石堤、②半円形の石堤内に枝状の石積みを築いて小区画に分け、漁獲をしやすくしたもの、③半円形の石堤の沖側に捕魚部を設けたもの、の二つに分類できる。

澎湖列島は、現存する数からみて、世界一の石干見の集中地域である。それだけに澎湖県の文化資産として石滬を記録、伝承する意義は大きい。それにとどまらず、澎湖の石滬は世界の漁業文化を考える際にも重要な位置にあるといわねばならない。

台湾で石滬が多く分布するもうひとつの地域は、台湾本島北西部の新竹県、苗栗県の沿岸部である。この地域の石滬の分布については、台湾の先住民（山地民）がもともと使用していたものであり、それを漢民族が引き継いだという説と澎湖島民が本島へ移住した時にともにもたらした漁撈文化であるという説がある。

苗栗県外埔の石滬は、北側の中港渓と南側の後龍渓の両河川にはさまれた礫浜海岸部に分布している。一九八九年八月の調査時には、外埔里に四基、秀水里に一基の石滬が残っていた。澎湖列島のそれとは

写真 1-4　台湾本島苗栗県沿岸に残る石滬（1989 年）

異なり、波の作用で丸みをおびた転石によって築かれている（写真1-4）。構築に際しては波に対する抵抗力を勘案して、内側に小型の石を積み、外側を大型の石でおおうようにして積まれている。いずれも半円形の石堤であり、石滬の中央部下方に水門を設けているのが特徴である。聞き取りによれば、一九六〇年代以前には、外埔漁港周辺の南北両側に合計一七基、秀水里に六基の石滬があったという。しかし、沿岸海域が工場排水によって汚染され、漁獲量が減少したために漁具が管理されず崩壊するにまかされたことや、一九七五年から一九七九年にかけて進められた外埔漁港の整備事業に際して石滬の石が建設用石材として転用されたことによって、その数は減少してしまった。苗栗県政府水産課に登録されている石滬漁業権も、一九八九年時点で、外埔里にある四基のうちの二基にすぎなかった（田和 一九九八）。

三　東南アジアの石干見

フィリピン

まず、一九五〇年頃の石干見の分布域を明らかにしよう。表1-1は、フィリピンの漁具・漁法の分類ガイドから、「石で築かれたバリケード」に分類される漁具を選び出したものである。漁具名のほとんどがビサヤ地方の方言であることから、石干見がフィリピン諸島中部のビサヤ海周辺に分布していると推定できる。この海域はサンゴ礁が発達した浅海である。漁具についての詳細な記載が欠落しているので推定をまじえざるをえないが、通常の石積みのほか割竹をあわせて用いるもの、また、石積みの頂点の部分は開口したままにしておき、退潮時にそこに他の漁具を敷設して魚を漁獲するものもある。

川村とバガリアノは、ビサヤ諸島パナイ島の漁具・漁法のひとつとして、ストーンダムを分類している。パナイ島ならびにその周辺の島嶼部の海岸近くに構築されているという。この漁具は満潮時には海面下に没してしまい、魚が自由にこの内部に入りこむ。しかし、退潮時になると、ここから逃げおくれ、内部に閉じ込められてしまうものがいる。これらが漁獲されるのである。魚を実際につかまえる時には、手づかみのほか、ヤスやタモ網が用いられる（Kawamura & Bagariano 1980）。

表1-1の中のアトブ（atob）については、最近、ザヤスがビサヤ諸島海域世界の移動漁業に関する論

表1-1　フィリピンの石干見

漁具の呼称（地方名）	言語	備考
antol	Sebu, Bisaya	サンゴ礁の漁業で使用
atob	Ilongo, Bisaya	サンゴ礁の漁業で使用，atog, antol と同意
atog	Ilongo, Bisaya	サンゴ礁の漁業で使用，antol, atob と同意
gulgol	Sebu,Bisaya	岩礁性の魚類を捕獲，退潮時に出口に他の漁具をしかける
hibasan	Tagalog	サンゴ礁の海岸沿いに構築
layrong	Ilongo,Bisaya	サンゴ礁に構築，2つの垣と1つの捕魚部をもつ
pagbabahaan	Samar,Bisaya	バセィ，サマル州で使用，サンゴ礁の海岸沿いに構築
pahunas	Aklan,Bisaya	サンゴ礁の海岸沿いに構築
pailig	Aklan,Bisaya	サンゴ礁の海岸沿いに構築
pailigan	Samar,Bisaya	サンゴ礁の海岸沿いに構築，退潮時に出口に他の漁具をしかける
panada	Bikol	サンゴ礁の海岸沿いに構築
serada	Bisaya-Spanish	干潮時に魚を捕獲するための石の囲い
taan	Bikol,Bisaya	サンゴ礁にいる魚類を捕獲する石と割竹を用いた囲い
unasan	Bisaya	サンゴ礁の漁業で使用

Umali (1950) より作成。

文のなかで詳細にふれている。これによるとパナイ島北東に位置するギガンテ諸島の西海岸に広がる礁原には二〇世紀の初め頃、自給的な漁業に使用されるアトブが築かれていたという。干潮時には魚がアトブの内部に残され、漁業者はこれをすくいとった。形状は半円形であった。大きさは礁原の広さに応じてさまざまであり、小さいものは一〇メートルほどにすぎないが、大きいものになると三〇〇メートルにもおよんだ。地方行政単位であるバランガイから許可を得ることができれば、誰でもがどこにでも築くことができた。アトブはそれ以降、新しい漁具にとって代わられつつあったが、一九七〇年、この地方で食料不足が生じた時にはいくつかが再び構築された。一九八二、八三年頃まで、数多くが使用されていたという。伝統的な漁具が、社会、経済状況の変化に応じて復活した珍しい事例といえるだろう。ザヤスは小型のアトブが一九九三年まで南ギガンテ島で現存していたと報告している（Zayas 1994）。

その他の地域

インドネシアやタイにも石干見がある。

インドネシアの場合、世界有数のサンゴ礁地帯であるカリマンタン島東岸からスラウェシ島、マルク諸島にかけての海岸部に石干見が存在する。フローレス島北岸にもあるという（田中 一九九九）。中部マルクのアルー諸島、カイ諸島でみられるものは、インドネシア語でセロバトゥ（*sero batu*）という。セロは漁柵、バトゥは石を意味する。その構造は半円形の石積みであり、中央部にやや深まった円形の池が設けられている。潮が引いてもこの池の部分だけには海水が溜まったままとなり、そこに魚が残るのである（Subani & Barus 1989）。ジャカルタの海事博物館にはインドネシア全域の漁具・漁法の分布域を示した地図（Peta Perikanan Laut Indonesia）がある。セロバトゥも取りあげられており、その大まかな分布域はヌサトゥンガラおよびマルクと説明されている。地図上では、タニンバル島周辺、ティモール島の西海岸、スンバ島とフローレス島との間、カイ諸島周辺において確認できた。

私が一九九六年に調査した南スラウェシのウジュンパンダン（現マカッサル）沖合に浮かぶサンゴ礁島コディンガレンで見た小型の石干見を紹介しよう。

石干見は礁原が発達した島の西側の海岸に一基だけあった。サンゴ石灰岩を六〇～七〇センチメート

写真 1-5　インドネシア，南スラウェシ州コディンガレン島のランラ（1996 年）

ルの高さに積んだ幅一〇メートルほどの方形であった。ビニール袋やプラスチック容器など、海水によって運ばれてきたゴミがたまり、漁具とはとても思えなかったが、これはランラとよばれるれっきとした漁具で、アイゴがとれるということであった（写真1-5）。ちなみに島では礁原内でおこなわれる小型の追い込み網もランラとよばれていた。

タイの石干見についていては、現在のところ詳細を得ていない。柴田（二〇〇〇）は、『タイ国海洋漁具図集』（一九九六年刊）にタイ式の石干見の図が掲載されていることを報告している。有明海の石干見と同じ半円形の石積みを海岸から沖に向かって構築し、その石積みの中に残ったサメやエイ、カニを三叉のモリでねらっている三人の漁夫が描かれているという。

四　太平洋の石干見

メラネシア

トレス海峡諸島

メラネシアで石干見が数多く分布している地域のひとつが、オーストラリアとパプア＝ニューギニアの間に位置するトレス海峡諸島である。この諸島はさらに北西部、西部、南部、中部、東部の各諸島にわかれるが、石干見はそのうちで東部諸島にもっとも顕著にみられる。トレス海峡諸島のほとんどが隆起サンゴ礁や砂州から形成されているが、東部諸島は火山性の島嶼群であるため、石干見の構築に適した火山岩を比較的簡単に入手することができたからである。

イギリスの人類学者ハッドンは、二〇世紀初頭におこなったトレス海峡諸島の人類学的調査報告書の中で、石干見が東部諸島でサイ、西部諸島でグラズとよばれていたと記している。ただし、東部諸島の島民たちはサイを構築した記憶がなかった。彼らはこれを創世神がつくったものと解釈していた。石干見に使われている石が内陸から運び出された熔岩であることが、島民がそう考えるひとつの根拠となっていたのである。島民たちは古くから存在していた石干見を修理しながら利用した。これらは、北東モンスーンの期間、風下側にあたる海岸に構築されていた。この時期は海がおだやかで、満潮時には多数の魚が石壁をこえて岸に寄る。魚は、退潮時には石壁に遮られて沖へ向かうことができなくなり、捕獲された。南東貿易風の季節には風波が直接あたる位置となってしまい、石干見は破損することがあったという（Haddon 1912）。

一九八〇年代前半の地理学的・民族学的報告書（大島編 一九八三）によると、石干見は当時、東部諸島のメール島、ダワール島、ダーンリィ島、スティーブン島などに分布していた。その形状は、メール島やダワール島では長方形、ダーンリィ島では半円形であった。

スティーブン島では石干見が左右を相接しつつ島の周囲をとりまいていた（図1-3）。高さは三〇～七〇センチメートル、形状は弧状（半円形）をなしていた（写真1-6）。構築された場所ごとに季節によって異なる風の影響を受けた。瀬川（一九八三）は、この地域で使用されるミリアム語のサイという石干見の呼び方よりも、トレス海峡ピジンのピス・トラップ（フィッシュ・トラップのこと）という呼称のほうがよく使われると指摘している。また、ひとつひとつの石干見に所有者がいたが、ほとんどがすでに破損しており、実際に漁業手段として使用されていたものは少なかったという。この原因として、漁業の技術革新が考えられる。すなわち、島民が日常よく食べるイワシ類は、ナイロン製の投網の導入によって、海岸で簡単に漁獲できるようになっていた。しかも船外機つきボートが導入され、沖合へ出漁して魚をとることも可能になっていたのである。瀬川は、さらに、オーストラリア本土側から供給される冷凍畜肉が魚類への執着を弱め、そのことも石干見を衰退させる遠因になったと指摘する。

東部諸島では現在でも石干見が使用されている。これらは家族単位で所有されているが、そこでとれ

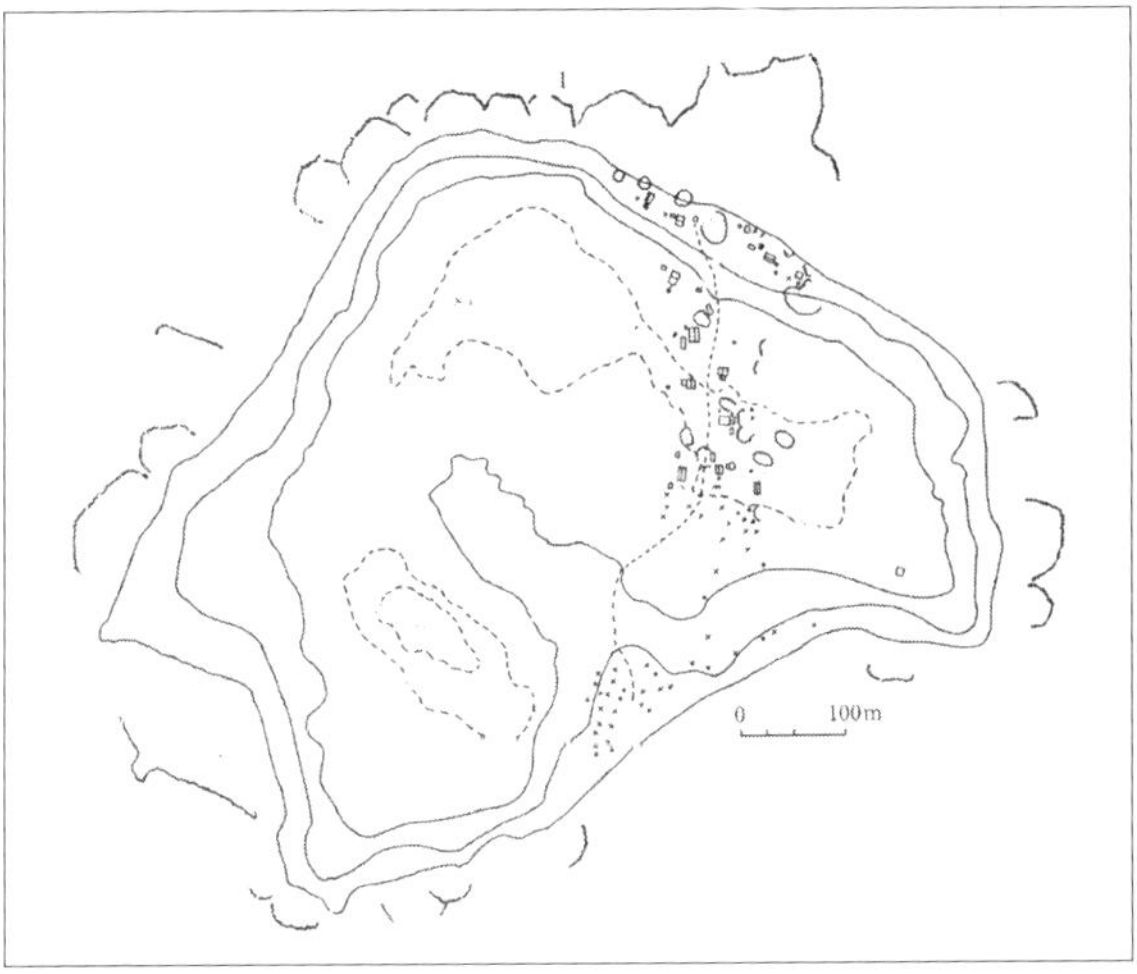

図 1-3　トレス海峡諸島スティーブン島における石干見の分布（瀬川 1983）

写真 1-6　トレス海峡諸島スティーブン島の石干見（1977 年：瀬川真平氏提供）

た魚は所有者の成員だけでなく、石干見の修理を手伝った人たちにも分配される。スティーブン島では、若干の魚がサイから漁獲されてはいるが、サイ自体はもはや修理されていない。メール島では一九八四年から一九八七年にかけて、サイの修理はまったくなされなかった。ほかの仕事に労働をさかなければならなかったからである。しかし、一九八七年には久しぶりに修理がほどこされたという（Johannes & MacFarlane 1991）。

バードらの報告によると、メール島では、子供がになう生業的な漁業の中では石干見漁が依然として重要な役割を有していることがわかる。夜間の干潮時に石干見の中に残った魚を捕魚部に追い込み、ヤスで突いたり網を用いて漁獲したりするのである。ときには石干見のなかで釣りもおこなわれるし、魚毒（デリス属に含まれる植物の根）が使われることもあるという（Bird et al. 1995）。

ニューギニア島・ソロモン諸島周辺部

ニューギニア島の北部に位置するマヌス島では、V字形のカロウとよばれる石干見が、裾礁の方々に、魚道に沿って造成されていた（秋道 一九九五）。マヌス島の北部沖合に浮かぶ小島ポナムにも石干見がある。一九八〇年代前半のこの島の漁業に関する報告によると、石でできた大きなハート形の石干見があったことがわかる。これはパパイとよばれていた。低潮時期にあたる六月から八月にかけてのみ利用された。パパイを構築するためには、構築場所の海面を所有していなければならなかった。この権利は相続されることはなかった。北の堡礁はパパイで完全に埋めつくされていたが、その多くがすでに荒れはててしまっていた（Carrier 1982）。

一九七〇年代、ソロモン諸島マライタ島では、礁原の浅瀬にV字形の石干見エレが一カ所あった。そこではタケ・エレという漁法がおこなわれた。これは両手に大型の三角網をもった人がグルクマやアジの群れを石干見の中に追い込んでゆくものである（秋道 一九七六）。同じくマライタ島のランガランガ・ラグーン、アバロロ村の外島周辺のサンゴ礁には、アフェアフェとよばれる高い壁をもつ養殖池兼石干見、また、エレエレという干潮時に使う低い壁をもった石干見が多数あった。ただし近年ではサイクロンなどによって破壊されたのち、使われることはなかった。一九九〇年にこの地域を調査した後藤は、空中写真からエレエレの残存を一基発見し、実際にそこを訪れている。また、一九九〇年の調査のあと、村の漁師がこのエレエレを修復して漁をおこないはじめた興味ある事例も報告している（後藤 一九九六）。

メラネシアの縁辺ポリネシア地域にあたるティコピア島にも石干見があったことを、著名な人類学者ファースが記録していることを書き添えておこう（Firth 1939）。

ミクロネシア

ミクロネシアではほとんどすべての島で石干見がみられた。一般的な形状は、礁原に造られる大きな矢形のものである。第二次世界大戦前に松岡静雄（一九四三）や染木煦（一九四五）、杉浦健一（一九三九）

ら日本人が著したこの地域の報告にも、石干見は石簗や石魞としてでてくる。石干見はヨーロッパ人との接触以前には重要な漁具であったと考えられている。ポナペ（ポーンペイ）島やヤップ島にあった石干見は、日本がこの地を統治していた第二次世界大戦中までは存在していたが、日本人が積石を建設用材として持ち去った場合も多かったという（Fischer & Fischer 1970）。一九六〇年代にはほとんど荒廃してしまった。

トラック諸島のなかで礁原が発達した島嶼には、一九六〇年代まで多数の石干見があった。これはマアイとよばれた。トラック諸島民が構築したものなのか、あるいはトラック諸島に滞在した近隣のサタワン島民の造ったものか明らかではないが、古くから使用されていた。形態は一般的に三つのタイプに分けることができた。すなわち、①半円形のもの、②海岸線に直角に直線の石積みをもち、その沖合側に楕円形の石積みの囲いを設けたもの、そして③海岸近くに丸い石積みを造り、そこから二つの斜めの石積みを設けたもの、である（LeBar 1964, 図1-4参照）。③は特殊な形態であり、上げ潮流時に魚群を集める形態と考えられる。退潮が始まる前に開口部を漁網で仕切るなどして、魚を漁獲したのであろう。

ヤップ島でもトラック諸島と同様に数種類の石干見があった。それらは、①礁原の浅い部分にみられる、魚を捕魚部に導く垣をもつ矢形のもの、②二本の垣と捕魚部をもつV字形のもの、③礁嶺付近に造られる、V字形で頂点の部分が開いており、そこにカゴを仕掛けて魚をとるもの、の三タイプである（図1-5）。このうち①、②はいずれもアッチとよばれ、一九七〇年代にもみられたが、③はその当時すでに消滅していた。波浪によって破損したものや、新しい建物を造るために積石が他所に移されたものも

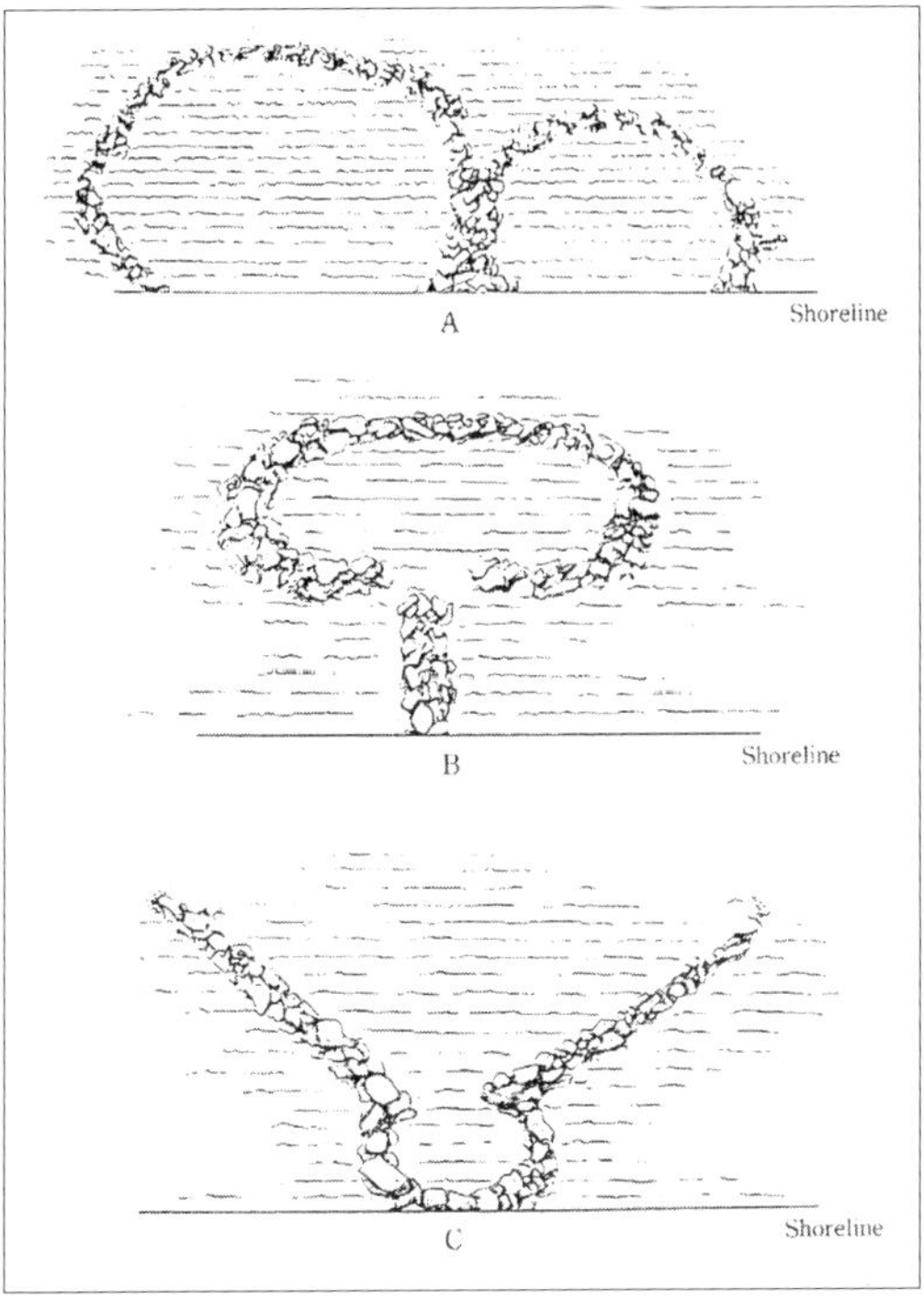

図 1-4　トラック諸島の石干見の形態（LeBar 1964）

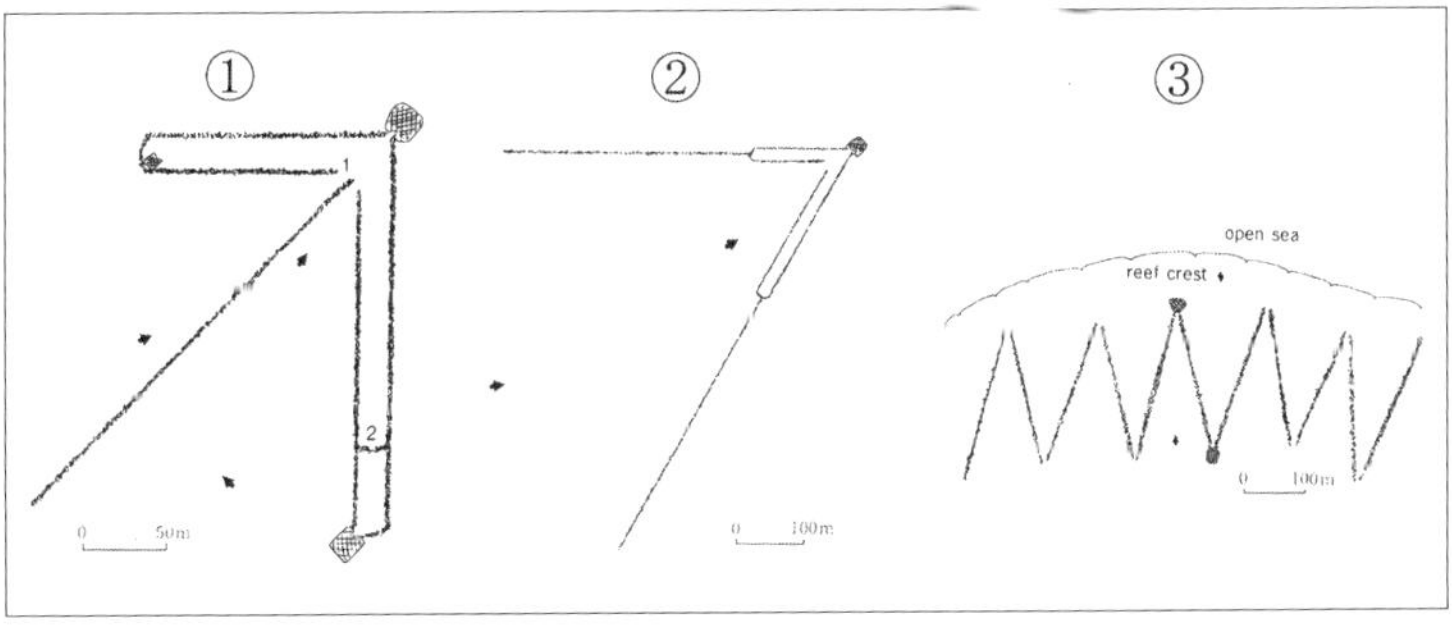

図 1-5　ヤップ島の石干見の形態（Hunter-Anderson 1981）

多かった（Hunter-Anderson 1981）。

ヤップに石干見が多数存在したことは、人口増加と農業経営の拡大に関係している。すなわち、成人男性が農作業および農業に関係する社会的・政治的活動に多くの時間を費やさねばならなくなった時に、操業にあたって活動時間が少なくてすむ石干見の利用が活発化したと考えられる。その後、ヨーロッパ人との接触によって人口が減少し、農業や土地に関係した活動が激減するとともに、石干見漁業の重要性も減少し、結果的に石干見は修理されることなく、そのまま放置されたのである（Hunter-Anderson 1981）。

多辺田（一九九〇）は、一九八九年にヤップ島において、現存する石干見の共同利用について調査している。この石干見は右記の三分類の①と同様のもので、やはりアッチとよばれ、矢尻形をしていた。矢尻の左右どちらかに石室があり、そこに竹簗を敷設する場合もあった。

パラオ諸島においても、石干見が礁原に存在した。この漁具を維持するには相当な労働力を必要としたようであり、二〇世紀に入って労働集約的なケソケスという漁網が導入されると、石干見のほとんどが消滅したという。ただし、一九七五年、ゲクラウというところにただ一基だけ残存していた。これは修理がすでになされていなかったものの、所有者がときどき数尾の魚をつかまえていた。また、一九七六年にはこれとは別の石干見の痕跡をンゲレムレングイにある造船所の北側で見ることができた。これは一九五〇年代にすでに魚とりをやめていた（Johannes 1981）。

ギルバート諸島（キリバス）には、サンゴ石灰岩および陸上域の岩石をテニスのラケット形に積んで

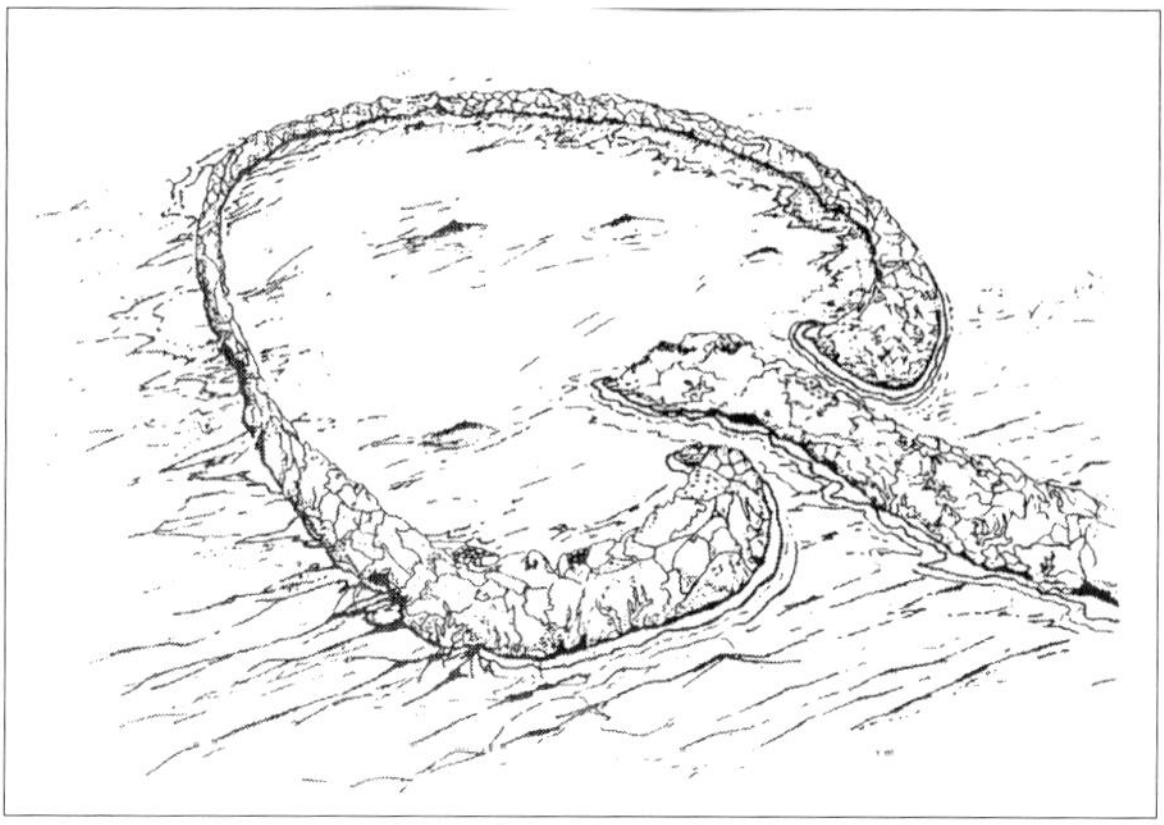

図 1-6　ギルバート諸島のラケット形の石干見（Teiwaki 1988）

造られた石干見テマがある。高さは約七〇～九〇センチメートルである。ラケットの握り手にあたる部分が陸側に向かってのびている（図1-6）。この部分は、魚を捕魚部に導くとともに、干潮時に漁業者が捕魚部へ歩いて達するときの通路にもなった（Teiwaki 1988）。

カロリン諸島のカピンガマランギ環礁には小魚ダウエニやヒメジ、サヨリを漁獲する石干見があった（図1-7）。一九六〇年代から七〇年代頃には一基だけを残してすべてがすでに消滅してしまっていた。ダウエニをとる石干見は二ないしそれ以上のV字形の大きな石積みによって構築された。退潮時、ダウエニが礁原からでてゆくときに、V字形の頂点の部分に網を仕掛けて漁獲した。ヒメジとりの石干見もこの魚の習性をうまく利用したものであった。新月およびこれに続く三、四日間、潮位は早朝にゆっくりと上昇する。ヒメジは潮位が八インチ（約二〇センチメートル）以上に達すると、礁原からリーフを横切りはじめる。漁師たちはこの時を「ヒメジのシオ」

とよんだ。石干見が構築された場所は、漁師が認知しているヒメジの魚道を示すものであった。漁獲に際しては別にウケや網を用いた。サヨリ漁は「男の家」の構成員によっておこなわれた。彼らはカヌーに乗り込み、カヌーの上からパドルで水面をたたいてサヨリをリーフの方へと追い込んだ。その後、サヨリがリーフへ近づくとカヌーから降り、リーフへ向かって移動しながら、石干見の中へサヨリを追い込んだ。さらに石干見の中にしつらえたウケへと追い込み、タモ網ですくい取った（Lieber 1994）。

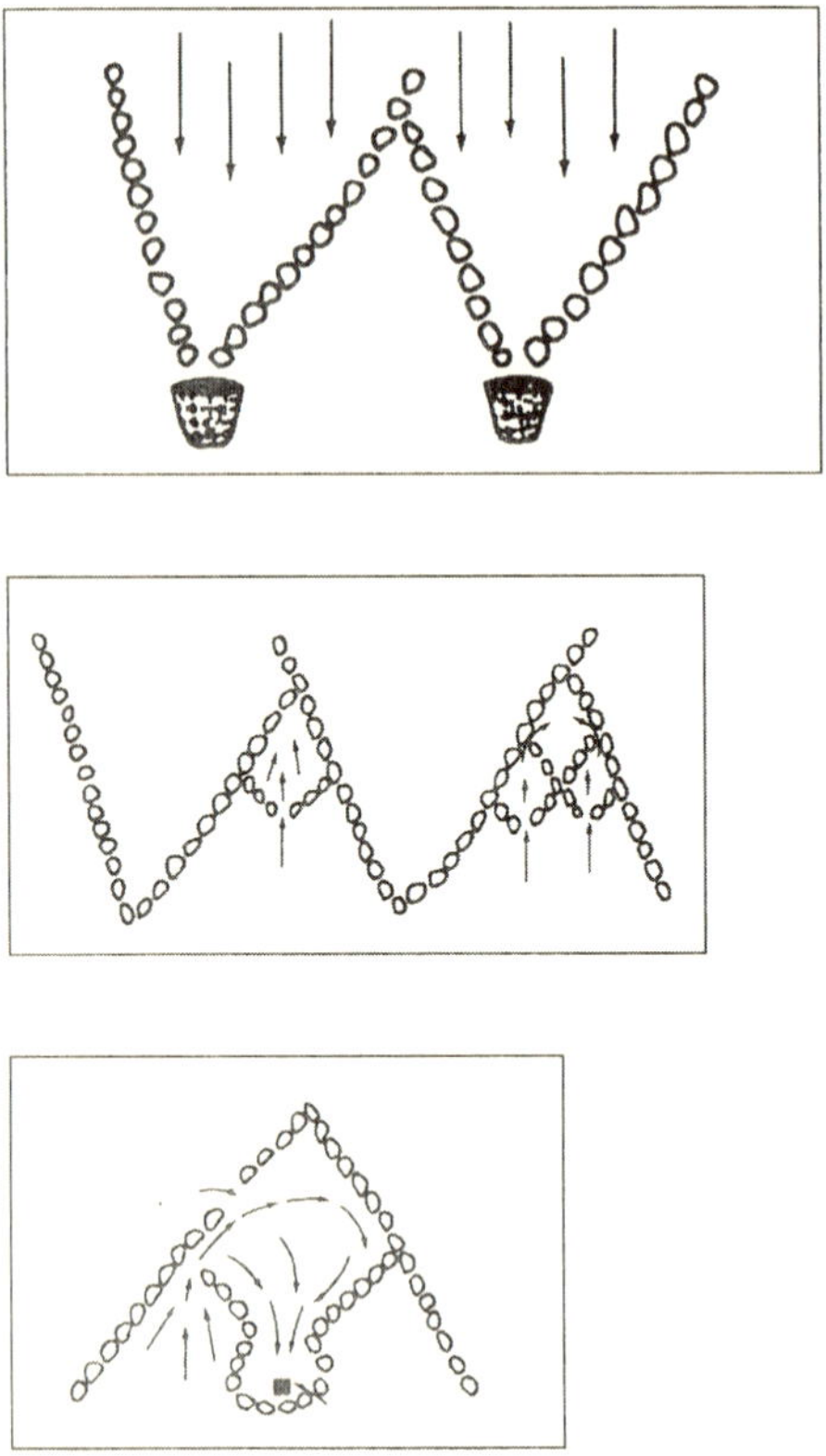

図 1-7　カピンガマランギ環礁の石干見（Lieber 1994）

ポリネシア

ポリネシアでも一般にサンゴ石灰岩で造られている石干見がみられる。リーフやその他の陸域に接した海面に造られている。サモア諸島、ウォリス諸島、クック諸島など各地で知られている。形態も単純なV字形のものから、ひとつの石干見に多くの捕魚部をもつ複雑な迷路のようなものまでさまざまである（Reinman 1967）。しかし、私は、この地域の最近の石干見の情報を得てはいない。

武田（一九九三）は、一九九三年にクック諸島のラロトンガ島でパーとよぶ石干見を確認している。岩のすき間に網を張りめぐらし、魚を追い込む。今ではあまり機能していないようであると報告している。

ハワイ諸島では古くから汽水域あるいは淡水域に人工的に養殖池を設け、養魚をおこなってきた（Reinman 1967）。池は、まわりに火山岩や石灰岩を積みあげて造ったものである。形態としては、海側に馬蹄形に張り出したものが多い。この中にモロカイ島などでみられるロコウメイキとよばれるものがある。これは養殖機能をもっていない。多くの水門または誘引水路が設けられていて、上げ潮流とともに魚を池内に誘い入れ、潮が引くのをまって池内に残された魚をとる漁具である（Summers 1964、橋本二〇〇〇）。構造的には石干見に等しいといえるだろう。

オーストラリア

漁撈が先住民のアボリジニーズにとって主たる生計維持活動のひとつであったことはいうまでもない。彼らは動物の骨で作った釣針、木製のヤスや棍棒などの漁具とともに、河川、湖沼、海岸部で漁柵やワナを構築して魚を捕獲した。北西海岸には、一七世紀頃、潮間帯で小魚をとる石積みのワナがあった(Reed 1969, Pownall 1979)。西オーストラリア州の最南部オールバニーの西方約五〇キロメートルに位置するウィルソン入江にも、少なくとも四〇の石干見があった。一九九九年三月にパースの西オーストラリア博物館を訪ねた時、その説明パンフレットを手に入れた。これによると、石干見の形態はきまっていないが、角形の石積みや円形、卵形のものがあった。円形、卵形の石干見には半径四〇メートルにおよぶものがあったという。

五　その他の地域

石干見はこれまで示した地域以外にも存在する。ブラントは、石干見は東南アジア、ポリネシア、オーストラリア、アフリカで知られているが、ヨーロッパにはまったく存在しないとしている(Brandt 1984)。しかし、ポルトガルやスペイン、フランスのオレロン島やインド洋のモーリシャス島にもあるという報告がなされている（藪内 一九七八）。

アナンドによると、インド西海岸沖のインド洋上に浮かぶサンゴ礁島ラクシャドウィープには、伝統的におこなわれてきた、いわば落とし込み式の漁法として、チャールとパディとよばれる石干見がある。チャールは礁斜面の水路部分にサンゴ石灰岩を積みあげて造ったもので、沖側に大きく広がり、礁原側に向かって次第に幅が狭まる。この狭い部分の先端に張網を棒で固定し、沖側から接岸するヒメジやツバメコノシロ、ブダイなどの魚群の陥穽を待つ。パディもチャールと同様の漁具で、礁原側は開口し、沖側は閉じた馬蹄形をしている。しかし、チャールとは異なり、形は多様ではなく、水深の浅い池状である。退潮時に礁原から沖合へ向かおうとする魚群が留められることになる。魚群が陥穽されたところで開口部分を塞ぎ、それらを漁網やヤスを用いて漁獲した（Anand 1996）。

フランス西部、ビスケー湾に浮かぶレ島にも石干見がある。レ島における石干見に関しては一一世紀からその存在についての記録がある。一五世紀初頭には三〇基強、一九世紀後半の最盛期には約一四〇基が使用されていた。以後、その数は減少し、二〇〇〇年一一月の段階で実際に使用されていたのは一四基のみであった。近年、石干見文化を守るために保存会が結成されている。石干見がレ島文化のもっとも重要な文化表象のひとつであるという立場から、保存会は文化資源・観光資源としての石干見の修復と保全に携わっているのである。レ島のすぐ南に位置するオレロン島にも石干見があり、ここでも石干見が観光資源として利用され、保全が開始されている。このような動きは、世界的な石干見の保護に対するひとつの可能性を示唆するものととらえることができる（岩淵 二〇〇二）。

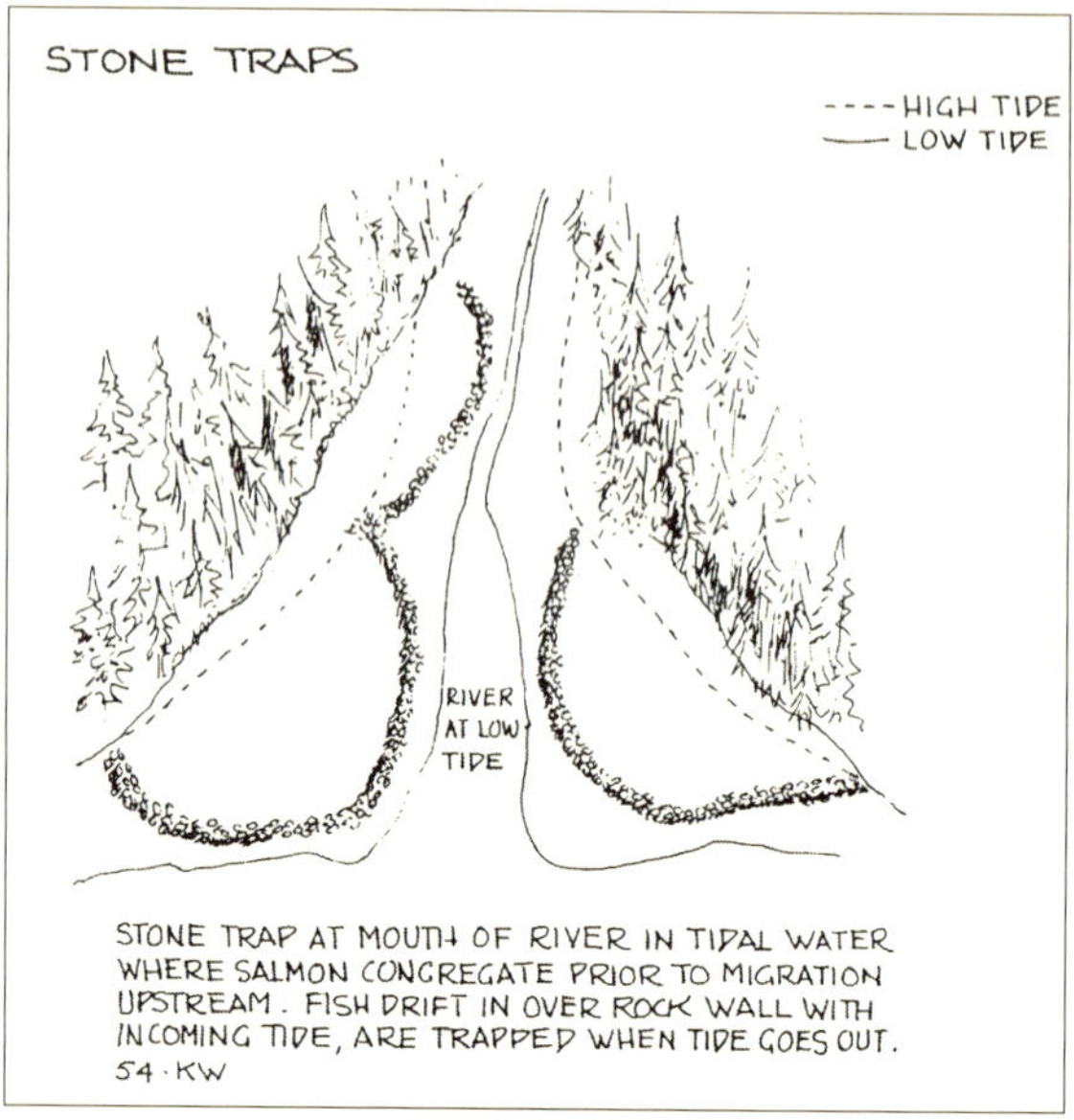
STONE TRAPS
----HIGH TIDE
—— LOW TIDE
RIVER AT LOW TIDE
STONE TRAP AT MOUTH OF RIVER IN TIDAL WATER WHERE SALMON CONGREGATE PRIOR TO MIGRATION UPSTREAM. FISH DRIFT IN OVER ROCK WALL WITH INCOMING TIDE, ARE TRAPPED WHEN TIDE GOES OUT.
54·KW

図 1-8　北アメリカ北西海岸の石干見（Stewart 1977）

アフリカの石干見については、十分な情報を得ていない。前述のブラントが著した『世界の漁法』には、石干見を解説するための付図として、半円形をした「ギニア湾岸の石干見」の写真が掲載されている。

カナダの中部極北圏にも石干見があったことが、スチュアート（一九九三）による民族学・考古学的調査研究によって明らかにされている。ほとんどの石干見が暖温帯に分布するのに対して、これは高緯度の寒帯にあるきわめて珍しいものである。

スチュアートは、また、文献調査の結果、北アメリカ大陸の北西沿岸地帯にも石干見が存在している可能性があることを指摘している。すなわち、北のトリンギットからハイダ、ツィムシアン、ベラベラ、ベラクーラ、クワキウトル、そして南のノートカ、コースト・セリシュにまでわたって石干見と思われる施設が報告されているのである。これらはサケ漁で使用された石干見であると考えられる。いわゆる北西海岸インディアンの住む地域全域に分布している。スチュワートは、特にクワキウトルがよく用いたと指摘する。サケを獲得する精巧な石干見が、河川の河口部に構築されていた（図1-8）。春の融雪か夏の降雨が川をあふれさせ、サケの遡上に十分な水深になると、サケが小さな流れや川口へと接岸する。潮がさしてくると、流れとともに石干見の上端をこえて、岸へと泳ぎよってくる。潮が引くと、深場へ戻れなかったものが石干見内に閉じこめられてしまうのである（Stewart 1977）。

以上のように石干見は世界各地に分布していることが明らかとなった。その形態や機能は各地で多様であることもわかってきた。そこで次章では石干見の形態と構造についてさらに検討をくわえてみよう。

第二章　石干見の形態と構造

一　石干見の形態

前章でみた各地の事例から確認できるように、石干見にはさまざまな形態がある。その構造と形状は主として以下の四つに分類することが可能である。

①沖側に向かって半円形あるいは角形《つの》に仕切り、内部に魚群を陥穽させる、もっとも一般的といえる構造のもの。世界に広く分布する。

②基本形は①の石干見に等しいが、沖側に別の捕魚部を設けた構造になっているもの。東アジア、とくに韓国や台湾に多い。

③矢形、矢尻形、ラケット形、ハート形などと表現されるように、①の基本形の海岸側に魚を誘導

する目的で直線ないしは曲線的な石積みを設けたもの。南太平洋のサンゴ礁地帯に多く分布する。

④V字形あるいはW字形で先端部が開口するように石を積んだもの。開口部にウケや網をしかけて魚群を捕獲する構造である。サンゴ礁地帯に多い。

これらのほか、事例数は少ないが、養魚池タイプのものや、④と構造的に同じではあるが、人工的に堤を構築したものではなく、堤状に連続した天然のサンゴ礁を利用したものなどがある。

石干見の形態と構造について、西村の研究成果をふまえながらさらに検討をくわえよう。

西村は、石干見の形態について、①純粋な意味での石干見、②石滬《せっこ》、③石積養殖池の三つのタイプがあると指摘した。そしてその形成と発展を図2-1のように説明した（西村 一九七四）。石干見と石滬は魚族の採捕を目的とするのに対して、石積養殖池はその名称の通り、養魚が目的である。それでは石干見と石滬とは、形態的にどのように区別できるのであろうか。西村は、石干見はもっぱら自然的条件に依存する採捕用の構造物であるとする。他方、石滬は魚族を強制的に誘導する捕魚部という装置をもち、この点で文化的条件に依存する効果を有する漁具であると述べる。「滬」という文字が、竹を海浜に並べたてて魚をとらえるエリ（魞）の意味をもつことから（中村 一九九五）、これに準じて石滬をとらえている。さらに西村は、三タイプの大まかな分布域についても注目し、石干見は日本やメラネシア、石滬はミクロネシア、石積養殖池はポリネシア、特にハワイ諸島にそれぞれ多いとしている。石滬がミクロネシアに多く分布すると指摘することから判断すると、西村は、石滬をヤップ島やギルバート諸島に

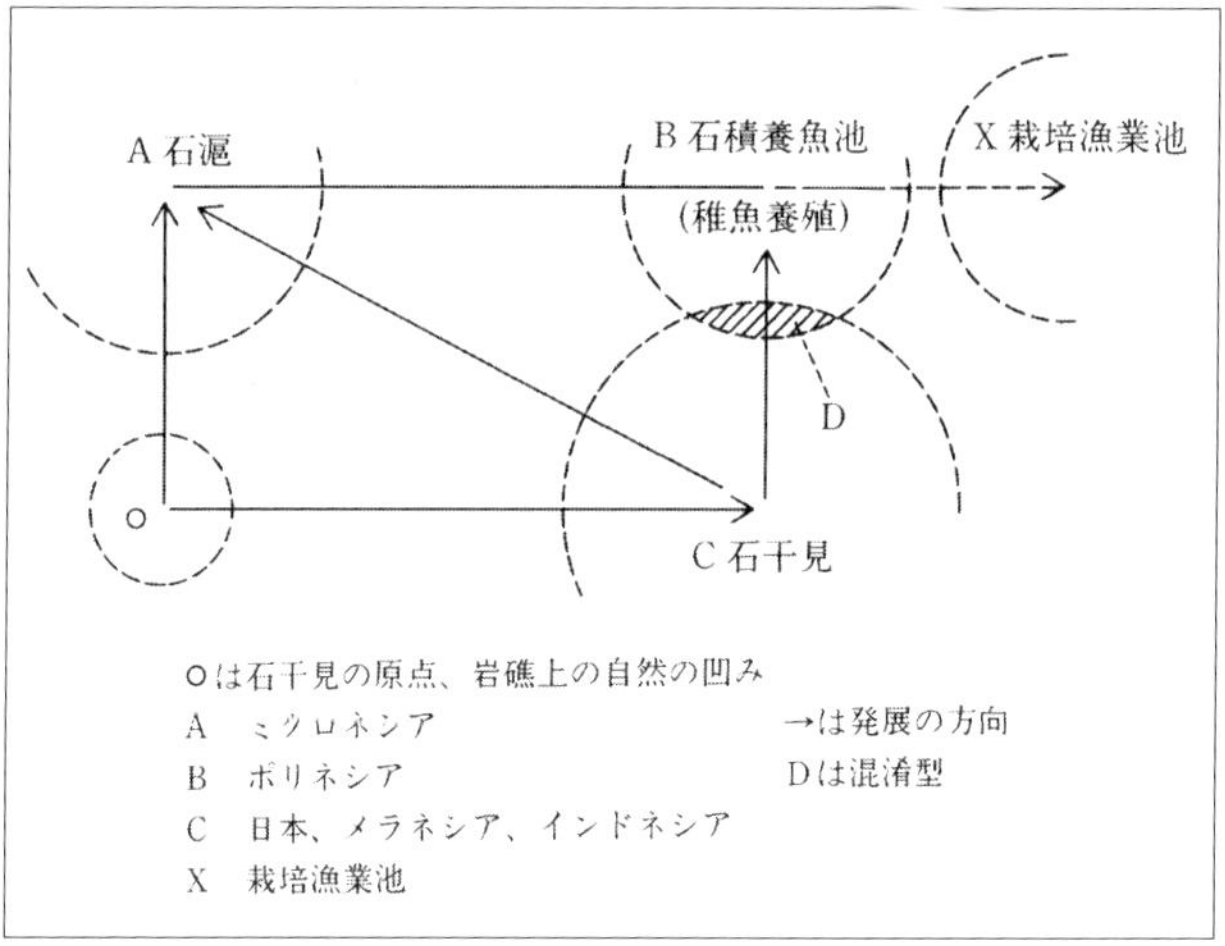

図2-1　石干見の形成と発展（西村1974）

ある矢形あるいはラケット形、ハート形のような垣と捕魚部を有する石積みの陥穽漁具と認識しているようである。西村は、石滬は台湾や中国などでは石積養殖池を意味することがあるので注意が必要であるともつけくわえる。しかし、台湾では、日本の有明海にみられる石干見とまったく同じ形態の漁具に対して「石滬」という文字をあてている。また、石積養殖池は台湾では「魚塭《ぎょうん》」である。この点からいえば、石干見と石滬《せっこ》を区別することには無理があるようにも考えられる。西村が提示した発展段階について異論はないが、石滬の語源とその分類についての考察がさらに必要ではないだろうか。

二　石干見の類型化

西村（一九七九）は、沖縄における石干見（カキ）

の主要な形態の類型化についても、発生的連関に注目しながら図2-2のように説明する。Aは石干見の重要部である捕魚部がもっとも発達しており、そこに魚を誘導し捕捉する形態である。Bは方形の捕魚部があって、干潮時にはこの中に向かって海水が奔流し、退潮とともに沖合へ移動する魚群がここへ落とし込められる。Cは捕魚部が開口しており、これに沿って移動する魚群を開口部の外側に袋状の網を敷設して漁獲する。Dは半円形または地形に応じて極端な場合には直線に近い石垣のみであり、最も沖側にあたる部分を魚群が集まりやすくするために水深を他の部分より深めにとった形態である。

このうち、A型が四類型のなかでもっとも発達した形態であるとする。しかし、A型は厳密にいえばもはや石干見ではないという。その理由は明確にされていないが、捕魚部が極端に発達した構造を定置網の一種である落とし網やエリなどと同じ漁具としてみているのであろう。有明海の石干見はD型が発達したものである。大きい潮差に応じた高い石積みは沖縄の石干見に比してすぐれた技術といえるが、原理的には依然としてまったく受動的な構造である。西村は、有明海の石干見が魚族誘導の構造をもたないにもかかわらず漁獲効率をあげて存続してきたのは、いちじるしい潮差のたまものであろうと指摘する。

水野(一九八〇)は、奄美の石干見を三つに分類する。すなわち、①もっとも一般的な連続した曲線状のカキ、②曲線状のカキ本体から内側にL字状の石組みを付設したもの、③カキ内部の海水の流出中心部にあたる地点の石組みを数メートルにわたり開口し、海水の流出口をつくり、そこに竹簀を立てて仕切る構造をもつもの、の三類型である。このうちもっとも原初的なものは①にあたる石干見であり、②、

③はそれから発展した石干見であるとする。前述した西村の類型に当てはめてみれば、①はD、③はCの類型に該当する。したがって水野がいう②の類型すなわちL字形の石組みを付設したカキは、沖縄にはみられないか、あるいは西村はこれを分類の基準にいれていなかったかのいずれかである。

ところで、台湾澎湖列島の石滬《チューホー》では、西村がいう沖縄の石干見の発展形態とは異なる独自の発展形態が明らかにされている。石滬には三つのタイプがある。最北部に位置する吉貝嶼には現在でもこれら三タイプが現存している。石滬はもともと海岸部を半円形に囲んだ石堤であった。しかし、島の周辺海域は傾斜が緩やかで、小潮の時には海水が滞留し、これに伴って魚群も停留する。そのため石堤部分をはうように遊泳する魚群の習性を利用して集魚するだけの半円形の石滬は高い集魚効果があるとはいえなかったし、石滬内で魚群を追いつめ漁獲することも難しかった。そこで、半円形石堤の中に枝状に石積

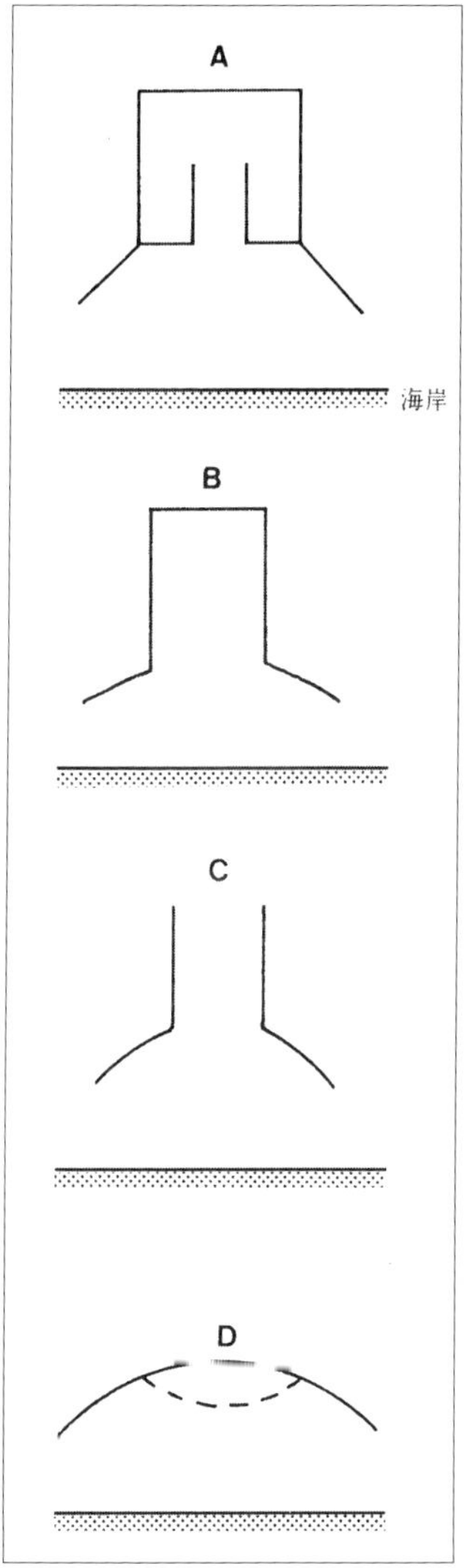

図 2-2　石干見（カキ）の発展系列
（西村 1979 を一部改変）

みを付加し、各枝でさえぎられた空間に魚群をとどめる工夫がなされた石滬が造られたのである。この枝状の石積みを滬牙《ホーバッ》、また滬牙をもつ石滬は有滬牙滬と分類される。有滬牙滬による集魚効果は半円形石堤に比べると高かったが、海水があまり引かない小潮時には十分に機能しなかった。そこでもっとも発展した形態として考案されたのが、半円形石堤に滬房《ホーパン》とよばれる捕魚部を設けた有滬房滬である。退潮時には魚は石堤にさえぎられながら、滬房へと陥穽させられる。滬房への入口にあたる部分は、魚群を誘導するために石を徐々に高くなるように傾斜をつけて積み、滬房内は魚を捕獲しやすくするために小さな石を底に敷きつめて水深を浅くするなどの工夫がなされた。集魚効果は前二者に比べて大きかった（顔 一九九二）。

有滬房滬は大正時代から昭和初期にかけて澎湖列島全域ですでに存在していたといわれている。しかし列島北端部にあたる吉貝嶼の石滬に滬房が設けられたのは、聞き取りによれば、一九四〇年前後の四、五年間であったという（田和 一九九七）。

半円形石堤および有滬牙滬は、小潮時には十分に干上がらない水深の浅い沿岸部に構築されたので浅滬ともよばれ、他方、有滬房滬は大潮、小潮の制限をうけない比較的沿岸から離れた水深の深いところに構築されたので深滬ともよばれた。敷設場所の水深とこれに伴う築造工事の困難さという点から考えても、半円形石堤から有滬房滬への発展段階を正当化することができる。なお、有滬房滬は西村の類型でいえばA型になるが、西村がいうように石干見とはいえない、とは考えられない。

三　石干見と潮差との関係

石干見の構造は、すでに明らかになってきたように、潮差と海岸域の水深、礁原の発達、利用できる石材など、地域の環境と密接に関係すると考えられる。利用できる石材についていえば、一般に、波浪による破壊を小さくするためには、比重の大きな石の使用が効果的である。石積みを高く構築する場合にも、大型で比重の大きな石がよい。したがって、サンゴ石灰岩より火成岩や水成岩などの方が構築には適している。たとえば、奄美諸島のカキには比重が大きく透水性に欠ける頁岩《けつがん》が用いられた。海岸にあるサンゴ石灰岩は、透水性はあるが比重が小さいために使用されなかった。台湾の澎湖列島でもサンゴ石灰岩は石積みの内側には積まれたが、外側は切り出した玄武岩でおおうように積まれた。

潮差およびこれに付随する海水の流量は、石積みの高さを決定することはもちろん、使用される石を規定する要因ともなると私は考える。そこでこの関係を検討するために、第一章でとりあげた一部の地域あるいはそこに比較的近い地域の潮差ならびに使用されている石材の種類を表2-1に提示した。表をみると、潮差が一・六〇メートル以上の地域では比重の大きい石が使われている場合が多いことがわかる。東アジアでは、サンゴ石灰岩を多く使う日本の南西諸島を除くと、いずれの地域もこの特徴に該当する。フィリピンのギガンテ諸島も小島であるにもかかわらず、標高が二〇〇メートル以上に達し、島の基部は岩石性で、岩塊の入手はたやすい。トレス海峡諸島でも陸域の火山岩、ギルバート諸島でも

石干見の高さ	石材	参照文献
島原，南高来郡：2-3m	海岸の自然石（丸石と割石）	西村（1969），長崎新聞社長崎県大百科事典出版局編（1984）
笠利：0.7-1m	頁岩	水野（1980）
八重山：0.5-1m 宮古，佐和田：0.4-0.7m 宮古，狩俣：0.5-0.6m	サンゴ石灰岩 〃 〃	喜舎場（1977） 西村（1979） 〃
小浜島：0.3-0.8m	陸上の黒色の石	西村（1969），中村（1992）
久米島：1m	サンゴ石灰岩・輝石安山岩	長沢（1982）
済州島：平均1.5m		亀山（1986）
船仔頭滬の滬房部分：3m	玄武岩・サンゴ石灰岩	陳（1994）
中寮の石滬の魚溜部：約2m	玄武岩・サンゴ石灰岩	澎湖廳水産課（1932）
外埔の石滬：1.8-2m	海岸の転石	田和（1998）
ギガンテ諸島：1m		Zayas（1994）
コデインガレン島：0.3-0.4m	サンゴ石灰岩	
スティーブン島：0.3-0.7m	火成岩・サンゴ石灰岩	瀬川（1983）
矢形の石干見：1.5m	海岸の露頭の石，サンゴ石灰岩	Hunter-Anderson（1981）
トラック諸島：0.3m	直径30-40cmの玄武岩	LeBar（1964）
	サンゴ石灰岩・他の岩塊	Teiwaki（1988）

表 2-1　各地の潮差と石干見の高さおよび石材

	大潮升 (m)	小潮升 (m)	平均水面 (m)	潮差（m）大潮時	潮差（m）小潮時
島原（有明海）	4.3	3.2	2.37	3.86	1.66
笠利湾（奄美大島）	2	1.6	1.2	1.6	0.8
平良（宮古島）	1.7	1.3	1.03	1.34	0.54
石垣	1.7	1.3	1.07	1.26	0.46
仲里（久米島）	2	1.5	1.17	1.66	0.66
牛島水道（韓国：済州島）	2.3	1.7	1.36	1.88	0.68
莞島（韓国）	3.6	2.7	2.05	3.1	1.3
吉貝嶼（台湾：澎湖列島）	3.5	2.9	1.96	3.08	1.88
馬公（台湾：澎湖列島）	2.7	2.2	1.6	2.2	1.2
後龍（台湾：本島北西海岸）	4.6	3.6	2.5	4.2	2.2
エスタンシア（フィリピン：パナイ島）	1.9	1.3	1	1.8	0.6
マカッサル（インドネシア：スラウェシ島）	1	0.8	0.8	0.4	0
木曜島（オーストラリア：トレス海峡）	2.5	1.5	1.52	1.96	0.04
アウキ（ソロモン諸島：マフイタ島）	1.5	1.1	0.9	1.2	0.4
ンガレグル（パラオ諸島）	1.8	1.4	1.05	1.5	0.7
ヤップ島	1.6	1.3	1	1.2	0.6
ドゥブロン島（トラック諸島）	0.6	0.5	0.46	0.28	0.08
タラワ（ギルバート諸島）	1.8	1.2	1	1.6	0.4

表中の潮位に関する数値は，海上保安庁水路部編（1997a; 1997b）によった。
なお，大潮時の潮差は，（大潮升－平均水面）× 2,
小潮時の潮差は，（小潮升－平均水面）× 2 で算出した数値である。

サンゴ石灰岩と他の岩塊の両方が用いられている。

他方、南太平洋では一般に潮差が小さい。したがって、サンゴ石灰岩の石積みで十分な機能を得ることができる。また、満潮時に最高部を海水がこえるような形態にはなっているものの、むしろ浅い礁原のなかで漁業者が魚群の行動を認識し、それに基づいて捕魚部を造ったり、外水道を通って移動する魚群の魚道にV字形やW字形の石積みを設け先端部を開放しておき、そこにウケや網を敷設したりすることによって魚を漁獲する形態の方が適していると考えられる。すなわち、これは、魚を落としこめる構造とともに、魚を誘導する構造をあわせもつ複合的な漁法といえる。隆起サンゴ礁島でサンゴ石灰岩を利用して構築された石干見が存立する基盤には、このように水深の浅い礁原が形成され、そこの潮差がきわめて小さいことがあると結論づけられよう。

第三章　石干見の所有と用益

石干見の所有形態およびこれに基づく用益形態は、第二章で個々にふれてきたような各地の自然環境、社会経済的要因、歴史性などによってさまざまであり、また複雑でもある。しかし、おおよそ、①個人所有の石干見とそれに基づく用益形態、および、②共同所有の石干見とそれに基づく用益形態、の二つに分類することが可能である。本章では各地の石干見の所有と用益の多様性についてさらに検討しておきたい。

一　個人所有の石干見とその用益

有明海の石干見漁業は、西村（一九六九）の詳細な研究にあるように、副業的な性格が強く、漁具自体は自作農や地主による個人所有のものが多かった。奄美大島笠利・龍郷両町沿岸の石干見は、個人による単独所有形態がほとんどであった。数代にわたって世襲されてきたといわれている（水野 一九八〇）。宮古列島伊良部島佐和田にあるカシの名称は所有者の姓にちなんで名づけられているが、カシ自体も個人所有の形態であった。所有権は一般に世襲され、長子が相続した。転売もおこなわれたという（西村 一九七九）。石干見漁業は現行漁業法のなかの第二種共同漁業権に基づく漁業である。この漁業権は一定の漁場を地域の漁業者が共同で利用し営むものである。漁場は本来漁業者によって総有されるべきものである。しかしこれらの石干見漁場では、個人が海面を所有する意識がそれまでの経緯から依然として残っていたことがうかがえる。

奄美大島笠利には、集落が共同所有する石干見も若干みられた（水野 一九八〇）。一方、同島瀬戸内町の石干見はいずれも集落で共有され、前述したように個人所有が主体の笠利湾一帯と顕著な対照を示していた。小野（一九七三）は、両者の相違について、もともと集落で所有されていた石干見が個人に管理委託され、委託された者が管理をおこなううちに所有者的な性格を帯び、ついには個人所有へ移行したととらえている。水野（一九八〇）も、奄美における石干見の本来の所有形態は地縁集団による集落総有の形態であったのではないかと推論している。しかし、それらが実際にはどのように所有され、用益されてきたかは十分には解明できていない。

フィリピン、ギガンテ諸島の石干見は、地方行政単位であるバランガイの長から許可を取得したのちならば、誰もがどこにでも自由に構築できた（Zayas 1994）。漁業権はいわゆる村落内の生業的漁業権として位置づけることができる。ティコピア島では四人の首長が、魚がとれる潮だまりを共同で所有していた。石干見はそれを構築した者によって使用された。ただし構築した礁原に所有権があるわけではなく、構築者以外の者も利用することができたという（Firth 1939）。

トレス海峡諸島のメール島の石干見には一基ごとに所有者がいる。また、沖側に突き出た部分の用益権だけを他人にゆずっている場合もある。毎年、修理がおこなわれるが、所有者はこの時、数人を動員する社会的な力を持っている必要があるという（北大路 一九八三）。しかしながら、バードほか（1995）は、メール島の石干見の多くが石積みに接した土地を所有するクラン（氏族）によって所有されていると述べる。すなわち、土地所有の延長に干潟や礁原の所有が存在するのである。ヤップ島の石干見も同じような所有形態にあたる。ヤップ島の漁場は村単位の土地利用から派生して家つきの財産となっている。石干見を構築する場所は家（屋敷）ごとに割り当てられた。したがって各々の石干見は所有者が決まっており、それが陸上の屋敷地にすべて所属した。ちなみに割り当てがない家や内陸の住人は交換によってしか魚を手に入れることができないという（早川 一九八二、牛島 一九八七、須藤 一九八九）。

個人所有の石干見でも、漁獲物を他人に分配したり、石積みを手伝った者に対しては入漁を妨げないという事例は多い。多辺田（一九九〇）は、ヤップ島の調査で確認した石干見アッチにはそれぞれ所有者がいるとしている。しかし、漁獲が多いと予想される場合には、バルーという男子小屋を構成する男性集団が利用するアッチを決定し、共同で漁業活動をおこなうのである。一方、アッチの所有者は漁獲が多い時期には毎日のように所有するアッチを見回る。多くの魚が入っていることを確認した場合には、棒の先に旗を立てて村びとに合図をし、村びとをよんでともに漁をおこなう。この時、アッチの所有者は村びとが共同でとった魚を勝手に処分することは許されない。村の長老、女性と子供の分を先にとって、残りを漁に参加した者たちが公平に分けるのである。

ギルバート諸島の石干見テマは個人によって所有される。ただし、テマの全体は、テイナキという単位で構成される。テイナキはテマを最初に構築した時に関わった各個人が積んだサンゴ石灰岩の分量あるいは長さのことである。ひとつのテマには五〇ないし六〇のテイナキがある。これがそのテマでの漁獲を分割する数を示している。テイナキは通常、同一家族の成員によって所有される。テマの所有者は自身のテマの漁獲物を分配する最終決定権をもつ。しかし、所有者自身がテイナキを所有している場合もあればそうでない場合もあるという（Teiwaki 1988）。テマをめぐる所有形態は個人所有というよりはむしろ共同所有といえるかもしれない。

二　共同所有の石干見とその用益

つぎに、共同所有の石干見とその用益について考えてみたい。この点に関して、議論するに足る十分な資料があるのは、現在のところ、東アジアの石干見に限られる。以下、いくつかの事例を示そう。

長崎県北高来郡高来町湯江にタケスッキイとよばれる石干見が昭和三〇年代の前半頃まであった。ここでは一二〜一四人で仲間をつくり、これをひとつの株仲間とした。一週間を六人は昼、六人は夜ときめ、ヒトシオ（一潮）ごとに交替し、漁をしたという（小川 一九八四）。この説明では、一週七日間を六名で交替することになる。また、陰暦に基づくヒトシオごとに漁を交替するメカニズムについても明らかにできないなど、疑問点が残る。

宮古島狩俣のカキは四人一組で共有された。各人が一株ずつ所有した。四名はカキの用益に対して平等の権利を有した。株主は世襲し、長子相続が一般的であった。株は金銭によって転売されることもあった（西村 一九七九）。

このような株仲間や組による共同所有は、台湾や韓国においてもみとめられる。台湾本島苗栗県外埔の石滬は、共同で所有されている。それぞれ五、六人から一〇数人で所有された。所有者は全員で順番を決めて、毎日一人ずつ利用した。所有権は人数分の一ずつ保持され、次世代の男性にそのままかあるいは分割して継承された。権利を金銭で譲渡することもできた。すなわち、前述の宮古島狩俣の事例と同様である。たとえば現存する新滬仔という石滬は、もともと一〇数人による共同所有であったが、数世代に継承された現在、共同所有者は四〇〜五〇人に増えた。聞き取りによれば、所有者の正確な人数も把握できない状態であった。崩れた石滬の補修は所有者全員が責任箇所を平等に分担しておこなうが、管理はほとんどおこなわれていなかった（田和 一九九八）。石滬自体の漁獲に期待できなくなってきたことが、固定していた所有形態に変化をもたらした原因である。

用益についての同じような変化の過程が、韓国済州島にある石干見ウォンにもみられた。済州島ではかつては一〇〜二〇人で契というグループをつくり、その契でウォンを造った。亀山（一九八四）は、現在では契の力が弱くなり自由になっている、と記している。これはグループによる輪番制の操業形態が崩れ、入漁が自由になったことを説明したものと考えられる。操業形態の崩壊は、漁獲量の減少や担い手の島外への流出によるものであろう。

台湾における石滬の共同所有の実態については、近年、調査が進められつつある。陳(一九九六b)は、澎湖列島のいくつかの地域で石滬の所有形態について調査した結果、その所有形態には、①村内の地縁集団(五、六戸ないし一〇余戸)による共有、②村の廟の財産として全村民が共有、③村内の宗族(団体的父系親族集団)のような小集団による共有、④家族による所有、の四つがあることを明らかにしている。

澎湖列島吉貝嶼の石滬は、島内の親類や友人が共同で築造し、その男系子孫が所有権を継承してきた。共同所有の株数(持分数)をみると、六から八の株数で所有されているものが全体の三分の一を占めている(顔 一九九二)。ただし、一株が必ずしも一人によって所有されているとは限らない。石滬にかかわる漁業者は、通常、複数の石滬の株を保持する。しかも、各自が権利を有する石滬の株数はほとんど一定していない。このことは、石滬の利用が重複するというリスクを少なくすることに役だっているのではないかと私は考えている。すなわち、各石滬の年間の利用日は旧暦八月一日におこなわれるくじによって決定される。仮に、ある漁業者が同じ株数の石滬を複数所有していたとしよう。これらに対してくじ引きによって同じくじを引いてしまった場合、一年間の利用日はまったく同じ順になってしまう。一回の操業で複数の石滬を利用することは不可能なので、この漁業者は、みずからが利用する石滬以外は他人に操業を依頼し、漁獲物は両者の間で分配しなければならない。これに対して、権利を有する各石滬の株数が一定していないならば、たとえ同じくじをひいてしまったとしても、複数の石滬で利用日が重なるリスクを極力回避できることになるわけである（田和 一九九七）。

澎湖列島馬公市五徳には、集落内にある五カ所の廟を管理する目的で造られた、集落共有の石滬が現在もある。色布や線香を準備したり、丁銭を集めて廟を管理するとともに、神の生誕の日を祝う祭りをとりしきる世話役が毎年選ばれる。この世話役はタウケ（頭家）とよばれ、二〇歳から五〇歳までの年齢層の男性から構成される。頭家は、廟の管理費を捻出する目的で、集落が所有する石滬を周年利用する権利をもつのである（陳 一九九五、一九九六a、田和 一九九七）。洪（一九九九b）はこのような石滬の所有について、全村共同所有や村をいくつかのグループに分けたうえでの輪番、あるいは廟財産などのタイプに分けている。

以上のように、共同所有の石干見の特徴として、株によって所有権が保持され、それに基づいて輪番制の用益形態が採用されていること、持株が世襲によって継承されていること、ならびに持株は譲渡が可能であることといった共通する傾向が各地の事例から認められた。

第四章　沖縄・小浜島の石干見

一　はじめに

　石干見をどのように定義するかは、一見単純なようにみえるが、魚族を導入する装置の有無や捕魚部の構造の多様性を考慮すると難しい問題を内包している。しかし、原形的な石干見とは、西村（一九六九）が規定したように、「転石などを半月形・馬蹄形その他種々の形状に汀線から沖に向かって積みあげ、潮の干満を利用して魚類を採捕する定置漁具」であるといえるだろう。こうした漁具の特徴は、おそらく人類進化の初期の時代にさかのぼるであろうと考えられる。

　本章では沖縄諸島のサンゴ礁域に広く分布する石干見のうちで、太古性を有し原形をとどめる、小浜島の石干見を取りあげる。とくに、一島嶼における石干見漁撈の内的連関（その経済的価値や所有・利用慣行）に焦点をあてて報告したい。なお、これは一九七二年に早稲田大学海洋民族学センターを拠点として、故西村朝日太郎教授の指導のもとに実施した沖縄の石干見に関する集約的・組織的な調査研究の成果のひとつである。

二　小浜島の概観

地理的位置

小浜島は八重山列島の中央部、石垣島と西表島との間、東経一二四度、北緯二四度二〇分の地点に位置している（図4-1）。行政上では八重山郡竹富町に属している。標高九九・二メートル、周囲一二・四九キロメートル、面積は一〇・三三平方キロメートルで、竹富町内では西表島、波照間島、黒島に次ぐ面積を持つ島嶼である。西表島とともに、隆起サンゴ礁によって形成された島ではなく、水に恵まれていることもあって、農業が重要な生産部門をなしてきた。表4-1に示すように、農家が総世帯数の七九パーセントを占め、一戸あたりの平均耕地面積は二一五アールである。竹富町内の他の島々に比較して耕地面積は広い。主要農産物は米とサトウキビ（甘蔗《かんしょ》）であり、水田では二期作がおこなわれている。

島には中央部に本村（ムトゥムラ）、南西岸に細崎（クマンザキ）という二集落がある。後者は明治以後、糸満系漁民の移住によって形成されたものである。漁業就業者はほとんど細崎に居住している。世帯数は一六三戸、人口は五三二人（一九七一年）である。人口減少がいちじるしく、とくに青年層の流出が目をひく。

ここで取りあげる石干見の漁撈活動は主に本村の農家の副業としておこなわれたものである。したがって後述するように、往時にあっても漁獲高は家内消費を充たす程度のものであったと思われる。

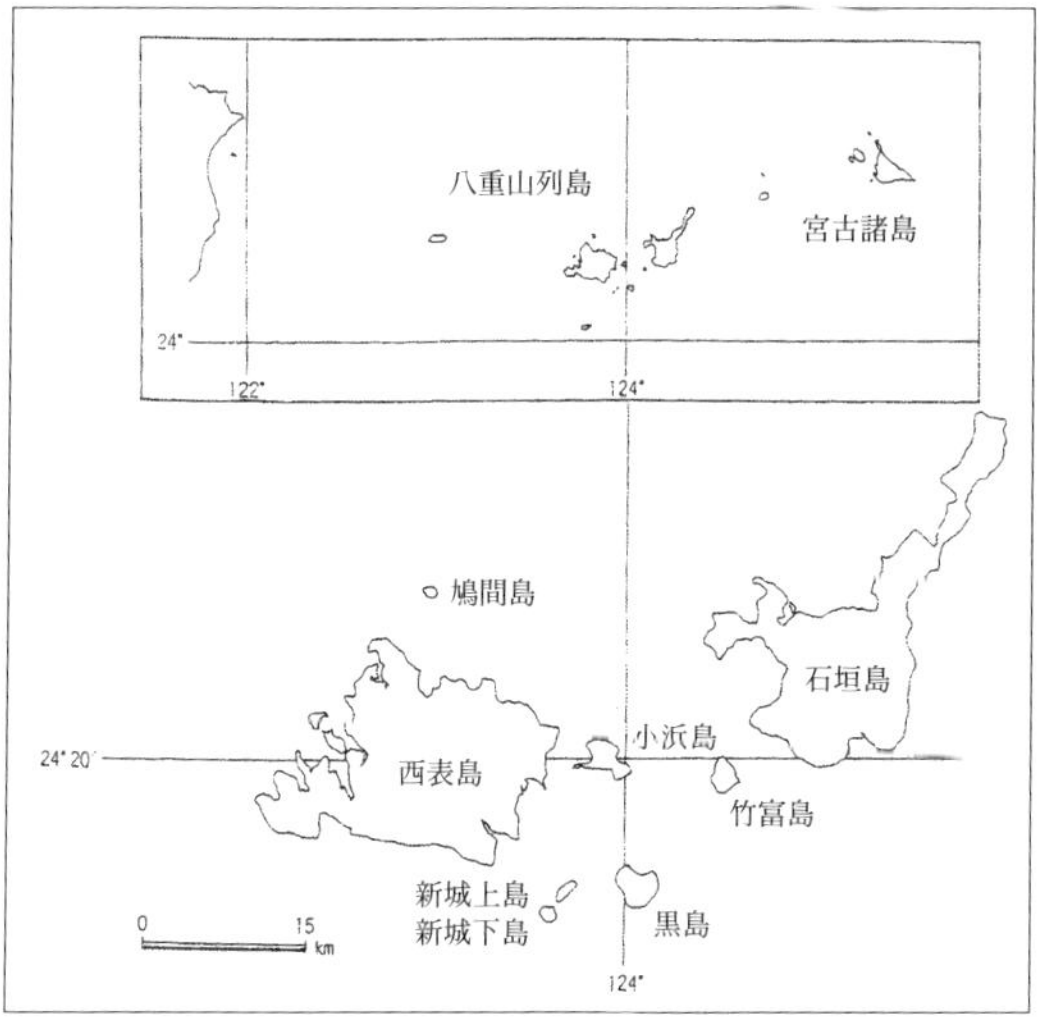

図 4-1　八重山列島の位置

表 4-1　小浜島の農家数と耕地面積

総世帯数	163戸
農家数	128戸
農家戸数比率	79%
水田面積	8,865a
普通畑	18,570a
樹園地	30a
耕地面積合計	27,465a
1戸当たり平均耕地面積	215a

1970年12月末現在（『竹富町勢要覧 1971』）

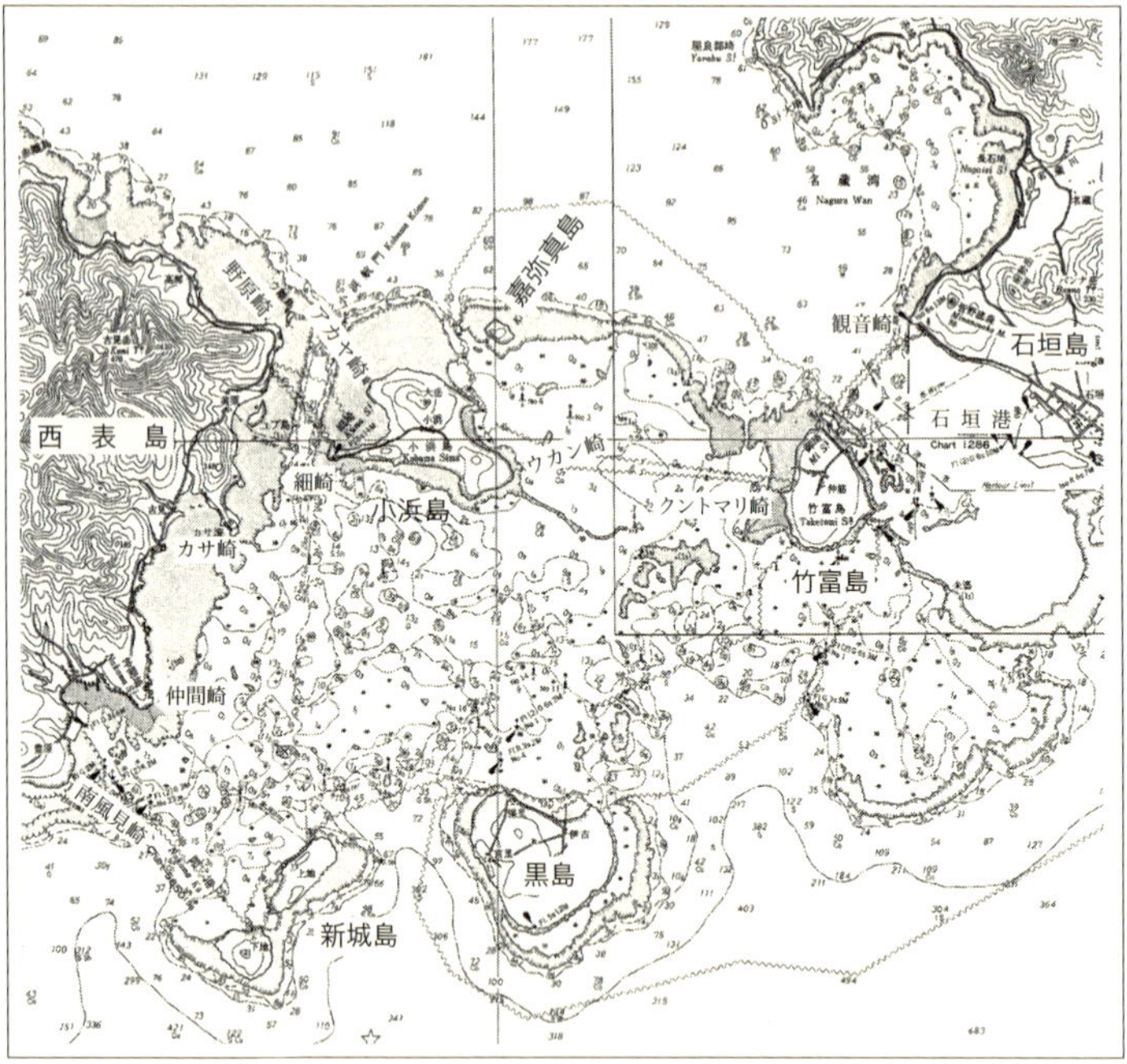

図 4-2　小浜島周辺の海図

海浜地形の特徴

小浜島の周囲の海浜は総じて遠浅である（図4-2）。たとえば干潮時になると、西岸のカトゥレーでは細崎とアカヤー崎とを結ぶ線の付近まで潮が引き、カトゥレー全体が干瀬《ひせ》となり、南岸のハイラ付近では浜から三〇〇メートル前後沖合にあるハイラ垣あたりまで潮が引く。また北岸では大潮のときなどはウンドー垣から北方のリーフの先端まで、容易に歩いて渡ることができる（写真4-1）。

海岸部は細崎のフーシィー付近、南東岸のタカイシ、ビルマ崎周辺、北岸のインメーからクヤー、サーシ

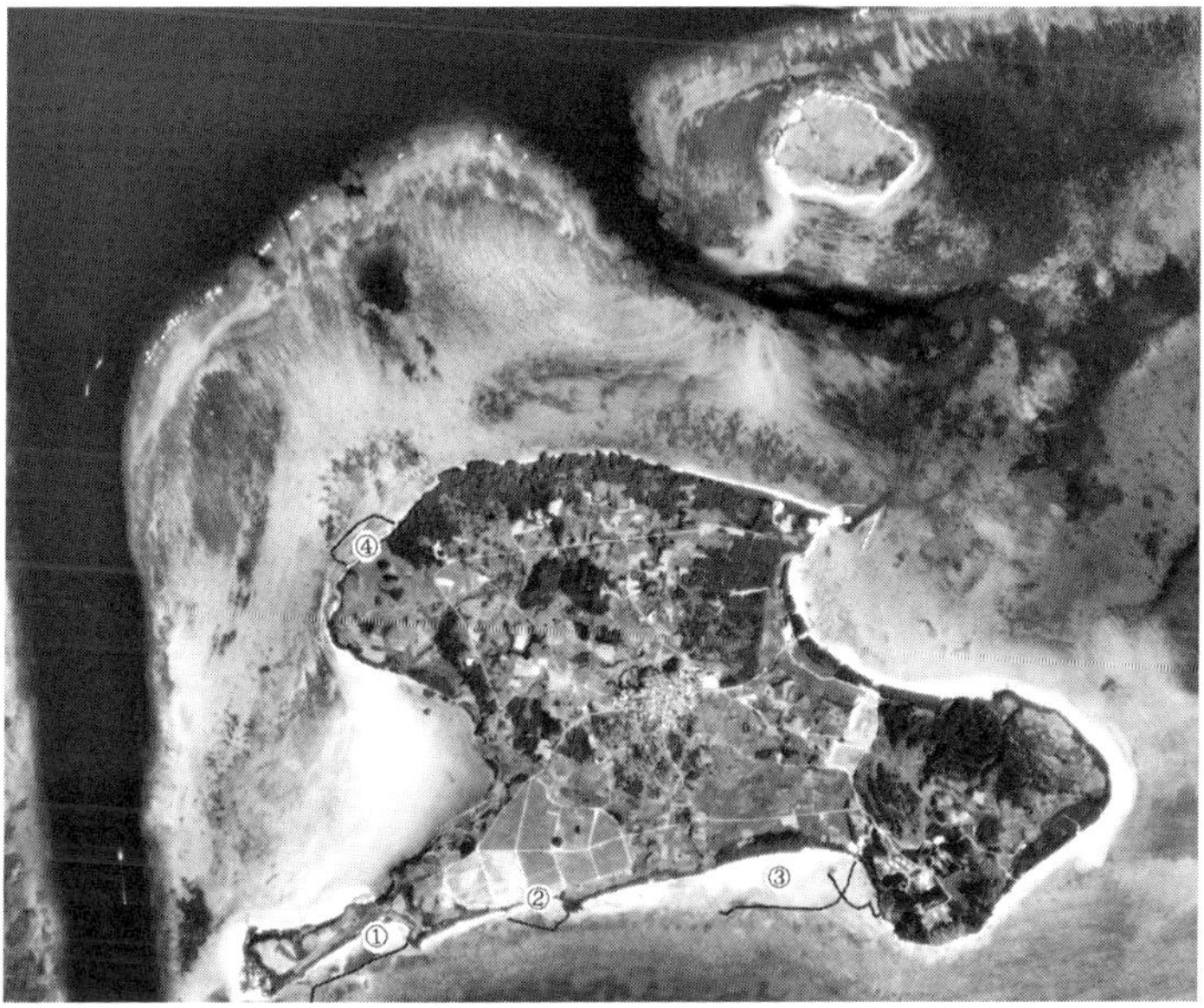

写真 4-1　小浜島（空中写真 1979 年）
1979 年現在，空中写真から判別可能な石干見は，①スマンダー垣，②ウトゥレー垣，③ハイラ垣，④ウンドー垣などである。

エンにかけては磯浜となっており、残りの海岸地域はほとんどが砂浜である。海浜域各部の呼称はつぎのとおりである。

①カラーリ――干潮時に干あがるところ
②ピー――礁嶺のこと
③イノー――礁池のこと
④フカヤー――水深が付近より特に深くなっているところ
⑤スネ――漁場のこと
⑥イツヌヤー――海中に岩がかたまってあるところ、「イツ」は魚、「ヤー」は家の意、つまり「魚の棲み処」を意味する
⑦マースクレー――ビルマ崎の東側にある磯の固有の地名、これ

は元来「磯岩の間に水がたまっているところ」を意味する。石干見の原初形態を予想させるものであり、人工的に再現したものが石干見とも考えられる。

石干見は、イノーのうちで汀線に近いカラーリに構築される。

三　小浜島における垣（石干見）の名称と分布

小浜島の島民が従事する伝統的な漁撈形態のなかで、海洋民族学的な観点からもっとも興味深いのは石干見漁撈である。海岸に半円形に石を積みあげた定置漁具「石干見」を小浜島の方言では「カクス」とよぶ（以下、本文では「垣」と表記する）。

垣の数と分布

垣は図4-3に示すように、ほぼ全島にわたって分布している。調査時に小浜島で確認できた垣は全部で二七基あった。これらの垣の名称と所有者（屋号）は表4-2のとおりである。使用状況をみると、現在（一九七二年）使用中のもの（表中のA）が六基、放棄されているが積石が残存するもの（同B）が一二基、まったく消滅してしまったもの（同C）が九基となっている。

これら以外にも放棄された小型の垣がかなりの数、あちこちに散在しているのがみられる。

垣の名称・呼称

垣の名称は、一般には垣の所在地の地名、あるいは所有者の屋号でよばれている。二七基の名称をその来歴によって分類すると、つぎの四群に分けることができる（表4-2参照）。

A群——地名に由来するもの〔一八基〕

②カトゥレー、④アカヤー、⑤アカヤーヌカクサマ、⑦ユナマンダ、⑧ウンドー、⑩インメー、⑪クヤー、⑫ニシピンダ、⑭フナンザキ、⑰アーラムティー、⑲ビルマ、⑳ハイファンダ、㉑ヤラブ、㉒ハイラ、㉓ウータ、㉔ウトゥラー、㉕ダーシィー、㉗フゥー（フーシィー）

B群——所有者の屋号に由来するもの〔四基〕

①トゥニャー、⑥ウートー、⑯ユニシャー、⑱トゥンツァー

C群——A・B群とは異なる名称の来歴を有するもの〔三基〕

③ナカー、⑮スタンダル、㉖スマンダー

D群——不明〔二基〕

⑨ウケマンダ、⑬ナウカー

これらの名称は、必ずしも厳密な意味における垣自体の固有名称ではない。たとえば、A群の⑧ウン

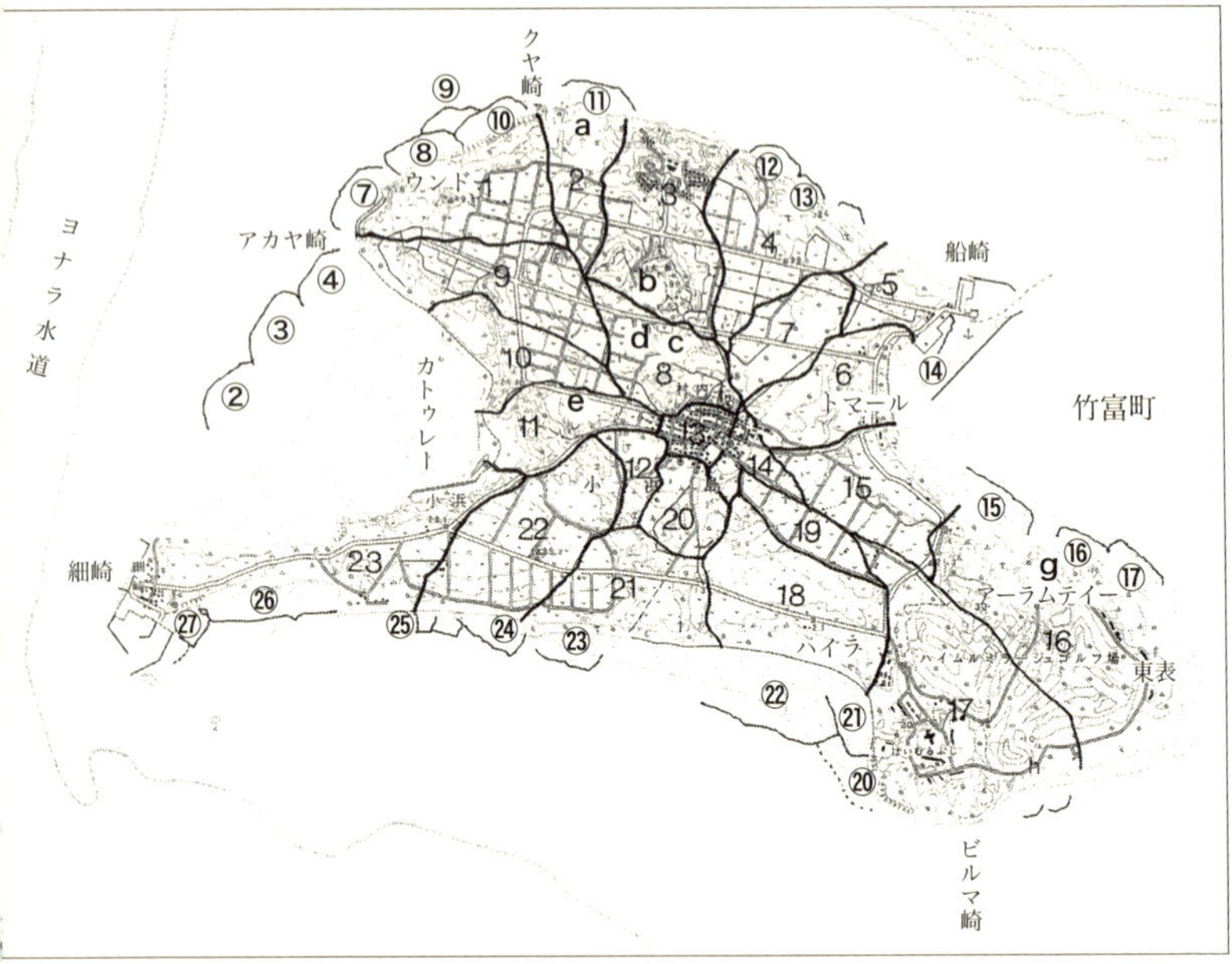

図 4-3　小浜島の石干見（垣）の所在位置と小字名・御嶽

〔小字名〕

1：クヤー	2：タカバナ	3：コーキ	4：ナアカ	5：フナンザキ
6：ウリンダ	7：ウルロー	8：ヤマンダ	9：イシナータ	10：イローラ
11：スンダ	12：カタクヤ	13：村内	14：アローラ	15：ニシンダ
16：アーラムティ	17：ナカオレ	18：ハインダ	19：マゴス	20：マンツ
21：ハインバナ	22：テンナ	23：ハイルレー		

御嶽の所在地（図 4-3 の a〜i）と名称

a：ウニャー	b：コーキワン	c：ナカヤマ	d：イリヤマ	e：ナカンドゥーワン
f：ニブニワン	g：アーラムティワン	h：カンダカー	i：カータ	

＊ ①〜㉗の石干見（垣）の名称および所有者については表 4-2 を参照

表 4-2　小浜島の垣および所有者一覧

No. 垣の名称	使用状況	所有者（その屋号）	所在地
① トゥニヤー	C	登野屋（トゥニャー）	西岸
② カトゥレー	A	南風花屋（ハイバナ）	
③ ナカー	B	平西屋（ペンサー）	
④ アカヤー	B	平西屋（ペンサー）	
⑤ アカヤーヌカクサマ	C	石垣屋（チンチニャー）	
⑥ ウートー	C	大道屋（オードーヤ）	北岸
⑦ ユナマンダ	B	野底屋（ヌスクヤー）	
⑧ ウンドー	A	八宇川屋（ヨーカー）	
⑨ ウケマンダ	B	不明	
⑩ インメー	B	中本屋（ハナキナー）	
⑪ クヤー	B	宮里屋（メンザー）	
⑫ ニシピンダ	C	不明	
⑬ ナウカー	C	本原屋（ムトゥブラー）	
⑭ フナンザキ	C	川田屋（カーター）	東岸
⑮ スタンダル	C	黒島屋（アーリャー）	
⑯ ユニシャー	B	与西屋（ユニシャー）	
⑰ アーラムティー	B	新里屋（アリチャー）	
⑱ トゥンツァー	C	通事屋（トゥンツァー）	
⑲ ビルマ	C	竹本屋（タキムター）	南岸
⑳ ハイファンダ	B	仲道屋（ナンクンチャー）	
㉑ ヤラブ	A	浦底屋（ウールスカー）	
㉒ ハイラ	B	宮良屋（アラントヤー）	
㉓ ウータ	B	長浜屋（アールフンマー）	
㉔ ウトゥラー	A	登野屋（トゥニャー）	
㉕ ダーシィー	A	大城屋（チャングワー）	
㉖ スマンダ	A	稲福屋（イナフクヤー）	
㉗ フウー（フーシィー）	B	目中（島袋）屋（ミナカー）	

注：使用状況について，A：現在使用中，B：放棄してあるが標石は残存，C：消滅

ドー垣を例にとると、たんにウンドーといえばそれは北岸の特定地域（浜および海岸付近の田畑を含む）を指すのであって、垣それ自体を示す名称ではない。同様にB群のトゥニャーの例では、トゥニャーとは登野屋を指すにすぎない。このため、ウンドーのカクス、あるいはトゥニャーのカクスといわなければ正確には垣の名称とはならない。通常は地名に由来する垣であっても、地名でよばずに所有者（「ヌシ（主）」）の屋号でよぶこともある。したがって、A群とB群の名称は相互選択的なものともいえる。ただし、スマンダーだけは例外であって、これは垣の固有名称である。スマンダーとよばれる地名があるわけでもなく、また特定の所有者の屋号でもないが、その由来は不詳である。

各垣の個別的特質

つぎに、個々の垣についてその個別的な特質をみることにする。

西岸の垣

①トゥニャー

小型の垣で、現在は使用されていない。積石が点々と残るだけである。この垣のヌシの登野屋は、このほかにもう一カ所、ウトゥラーの垣を所有している。伝承によると、この垣ではよくジュゴン（儒艮）がとれ、これを琉球王府への貢ぎ物にしたという。

②カトゥレー（カトバル）

全長四〇〇〜五〇〇メートルほどあり、現在も使用されている。元来、この垣のヌシは南風花（ハイバナ）屋であって、ハイバナの垣とよばれていたが、南風花屋はその後大阪に転出し、現在は長浜屋がこれを使用している。カトゥレー垣ではカンロウ（北寄りの季節風）が吹き出してから冬の間、スーク（アイゴの幼魚）がよくとれる。そのためカンロウが吹きはじめる前の九月中〜下旬に垣を修理し、スークの漁期に備える。

③ナカーおよび④アカヤー

カトゥレー垣にナカーおよびアカヤーの垣が接続している。ナカー垣は二つの大きな垣に両側をはさまれ、その中間にあるためナカーとよばれる。ナカーおよびアカヤーの垣とも平西屋がヌシであるが、今は使用されていない。現戸主の祖父が伝来の垣を積み直して使用しはじめ、父が一九四六（昭和二一）年に亡くなるまで使用していた。しかし、その後現戸主はこの垣を使用していない。目下、住居を新築中なので垣を積み直す余裕はないが、できあがればなんとか修復して再び使用したいという。

⑤アカヤーヌカクサマ

アカヤー崎の南、ヤサキーの浜にあった小型の垣で、カトゥレーの護岸工事の際、石をとられて現在は残っていない。

北岸の垣

⑥ウートー

アカヤー崎の北側にあった小型の垣で、現存していない。ヌシの大道家（屋号ウートー）も絶えている。

⑦ユナマンダ

アカヤー崎の北、ユナマンダとよばれる土地にあり、全長二〇〇メートルほどで、垣の輪郭が判別できる程度に積石が点々と残っている。この垣のヌシの野底屋は、現戸主の祖父（一九二五年頃没）が若い時分には使用していたが、その後は使用していない。

⑧ウンドー（図4-4）

ウンドーとよばれる場所にあり、小浜島に現存する垣のなかではスマンダー垣とともに積石がもっとも立派で、原形をよくとどめている。全長六〇四メートル、素材としては「フビル石（粘板岩）」が使用されている。ウンドー垣は、魚のもっともよくとれる垣としても有名である。黒島屋のものであったが、娘が八宇川屋に嫁入りしたときに「バギダマ（分前）」として持参したという。八宇川屋では前戸主が一九六八年に亡くなり、その後八宇川屋を相続した現戸主（養子）は石垣市に転出してしまった。しかし、前戸主の遺言で美差屋が垣の管理を頼まれているという。

⑨ウケマンダ

ウンドーとインメーの二つの垣の間に、鱗を重ねたように介在するのがウケマンダ垣である。ヌシ

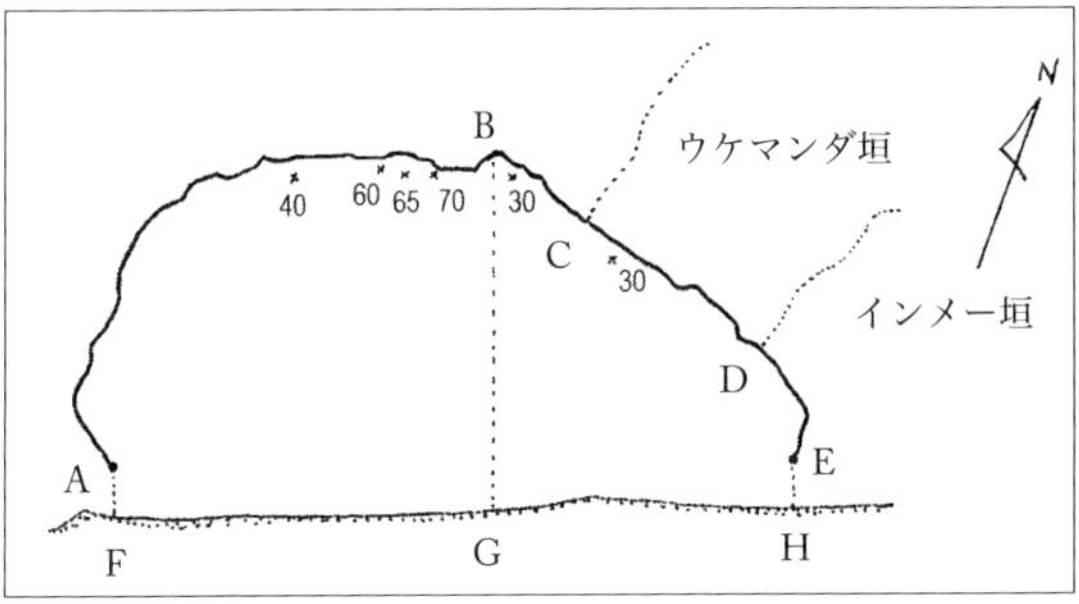

A-B 324m
B-C 51m
C-D 148m
D-E 81m
A-E 604m
(垣の全長)
A-F 33m
B-G 155m
E-H 30m
F-H 360m
×印：水深測定
石垣の高さ：
50-70cm
幅：
100-120cm
1972.9.22 実測

図 4-4　ウンドー垣の実測図

も名称の由来もともに不明である。古くから使用されていないわりには積石がよく残っていて、往時の形態を知ることができる。

⑩インメー

インメーとは地名であり、ウンドー垣くらいの大きさがある。積石は残っているが使用されていない。ヌシの中本屋は、苗字は異なるがスマンダー垣のヌシである稲福屋の分家に当たるという。

⑪クヤー

インメー垣の東方、クヤーとよばれるところにある全長四〇〇～五〇〇メートルの垣で、この垣がいつ頃構築されたかはわからない。昔から宮里屋がヌシであった。二八年前に亡くなった現戸主の祖父が生存中は使用していたが、死後はずっと使われていない。積石は崩れているものの、その外形は今も大方残っている。なお、このクヤー垣の付近には大久屋がヌシであるフナーリとよぶ垣があったという人もいるが、その存否は確認できなかった。

⑫ニシピンダ

この垣は北岸東方、ニシピンダにあるが、ヌシは不明である。

⑬ナウカー

ニシピンダ垣の隣にあった小型の垣で、ヌシの本原屋は那覇へ転出している。ナウカーという名称の由来は不明である。

東岸の垣

⑭フナンザキ

現在船着き場となっている船崎の近くにあった。船着き場を建設する際にこの石を利用したので、現在は残っていない。魚のよく入る優秀な垣であったというが、ヌシの川田屋は石垣市に転出してしまっている。

⑮スタンダル

この垣は一九三七、八年頃まで使用していたが、戦時中、上陸用舟艇の障害になるという理由で軍部によりとりこわされてしまった。スタンダルの名称の由来については諸説あるが、どれもそれを支持する決定的な根拠があるわけではない。この垣がいつ頃つくられたかも明らかではない。四〇〇年前に築かれたとも伝えられている。この垣主である黒島屋は、現戸主の五代前のブグザー（武具座）の在世時には、ウンドー垣も所有していた。

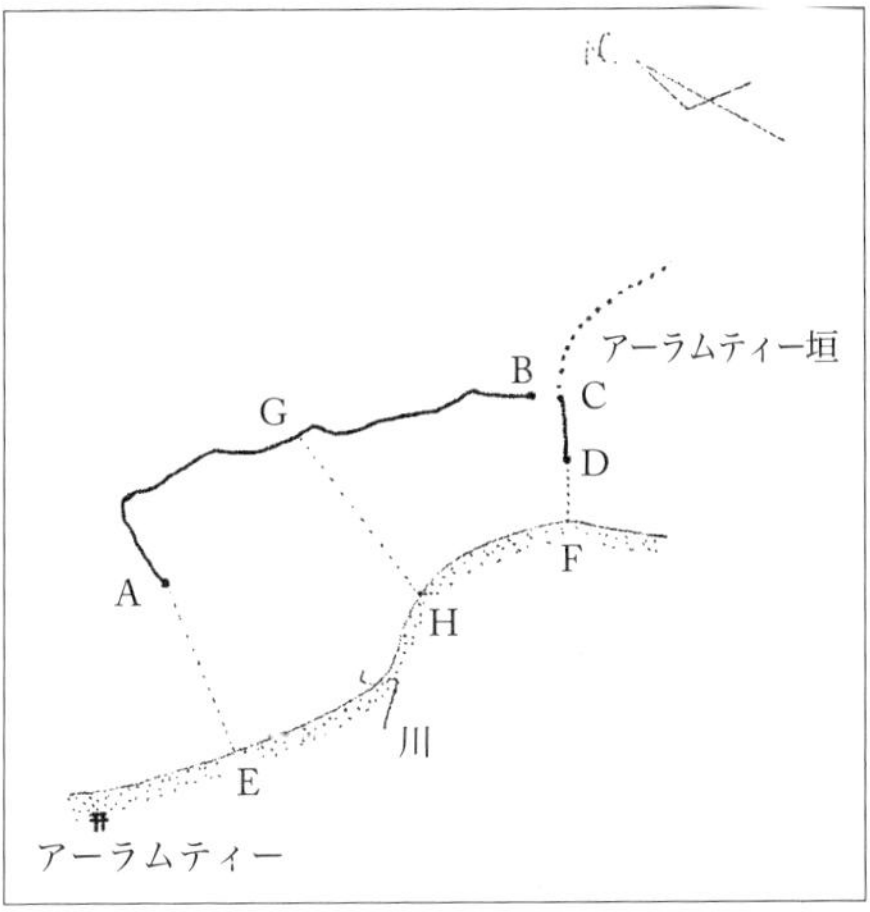

A-B 282m
B-C 20m
C-D 40m
A-D 342m
A-E 110m
D-K 115m
D-F 40m
E-F 255m
E-H 140m
1972.9.6 実測

図 4-5
ユニシャー垣の実測図

⑯ユニシャー（図4-5）

アーラムティー拝所の東側にある全長三四二メートルの垣で、与西屋（ユニシャー）がヌシである。久しく使用していないため積石が点々と残るだけであるが、全体の形状は判別できる。

⑰アーラムティー

ユニシャー垣に接続し、アーラムティーの海岸にそって延びているかなり大きな垣である。久しく使用されていないようで、崩れた積石の一部が残っているにすぎない。

⑱トゥンツァー

アーラムティー垣の南側に接続していた小型の垣であったというが、今はまったく跡形もない。かつてこの垣のヌシであった通事屋（トゥンツァー）の話によると、三～四代前の老人がこれをつくって使用していたという。

南岸の垣

⑲ビルマ

島の南西岸、ビルマ崎にあった垣で、現存していない。ヌシの竹本屋の老人の話によれば、一九一二年に六一歳で亡くなった祖父がこの垣を造ったという。

⑳ハイファンダ

ヤラブの垣の外側にあった垣で、ハイラ垣とも一部交叉している。戦前、黒島に製糖工場を建設したとき、ハイファンダ付近から石材を搬出した。その際に、この垣の石も大部分が持ち去られたという。この垣のヌシの仲道屋は戦後まもなく那覇に転出している。

㉑ヤラブ（図4-6）

南岸のヤラブに行くには本村から徒歩で二〇分ほどかかる。ヤラブの西方、ハイラからウータまでは砂浜が続いているが、ヤラブの東南方のビルマ崎までは海岸線が大きく弧を描いており、途中タカ石からビルマ崎にかけて岩石が多く磯浜をなしている。この辺りの海浜は遠浅で、潮流は弱い。この垣の全長は四七〇メートルもあり、その形状は平仮名の「し」の字に似ている。積石の高さは六〇センチメートル、幅七〇センチメートル内外で、スマンダー垣やウンドー垣に比較すると規模は小さい。ヤラブ垣は現在浦底屋が使用しているが、元来のヌシは西本屋である。西本屋の現当主の祖父まではこの垣を使用していた。祖父の死後、遺言によって浦底屋が管理をまかされた。浦底屋の語るところによれば、この垣は一〇〇年ほど前に西本屋の人びとが水牛とソリを使って石を運

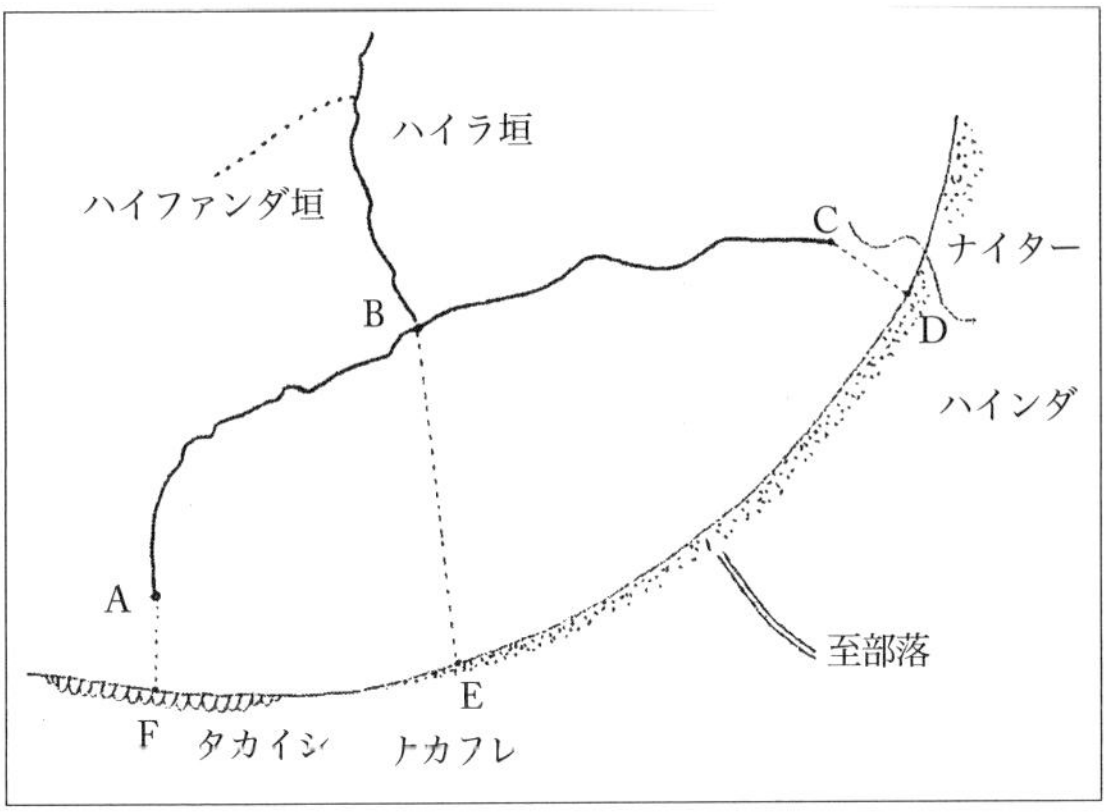

A-B　205m
B-C　265m
A-C　470m
(垣の全長)
E-F　180m
D-F　360m
C-D　60m
B-E　190m
A-F　50m
1972.9.4 実測

図 4-6　ヤラブ垣の実測図

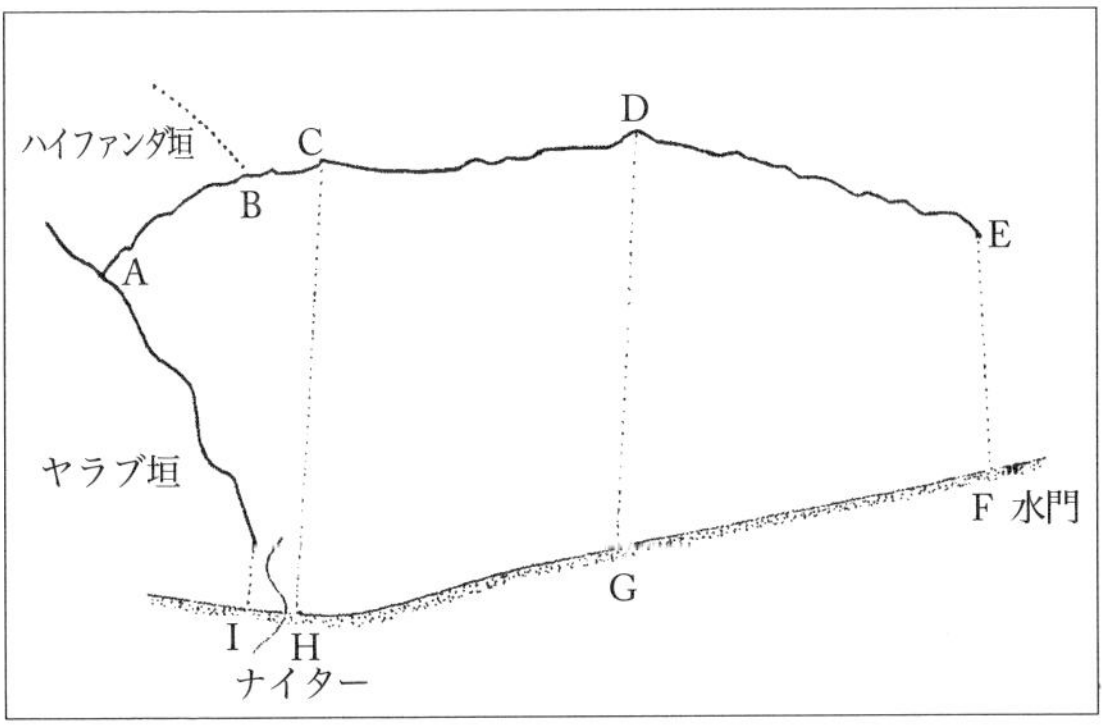

A-B　120m
B-C　60m
C-D　280m
D-E　300m
A-E　760m
(垣の全長)
E-F　180m
D-G　300m
C-H　340m
I-H　40m
H-G　260m
G-F　300m
F- 水門　10m
1972.9.5 実測

図 4-7　ハイラ垣の実測図

び、独力で構築したという。ソリというのは刳舟の廃物を利用したもので、長さは二メートル、幅は六〇～七〇センチメートルほどのものであった。一方、宮良屋の人びとの話では、この垣はハイラとともに、元来宮良屋がヌシであったが、何代か前に酒一升で西本屋に譲渡されたものであるともいう。

㉒ハイラ（図4-7）

元々のヌシは宮良屋であった。宮良屋は永らくこの垣を使用せず放置していた。たまたまこの垣が浦底屋の畑に近いこともあって、彼がヤラブの垣とともに使用していた。しかし、老人が一人で二つの垣を使用するのは無理なので、ハイラの方は一九七〇年で使用を中止した。このため垣の積石は大部分が崩れている。

積石の高さは三〇～四〇センチメートル、幅は七〇センチメートル前後、全長は約七六〇メートルある。現在小浜島に残る垣のなかでは最長である。

㉓ウータ

ウータトウピラとよばれる岩の西側にある垣で、ヌシは長浜屋だというが、長く放置されていたのを東隣にあるウトゥラー垣のヌシである登野屋が一時期使っていたという。今ではまったく使用されず、崩れた積石が点々と残っているにすぎない。

㉔ウトゥラー

全長四一二メートル、フビル石によって構築されており、現在でも手入れをして使用している。ヌ

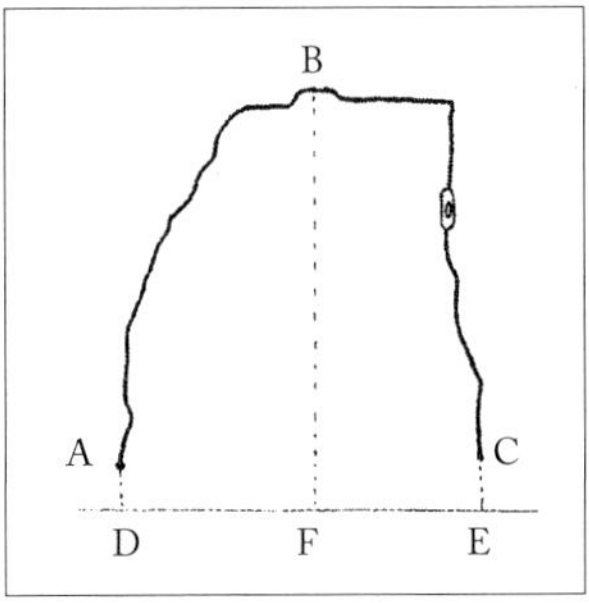

A-B　103m
B-C　107m
A-C　210m
（垣の全長）
A-D　10m
C-E　11m
B-F　85m
D-E　85m
1972.9.4 実測

図 4-8　ダーシィー垣の実測図

A-B　190m
B-C　31m
C-D　404m
A-D　625m
（垣の全長）
A-E　115m
F-H　160m
D-G　60m
E-F　220m
F-G　380m
1972.9.7 実測

図 4-9　スマンダー垣の実測図

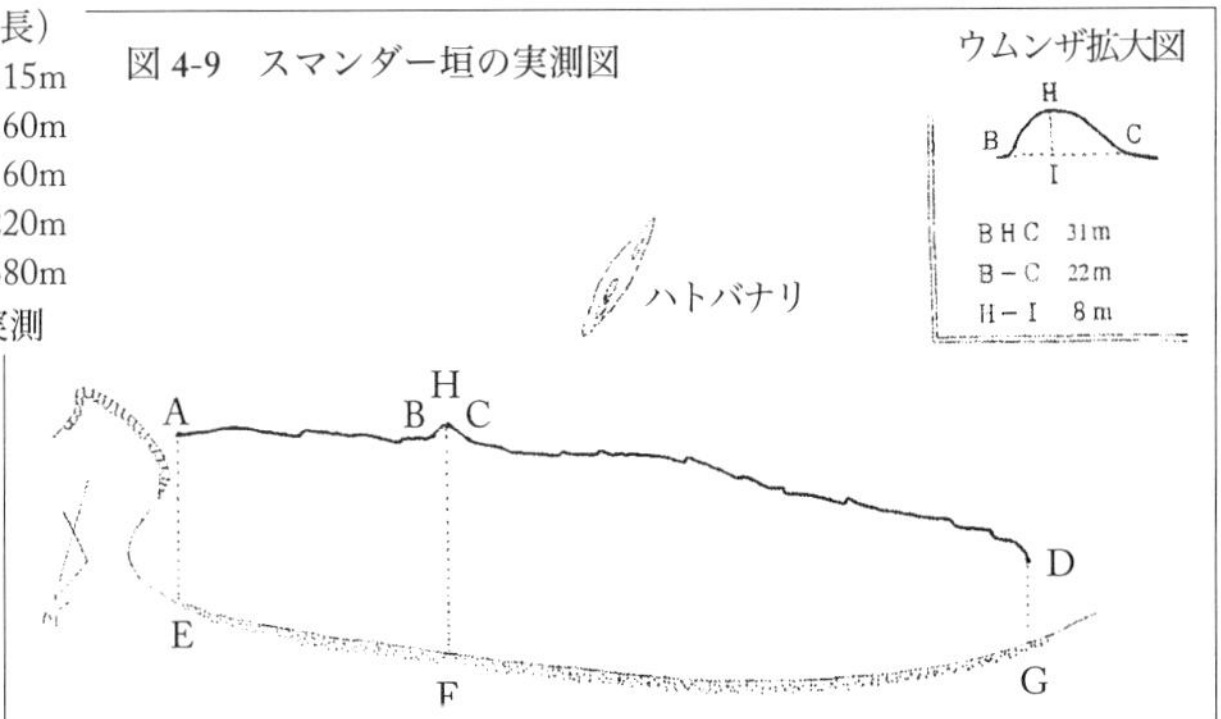

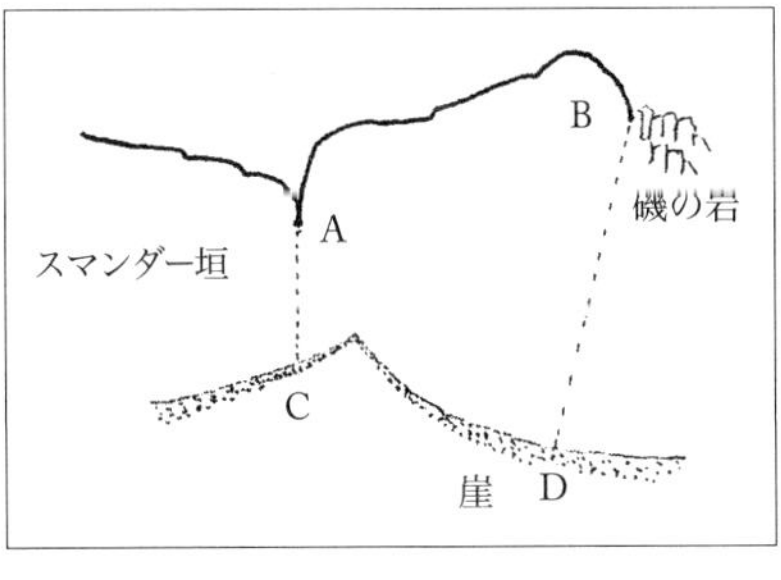

A-B　200m
（垣の全長）
A-C　60m
B-D　155m
C-D　130m
1972.9.7 実測

図 4-10　フゥー垣の実測図

シの登野屋の話によると、この垣がいつ頃構築されたかはわからないが、ヌシはかつて他の家の者であった。その家の娘が登野屋に嫁入りしたとき、娘の親が垣を他人の手に渡したくないというので娘に与え、それが登野屋のものとなったという。ウトゥラーとは垣のある土地の名称である。古老の一人はこの垣をヌシの屋号によってトゥニャーのカクスとよんでいた。

㉕ダーシィー（図4-8）

ダーシィーとよぶ雨乞所の近くにある垣で、現存する垣のなかでは最小である。全長二一〇メートル、積石の高さは二五〜六〇センチメートル、幅四〇〜一〇〇センチメートル、おもにフビル石によって構築されている。昔からこの付近にあって放置され、散在していた垣の積石を、一〇年ほど前に付近に住む糸満漁師の大城氏が積み直し、使用しはじめたという。

㉖スマンダー（図4-9）

スマンダーの垣の由来を示す板証文がヌシの稲福屋に保存されており、その史料によって由来を知ることのできる唯一の垣である。「島々の人びとを動員して構築したのでスマンダー（嶋本）垣と称する」（山城　一九七二）という。板証文は貴重な史料である（後述）。この垣は細崎の南岸の浜に平行してつくられており、北岸のウンドー垣とならんで現存する垣のなかでは往時の形態をよく残している。全長六二五メートル、高さ三〇〜八〇センチメートル、幅六〇〜一五〇センチメートル、素材は丸みのあるフビル石を積み重ねてある。戦後、一九五三年頃から人手不足と畑仕事が忙しくなり、稲福屋では垣まで手がまわらなくなったため、垣の近くに住む旧友の比嘉氏にその管理をまかせている。

㉗フゥー（フーシィー）（図4-10）

スマンダー垣と境を交叉し、その西隣に位置する。付近は磯地帯となっていることから、この垣は磯の自然岩を活用して構築されている。全長二〇〇メートルでダーシィー垣とほぼ同じ長さであるにもかかわらず、バダ（垣の内部）の面積ははるかに広い。この垣の名称は地名にちなんだものである。この付近では潮流が非常に強い。

四　垣の形態および構造

垣の形状

小浜島の垣の形状には共通した特徴は認められない。水圧に対する力学的観点からすると、石干見の理念的な形状は半円形である。たとえば九州の島原半島にある石干見の多くは半円形をなしている。小浜島に現存する垣のなかでもっとも半円形に近いのは、漁獲量がもっとも多いといわれるウンドー垣である。ハイラ垣やスマンダー垣は袖垣が弓状あるいは直線形で非常に長い。垣の形状は海岸の地形学的、堆積学的、海洋学的諸条件や漁獲対象魚の性質などによって影響を受けるから、理念的な形状が見いだ

されることは必ずしも多いとはいえない。

袖垣の特色

袖垣は数百メートルに達するため、海岸から遠望しただけではなだらかな直線あるいは曲線を画いているようにみえる。しかし垣の傍らまで行って微視的に観察すると、袖垣が蛇行しているのがわかる。蛇行といっても多くは不規則な屈折である。ハイラ垣やスマンダー垣では二〇メートルごとに規則的に屈折を繰り返している部分がみられる（写真4-2）。垣のヌシたちにこうした屈折の理由を尋ねると、多くはその理由を知らないばかりか、屈折の事実さえ認識していなかった。しかし、①魚が逃げにくいから、②潮の出入りの場所をきめるため、③波の圧力を分散させて弱め、積石の崩れるのを防ぐため、といった説明をする者もいる。

屈折の理由や目的はこのような資料だけでは不十分で、結論を導き出すことはできない。たとえば袖垣の蛇行現象は宮古列島の石干見でも認められる（西村 一九七九）。話し手の解釈によれば、①魚

写真 4-2　スマンダー垣

の習性に関連がある、②石干見が構築された場所の地形的条件による、という説がある。袖垣の蛇行もとくに目的があるわけでなく、補修の過程で偶然に屈折してしまった場合もあると思われる。

袖垣の長さと高さ

袖垣の長さは、大型のものではハイラ垣の七六〇メートル、スマンダー垣の六二五メートル、小型のものではフゥー垣の二〇〇メートル、ダーシィー垣の二一〇メートルなどである（表4-3）。

袖垣の積石の高さは二五〜八〇センチメートル、幅は四〇〜一五〇センチメートルとなっている。しかし、現在使用されている垣でも以前ほど十分に手入れがおこなわれているわけではない。また私たちが実測した時期が夏の休漁期で、冬の漁期を前に実施される秋の修復作業もまだおこなわれていなかったため、袖垣の崩れた部分が多く、基底部の礎石もかなり砂に埋もれていた。したがって、実測値は必ずしも利用時の袖垣の状態を示すものとはいえない。たとえば北岸のウンドー垣は、現存するなかでは袖垣の高さが高いほう

表 4-3　垣の実測表

No.	名	全長（m）	高さ（cm）	幅（cm）
⑧	ウンドー	604	50-70	100-120
⑯	ユニシャー	342	（崩壊はなはだし）	
㉑	ヤラブ	470	50-70	50-70
㉒	ハイラ	760	30-40	70-100
㉕	ダーシィー	210	25-60	40-100
㉖	スマンダー	625	30-80	60-150
㉗	フゥー	200	40-50	100-120

である。しかし、この垣でさえ、古老の語るところによれば昔に比べるとかなり低くなっているという。もっとも、高いといったところで、小浜島の袖垣の高さはせいぜい一メートル前後にすぎない。

袖垣の高さは垣によって差異のあることはいうまでもない。ハイラ、ヤラブ、カトゥレーなどの垣は漁獲対象が主に小魚であるため、袖垣の高さはもともと低かった。これに対してウンドー垣やスマンダー垣には大型魚がよく入るため、袖垣は高く積む必要があるという。

袖垣の素材

袖垣の積石は、サンゴ石灰岩や粘板岩を山形に積みあげ、石と石との間隙には特に何もつめない。したがって干満時には、積石全体のすき間から潮が出入りすることになる。原則として袖垣の両端は低く、中央部は高く築かれている。この中央部も満潮時には、たとえばスマンダー垣では水面下一・二メートル、ウトゥラー垣では一・一メートルの深さに没する。

写真 4-3　ウンドー垣の袖垣（フビル石を用いて構築）

垣に使用されている岩石の大きさは、人頭大から大人が二、三人で持ちあげられるほどのものまでさまざまである。いずれにしろ少人数で運搬できる程度の大きさである。海中に点在する大きな自然石や岩礁を垣の一部に活用しているところもあるが、積石のほとんどの部分は転石などを積みあげている。

垣の構築に使用する石は数種類ある。北岸のウンドーからクヤーにかけて存在する垣、南岸のウトゥラー垣からフゥー垣にかけて築かれているものには、島民が「フビル石」とよぶ黒褐色の硬質の石（粘板岩）が使用されている（写真4-3）。ハイラとヤラブの垣はフビル石があまり使用されず、砂岩に似た石やサンゴ石灰岩が多く用いられている。フビル石をどこから運んできたかは島民も知らない。なお、フビル石は民家を囲む石垣にはまったく使用されていない。

垣の構造

垣の各部分の名称については、袖垣によって囲繞された垣の内側全体をカクスヌバダ、垣の基部をニバイ、石垣の外側をフカ、内部をウチあるいはバダという。

垣でもっとも重要な部分は捕魚部にあたるウムンザである。ウムンというのは「大きな物」を意味し、ザは「場所」を意味する。捕魚部の顕著な事例はスマンダー垣にみられる（写真4-4）。垣の中央部よりやや東によったところにあり、外に向かい大きく半円状に突出している。その内部はいくぶん深くなっていて、最干潮時にも海水が残留し、潮だまりとなる。伊良部島の石干見（西村 一九七九）に見るように、積石が切れて外部に口を開いているような流出入部はない。むしろウムンザ付近は積石が高く、幅も広く、転石が多く使用されている。半円状に弧を描いた積石の長さは三一メートル、半径八メートル、直径二二メートルあり、干潮時における内部の深さは四五センチメートルほどである。したがって干潮時に完全に垣が干あがっても、垣内に残留した魚類は自然に深みを求めてウムンザに集まってくる構造になっている。

ウンドー垣の場合、積石に沿って六〇～七〇センチメートルの深みが三カ所あり、そこをウムンザとしている。これは特に人工的に掘ったものではなく、潮の流れによって自然にできあがった凹所を利用しているにすぎない。したがってウムンザは固定しているわけではなく、ときによって移動する。実際、台風の来襲によりかつてのウムンザは砂で埋まってしまい、それよりさらに東寄りにできた凹所を現在

写真 4-4　ウムンザ（スマンダー垣）

ウムンザとして利用している。

ハイラ、ヤラブ、ウトゥラーの垣では、手入れが不十分であることもあって、どこがウムンザであるか判然としない。もっとも小魚を採捕する場合には、とくにウムンザを必要とせず、小魚が群泳しているところで随意に捕獲する。

垣が構築されている海底はほとんど砂質で、たとえ汀線付近が礫の多いところであっても、バダや袖垣のところは砂質となっている。砂質地帯でも沖に行くにつれて一〇〜三〇センチメートルほどの海草が茂っているのをみかける。こうした藻場は稚魚や幼魚にとって生育場所としての役割を果たしている。

五　垣における漁撈活動

漁　法

垣漁でもっとも必要とされる作業は、袖垣の積石を一定の高さに保ち、水はけをよくすることである。崩れた石を積み直したり、砂に埋まった基礎部分の石を掘り起こして積みあげたり、絶えず修復作業をおこなう必要がある。島民の言葉を借りれば、「ツミオコシには限りがない」という。近頃、以前に比べて垣で魚がとれないのは、漁獲技術の進歩と労働力の不足とが主な理由であると、ある古老はいう。すなわち、①網漁が盛んになってリーフの外で魚をとってしまうために岸辺まで近寄ってくる魚が少なくなったこと、②労働力不足から島民は農作業に忙しく、垣の十分な手入れができなくなったこと、にあるというわけである。

ところで、垣における魚族の捕獲はいかにしておこなわれるのだろうか。満ち潮にのって魚群は接岸するが、このとき魚の集まるところは垣ごとにおおよそ決まっているという。そこで小潮の時期にはあらかじめ魚の集まる場所を二〜三カ所選び、袖垣を長さ一メートルほど崩して袖垣の高さを低くしておく。そうすると魚は石が集積しているところに好んで集まる性質があるうえ、垣の積石に沿って遊泳するので、崩しておいた部分から魚が垣の中に入りやすくなる。そして満ち潮の間は魚を捕獲せず十分に垣内で遊ばせておく。引き潮になると崩した部分を再び積み直す。そうすれば魚がよくとれる。すなわち垣をいつも高くしておくと魚はあまり垣に入らない。

小浜の垣で捕獲される魚種は、表4−4のとおりである。

魚をとりにいく場合、人が浜から直接垣に入って魚に近づくと魚は逃げ出してしまう。そのため、垣の外側からそっと魚に近づかねばならない。小魚の場合は、潮が十分引ききる前に潮の流れを利用して捕獲するために、とくに注意が必要である。

垣に残留した魚族を捕獲する場合、大型魚と群泳している小魚とでは漁獲方法が異なる。

大型魚の場合

ウムンザの潮だまりに魚を追い込み、ヤマガラス（刃渡り三〇センチメートルほどの細身の山ナタ）、古鋸、グス（篠竹を適当な長さに切ったもの）などで魚を殴打して捕獲する。夜間の松明漁では、魚は水深の深いところにじっとしてあまり動かないのでクブシミやシロイカと同様に直接手で捕獲できるという。

小魚の場合

袖垣の下まで潮が引き、しかも垣内にまだ十分潮が残っている頃を見計らい、捕魚部付近の積石の上部を一メートルほど崩し、そこに古蚊帳で作った袋網（幅一メートル弱、長さ一・五メートルほどの手作りの網）をはる。潮とともに流れ出る小魚を一網打尽にしようというわけである。この場合にも魚は人

表 4-4　石干見の捕獲対象魚類

方言名		和名	学名
①ウートシンツ	327	たいわんだつ	*Strongylura leiura leiura* (Bleeker)
	328	おきざより	*Tulosurus crocodilus erocodiles* (Le Sueur)
	329	てんじくだつ	*Tylosulus acus melanotus* (Bleeker)
	330	はまだつ	*Ablennes hians* (C. et V.)
②オーケー	43	しもふりあいご	*Siganus oramin* (Bloch et Schneider)
	44	ぶちあいご	*Siganus chrysospilos* (Bleeker)
	45	ごまあいご	*Siganus guttatus* (Bloch)
③ガーラ　アジ科	264	よろいあじの仲間	*Caranx fulvogattatus* (Forskål)
④カタカス	158	いんどひめじ	*Parupeneus barberinoides* (Bleeker)
ヒメジ科	157	みなみひめじ	*Upeneus vittatus* (Forskål)
	159	おうごんひめじ	*Parupeneus chryserdros* (Lacèpéde)
	160	まるくちひめじ	*Parupeneus cyclostomas* (Lacèpéde)
	161	こばんひめじ	*Parupeneus indicus* (Shaw)
	163	もんつきあかひめじ	*Mulloidichthys samoensis* (Günther)
	164	りゅうきゅうあかひめじ	*Mulloidichys vanicolensis* (C. et V.)
⑤カマサー	253	おにかます	*Shyraena picuda* (Bloch et Schneider)
カマス科	255	おおめかます	*Sphyraena forsteri* (C. et V.)
⑥クサムルー（フチン）		くさなぎの子	
⑦クサナギ フエフキダイ科	184	いそふえふき	*Lethrinus mahsena* (Forskål)
⑧クブシミ		不明	不明 (大型のイカ)
⑨コッファン（コーフー） イトコリダイ科	207	ひとすじたまがしら	*Scolopsis monogramma* (C. et V.)
⑩サバ　サメ科			
⑪シロイカ		不明	不明（小型のイカ）
⑫シンツ　ダツ科	326	だつの仲間	*Platybelone argala platyura* (Bennett)
⑬スーク			
⑭チン	195	しろだい	*Gymnocranius japonicus* (Akzaki)
フエフキダイ科	196	さざなみだい	*Gymnocranius robinsoni* (Gilchrist et Thompson)
⑮ツクラ　ボラ科	305	ぼら	*Liza parva* (Oshima)
⑯ハルーツァン	322	りゅうきゅうさより	*Hyporhamphus intermedius* (Cantor)
サヨリ科	323	まるさより	*Hyporhamphus dussumieri* (C. et V.)

⑰ハンダラ		やくしまいわし	*Pranesus morrisi* (Jordan et Starks)
⑱ミノー(スークの成魚) アイゴ科	40	あみあいご	*Siganus spinus* (Linné)
⑲ミノー・ハーイツ チョウチョウウオ科	13 14 15 16 17 18 22 23 24	やりかたぎ しちせんちょうちょううお はなぐろちょうちょううお かがみちょうちょううお みかどちょうちょううお おにはたてだい さざなみやっこ ろくせんやっこだい つばめうお	*Chaetodon stringangulus* (Gmelin) *Chaetodon punctatofasciatus* (C. et V.) *Chaetodon ornatissimus* (C. et V.) *Chaetodon argentatus* (Smith et Radcliffe) *Chaetodon triangulum* (C. et V.) *Heniochus monoceros* (C. et V.) *Pomacanthus semicirculatus* (C. et V.) *Euxiphipops sexstriatus* (C. et V.) *Platax pinnatus* (Linné)
⑳ミンツ・ハルーツァン サヨリ科	324 325	せんにんさより ほしさより	*Hemirhamphus quoyi* (Valeneiennes) *Hemirhamphus far* (Foskål)
㉑ムンツァマ		不明（小型のタコ）	
㉒ユツァン	※	不明	

〔備考〕

⑧：大型のイカで，冬期にウンドー垣やスマンダー垣でしばしばとれる。

⑪：小型のイカで，群れており，一度に15～16匹もとれることがある。冬期によくとれる。

⑫：沖縄本島ではシジャーと呼ばれる。大型のものはウートシンツとよばれ，ユツァンなどの小魚を餌料としており，それを追って垣にしばしば入る。非常に攻撃的な魚で，捕獲するとき注意しないと足を突き刺されることがある。

⑬：ミノーの稚魚。体長2cmほどの平たい小魚で，5月から6月にかけて垣の中が赤く染まるほどスークの群れが入り，ときには一夜で60kgもとれることがある。丸のまま塩漬けにし，一種の塩からのように加工して食用とする。

⑰：トウゴロウイワシ科ではないかと考えられるが未確認である。青味の魚でユツァンに似るが，やや大きく，体長5～6cmあり，群れをなして垣に入る。ニンガツハンダラといわれるほど2月によく獲れ，ときには一夜で2～3俵もとれることもあるという。ハンダラもユツァンと同様に，北岸や西岸の垣にはあまり入らないが，南岸のハイラ垣，ウトゥラー垣ではよくとれる。

㉑：石垣島ではイイダコとよぶ。

㉒：体長4cmほどで，鉛筆の太さくらいの小魚。群泳しており，秋カンロウが吹き始めるととれ始め，11・12月は最盛期に入る。南岸のハイラ垣，ウトゥラー垣ではよくとれるが，西岸のカトゥレー垣や北岸のウンドー垣ではほとんどとれないという。

注：和名の前に付した数字は具志堅（1972）のプレートナンバーを示す。

の姿を見ると近寄ってこないので、積石のかげに伏せて身を隠す。小魚で網がいっぱいになると、あらかじめ用意した袋や俵に魚をつめて、繰り返し捕獲をおこなう。終われば崩した積石を再び積み直す。かつては、浜辺にはえている長いカヅラを引き廻して浅瀬に小魚を追いあげてとったという。毒草で魚を麻痺させて採捕する毒流し漁法も、かつては盛んにおこなわれていたようであるが、現在ではイッピヨーフチル（「魚を酔わす薬草」の意）という名称が残っているだけで、実際にいかなる草が用いられたかを知る人はいない。

ハンダラとよぶ細長い小魚は、直接手でとらえる。「代かき」のときのように浅瀬の水を濁らしてから手を開いて砂の上におくと、逃げまどうハンダラが手の下にもぐり込むので、これを砂に押しつけてとる。また袖垣の石の間に逃げ込んだものを手で探り、石に押しつけてとることもある。

漁期

垣漁の漁期は気温、風、天候などの気象条件と深い関連がみられる。漁期は二〜六月と、一〇〜一二月の二期に分かれる（表4-5）。水深の浅いところに設置される垣では日照が海水温度に少なからぬ影響を及ぼす。とくに、真冬・最寒期の一月と盛夏の七〜九月は不漁期で、垣には魚が入らないため出漁することも稀で、垣も補修せずに放置される。

月によって捕獲される魚種は異なるが、二月にハンダラがとれ始め、六月までこの漁期が続く。七月

表4-5　主な魚種の漁期

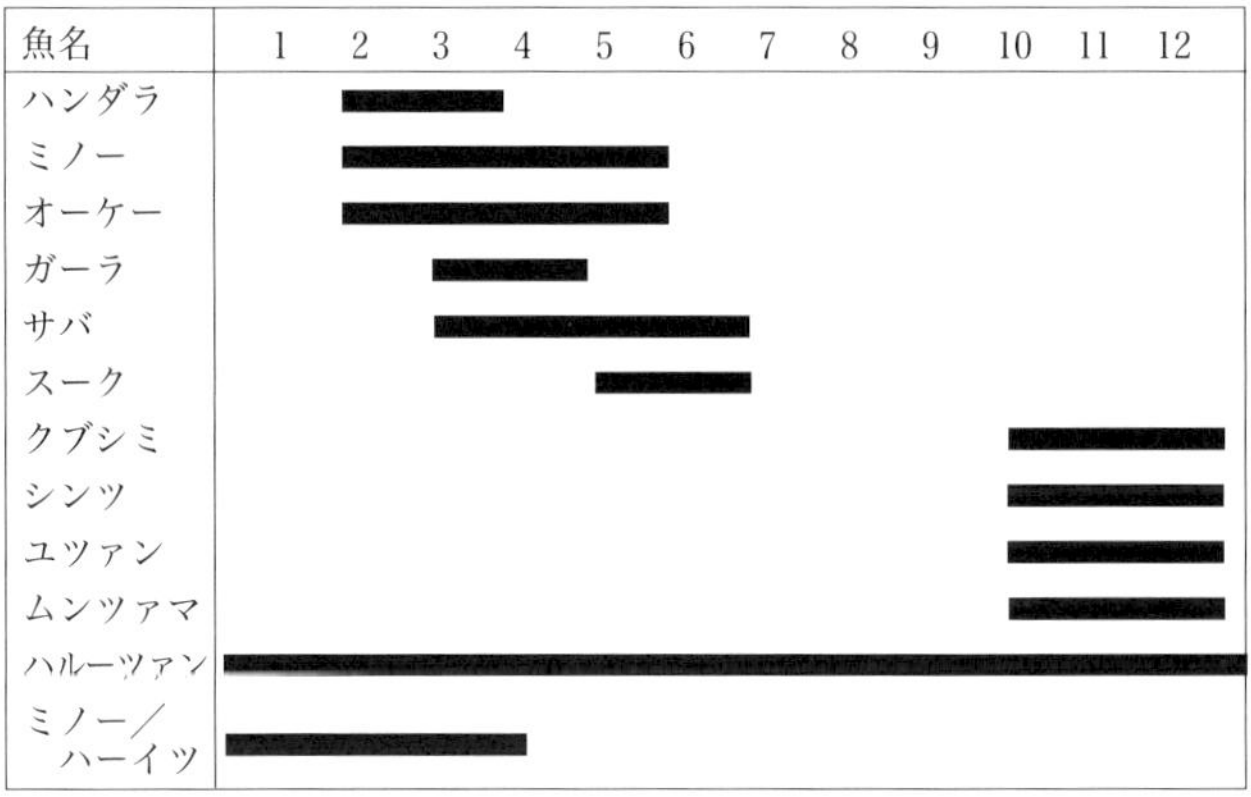

になると梅雨も明け、日射しが強くなり、浅瀬の潮の温度が上昇する。そのため、魚は垣に入らなくなる。冬季の強風カンロウが吹きはじめ、南へ渡っていくサシバがやってくる一〇月になると、再び魚が入りはじめ、冬の漁期がはじまる。とくに一一月と一二月の両月はさまざまな魚類がよく入る時期である。正月を過ぎると寒さが厳しくなるため、再び魚が垣に入らなくなり、立春を過ぎるとまた入りはじめる。

一般に強い風が吹くときには垣に魚がよく入るという。とくに魚は風下の島影を慕って浅瀬に寄るため、島の風下にある垣では好漁となる。北風が吹くと南岸の垣に、また南風の時には北岸の垣に魚がよく入る。カンロウが吹くと南岸、北岸のいずれの垣にもよく魚が入る。南風が急に北風に変わるときには、必ず南岸の垣でユツァンなどが好漁となる。四、五月頃東風が強く吹く時期や、台風による東南からの風が強い時期には、西岸のカトゥレー垣や北西岸のウンドー垣で魚がよくとれる。このように風向によっても垣の好不漁を予測することができる。

小浜島では潮汐は島の南岸より引きはじめ、次第に北岸に及ぶ。三〜五月および一〇〜一二月には夜間に潮が引くため、夜漁が盛んにおこなわれる。夜間であれば松明で照らしても魚は逃げないという。全期間を通じて早朝の干潮時に魚がよく入る。

垣で魚がよくとれるのは朔潮（旧暦の七〜一〇日、および二〇日以後）のときで、大潮のときには一般に魚の入りが悪い。このように垣漁では、潮汐や潮流ときわめて深い関係がみられる。

六　垣の経済的価値

小浜島において、垣がどの程度の経済的価値を有していたかを知ることは垣漁撈を考えるうえできわめて重要である。垣の経済的価値を漁獲物に対する島民の経済生活上の依存度で測ることができるならば、ことはかなり単純である。また価値を測るためには、まず現時点（調査時点）と往時、垣漁が盛んにおこなわれていた時点とを区別して論ずることも必要である。しかし、歴史的資料もほとんど現存しないし、現時点についての聞き取りにも限界がある。さらに、経済的価値を評価する際には、調査者の評価と島民のそれとは、おそらくかなりの落差があるはずである。

そこで、まず現時点における島の経済面から検討することにしたい。現在の小浜島の生業形態をみるかぎり、それは農業生産によって特色づけられている。農家戸数は全世帯数の八〇パーセントを占めており、さらに各戸の平均耕地面積は八重山地方の離島のなかではきわだって大きい。通常一戸当たりの平均耕地面積は水田一ヘクタール弱、畑地一〜一・五ヘクタールといわれている。水田はほとんどが二期作で、余剰米は島外に出荷されている。米の収穫量は、モミの状態で、一〇アール当たり良田で四八〇キログラム、普通の田で三〇〇キログラムくらいを一期作目に収穫する。二期作目は一期作の三〇パーセント程度の収量があるという。したがって年間収量は一〇アール当たり平均四二〇〜四八〇キログラムである（一ヘクタールでおよそ四〇万円の収入になる）。

一方、サトウキビは畑作地の大半を占め、一九七〇年には畑地の総面積の約六六パーセントに栽培されている。小浜製糖工場は一九六一年に設立され、一九六三年より操業を開始している。毎年一二月から翌春にかけてサトウキビの刈り入れをおこない、この期間だけ工場は操業する。畑作物のなかではサトウキビ以外には見るべき換金作物はない。以前にはパイナップルも栽培されていたが、製糖工場が操業してからはサトウキビに切り替えられて現在では栽培されていない。イモ類や野菜類の生産も島内消費の域を出ない。

主要農産物は米とサトウキビであった。とくに島外にまで出荷されている米は小浜島の主要農産物となっている。人頭税時代においても、水に恵まれたこの島は貢納米の主産地として重要視されてきた歴史がある。このように、水田稲作を中心とする農業が小浜島の生業形態を特色づけていたといえよう。

これに対して、漁業活動においてはほとんどみるべきものがない。一九七〇年度の漁業就業世帯は全世帯の五パーセントにも満たず、そのほとんどが糸満系漁業者の集落である細崎に集中している。かつてカツオ漁が盛況を呈した時期もあったが、現在では漁業者数も減少し、島内の自給を満たす程度の零細な生産活動しかおこなわれていない。

近年まで主要食物であった甘藷（サツマイモ）が琉球へ渡来したのは一六〇〇年代である。それ以前には米、麦、粟などの五穀が主な食物であったと考えられる。しかし甘藷導入以降、小浜は経済的基盤を生産性の高い甘藷栽培と水田稲作に求め、自給自足的な経済を確立していったものと推測される。

ところで、一六〇九（慶長一四）年の島津藩による琉球侵略はその後の琉球経済を圧迫した。薩摩への年貢米と諸雑物貢納は想像を絶するほど不当・苛酷なものであった。このような事態に対処するために、首里王府は一種の主農主義政策をとった。向象賢や蔡温の政策にみられるように開墾の奨励、灌漑水田の整備をはじめとするさまざまの施策、さらにきびしい農業指導や監督がおこなわれ、これによって農業生産の増大を図り、王府への年貢の完納を促進させようとしたのである。農民に対する農産物の収奪も苛酷となり、とくに一六三七（寛永一四）年から始まった宮古、八重山の住民に課せられた人頭税は想像を絶するほど厳しいものであった。たとえば『沖縄県旧慣地方制度』にみられるように、農民への耕作督励は徹底しており、農業生産活動の重視・促進は首里王府の重要政策（至上命令）であった。

王府の方針がこのような状態であったことから、一般農民の海における生産活動はいわば公的には禁止された。また、漁撈活動への志向・意識もかなり低かった。たとえば、石垣市登野城の人びとに対する「ピラツカ」という軽蔑的アザナ（呼称）がある。この言葉は「なまけもの」の意味をもち、本来「釣りをする人」つまり農耕に従事しない人に対して用いられたという。また同市大浜集落の住民に対しては雑魚を意味する「イゾウマ」という蔑称があり、この由来は垣でとった小魚を他村にいる親戚縁者に配ったのがその名の起こりであるという。同様に竹富島民についても「シイリ」(小雑魚)というアザナがあり、これも四ツ手網などを用いて捕獲した小魚を他村の人々への土産物として贈ったことに基づいている。

このような説明からも理解できるように、少なくとも人頭税時代の「主農業期」における漁撈活動は一般に低調で、その漁獲量も自給的な部分を除いてはみるべきものはなかったと思われる。こうした事情は琉球全般に通用することであるが、水田稲作を主体とする農業立地条件に比較的恵まれた小浜島にあっては、とくにこの傾向は強かったであろう。したがって、少なくとも主農業期以降、細崎に専業漁業者が移住するまでは、小浜島には生業としての漁業は存在しなかったと考えられる。このことは、垣漁が農民による片手間の採捕的漁撈活動であって、それは半農半漁とは異なる「農間余業」的な「おかずとり」の漁であったことを示している。

もちろん、たとえば島袋が述べている「主漁業時代」のように、古い時代には一般に漁業活動がもっと盛んであったとも考えられる(島袋 一九七一)。しかし、小浜についてはむろんのこと、琉球全体についてみても、「主農業時代」以前の漁業や漁撈活動の実態は明らかではない。

つぎに、生産形態におけるこのような漁業・漁撈の社会的、歴史的意味を考慮しながら垣の経済性について、現時点での漁撈活動を通じてみていこう。島民の食生活をみると現在では米食中心であるが、近年までの主食は甘藷であった。これら米、甘藷をはじめ雑穀、野菜など島内で消費する農作物はもちろん、副食としての魚介類の供給もほとんどすべて自給に頼っていた。その際、垣からの漁獲物がはたしてどの程度島民の自給をまかなうことができたのであろうか。今まで存続してきた小浜島の垣のもつ経済性は、換言すれば島民の漁撈活動における垣そのものへの依存度を示すものでもある。

現在の垣の漁獲物をみると、その主体はほとんどが小魚である。比較的よくとれる魚としては、スーク（シイク）、ユツァン、ハンダラ、シロイカが主なものである。これらは体長二～三センチメートルから一〇センチメートルくらいまでのいわゆる雑魚である。そのほかクブシミとよばれる大型のイカや、三〇～四〇センチメートルもあるシンツというダツの一種、あるいは体長五〇～六〇センチメートルもあるガーラやツクラとよばれるボラの一種などが入ることもあるというが、これらの漁獲量はわずかなものである。

各垣の自然的条件や石積みの良否によって、漁獲量や魚種には違いがあって一概には断定しえないが、垣に入る代表的な魚類はスーク、ユツァン、ハンダラなどである。たとえばウトゥラー垣の所有者（ヌシ）によるとスークが六〇キログラムくらいとれる場合もあったという。また、カトゥレー垣もスークがよくとれ、今でも旧五月一日と一五日の二回とるだけで約六〇キログラムの漁獲高があり、これを塩漬けしたものは年間の自家消費量を賄うに充分であるという。

ユツァンは五～六センチメートルの小魚で群れをなしてくるので、多く入る時にはモミ袋に二袋もとれる場合がある。ハンダラはユツァンに似た魚で、やはり群れをなしており、これもまた比較的大量にとれる。クブシミ、シンツ、ガーラ、ツクラなどいくぶん大きめの魚は、入っても一つの垣に一、二尾程度で、大漁や日常の食膳をにぎわす漁獲量を期待できるものではけっしてない。

すべての垣にわたって、これらの魚が平均的にとれるものでもない。現在小浜島で、使用中の垣は六カ所あるが、各垣の立地あるいは形態的条件の違いにより、その利用の仕方も多少異なっている。カトゥレー垣の現ヌシ（長浜氏）は、「スークがよく入るため、年間二回の「スークどり」だけに利用している」という。ほかにイカなども入るというが、格別それをとろうともしないし、またこの二回の使用以外の期間、垣を他人に貸与することもない。

このように、現時点でみる限り、垣からとれる魚はきわめて少量である。保存食品としての塩漬け用スークをみても、旧暦五月の良い潮時に二回しかとらない。それ以後ではスークが育ち過ぎて塩漬けには適さないのである。また大きいクブシミやツクラ、シンツにしてもごくわずかな漁獲量でしかない。そのうえ年間を通じて捕獲できるわけではなく、漁期が、前述したように立春の頃から六月までと一〇月から一二月までの期間に限られている。

以上のような垣の実態からみると、その所有者（利用権者）が年間を通じて垣からの漁獲物に依存できる度合はかなり低いものである。保存に適さないスーク以外の小魚については家族内自給をたてまえとする限り、それほど多くの漁獲は必要でないともいえる。それでも、ヌシの自家需要をどうにか賄えるといった垣は少ない。

しかしながら、小浜島にはかつて三〇ちかい垣が存在していた事実、あるいは、これはど大規模な石垣を構築し、現在まで存続させてきたという背景、さらには小浜島民が隣りの西表島にまで垣を築き、利用してきたという事実（多辺田 一九九五）を忘れてはならない。時代を遡って垣の利用について検討する必要にせまられるが、現時点ではもはや二世代以上前の事情を知るものはほとんどいない。漁獲に関する資料や古文書もなく、話し手の記憶もかなり不確定なものでしかない。せいぜい話し手の青少年期（三〇～四〇年くらい前）頃の様子から、ある程度の推測をするしか方法はないのである。

話し手は、以前はよく魚がとれたし、ヌシだけでなく島民の垣に対する執着心は強く、使用していた垣の数も多かったと一様に語る。現在、島の周囲をめぐると崩れかけた垣の跡をあちこちにみることができる。毎年管理しながら使用しているものは六カ所であるが、そのほか比較的最近まで使用していたものを列挙するとつぎのようになる。

ハイラは垣が大きすぎるうえ、ヌシが高齢化し、またヤラブ垣の管理もあるので手が回らず、一九七〇年で使用を中止してしまった。ナカーとアカヤーの垣は一九四六（昭和二一）年まで、クヤー垣は終戦時点まで使用していた。またスタンダル垣は一九三七、三八（昭和一二、一三）年頃まで使用、ウータ垣はウトゥラー垣のヌシ（一九七二年現在六三歳）が一時期利用していた。フナンザキ垣も現在の船着き場の建設まではよく魚の入る垣として記憶されている。

このように現在使用中あるいは少なくとも昭和期まで使用されていたものは、確認できたすべての垣のうち、約半数を占めている。これ以外のものについても、たとえばビルマ垣は祖父の代に新しく築かれたものであり、アカヤーヌカクサマとハイファンダの両垣は湾岸工事や製糖工場建設用の石材として利用されていることなどを考えると、近年まで使用されていたものがほかにもまだあったものと思われる。インフォーマントの説明を考えあわせると、小浜島においては少なくとも一〇数カ所の垣が比較的近年まで実質的な効用をもっていたものと推測される。

それではたして、小浜島の垣が最近までどの程度の経済的効用（価値）を担って「生きて」いたのであろうか。この点については十分に聞き取ることはできなかったが、人によっては七、八年前まではなんとか石積みの手入れをするだけの見返りはあったという。一日に一回、垣のなかを一回りするだけで一家の食膳を満たす程度の漁獲はあったし、今から三〇年以上前の一九四〇、四一（昭和一五、六）年頃には、サバが一度に一〇～一五尾も入っていたり、ときには体長四〇～五〇センチメートルほどのサヨリなども入って、背中にかついで持ち帰ることもあったという。別の話者によれば、それ以前（おそらく一〇〇年くらい前の明治期）、漁獲が多い時にはそれらを馬に積んで運んだという話を記憶している。いずれにしても、垣での漁獲が、魚種数においても漁獲量からみても時間の経過とともに次第に、あるいは急激に低下してきたことは想像に難くない。そして、こうした減収の原因について誰もが異口同音に「糸満人が来島して、網漁をはじめてからだ」という。ある時期から動力船や網をあつかう専門的漁業技術を持つ漁師たちが来島して、小浜島の近海で魚をとりはじめた。その結果、きわめて原始的漁法ではあるが、自給自足経済にあっては相当の重要性を発揮していたと思われる島民の垣漁撈活動に多大の影響を与えたことは疑問の余地がない。

それは、たんに沿岸部におし寄せる魚の量を減少させたばかりではない。潮とともに垣内に侵入した魚の目をごまかして石垣によってその退路を遮断するという受動的垣漁法と、漁船によって海上から魚をとる方法とは根本的に背反するものであった。垣漁法の技術的ポイントは、垣に入ってきた魚を干潮に際し、いかに垣内に留め置くかにある。石積みを長くし、曲折をつけてより広い垣内を確保し、さらに深いくぼみをつけて、できるだけ長い時間魚をその中で遊泳させようとする。一方、魚群は、石垣がまだ海面に現われないうちに人が垣に近づいたりすると、たちまち逃げてしまう。したがって、垣の周辺でおこなわれる船上漁撈活動は垣漁法の弱点をそのまま突くことになってしまうのである。

小浜島は、他地域と同様、商品経済の展開や交通機関の発達など時代の流れのなかで、これまでの自給自足性の強い経済生活から脱却せざるをえなかった。そのことはまず農業生産活動における換金作物としてのパイナップルやサトウキビの栽培普及というかたちで現われた。これらの栽培では稲作・甘藷栽培に比べてより多くの農業労働力を投入する必要にせまられ、その結果、生産性の低い垣漁撈への労働力の投下は次第に少なくなっていった。垣への管理・手入れの放棄が進むにしたがって、島民の多くが細崎を中心とする専業的漁業者から商品としての鮮魚を購入するようになるのは必然の経過であった。

このようにして、垣からの漁獲が減少するとともに、打ち寄せる新しい経済生活の波のなかで島民の垣に対する関心や依存度は急速に低下していったのである。このことは、近年にいたってからの垣漁撈活動の経済性、すなわち経済生活における効用の実質的低下を端的に示すものである。比較的近年まで、不安定で受動的な生産性の低い垣漁法が小浜島に生き続けていた。垣は、島をめぐる海洋生態系に適応し、往時の漁撈技術水準にも見合っていた。しかも農作業のあい間の潮の引いた短時間の操業でも、なんとか日々の菜（副食）としての動物タンパク源である魚を提供してくれた。垣漁撈は、現在のわれわれの目からは低位生産技術とみえても、島内の自給的な経済生活においてはきわめて高い価値をもつものであったと推測される。

ところで垣の経済的価値を論ずる場合、とくに「スークどり」の漁撈機能を重視しなくてはならない。スークは琉球社会では特別な意味をもつ魚である。この魚は「海神の贈りもの」として「昔の漁村では一番大切なヨリモノ」であり、「古代琉球の村落はスークの寄ってくるイノーを頼りに営まれていた」という（谷川 一九八九）。垣における漁獲対象の代表としてもスークがあげられ、現在使用中の垣には「スークどり」に特化した機能をもつものがある。このような点からみると、小浜島の垣の価値をたんに漁獲の経済性のみで判断することはできない。ここに、この島に現在まで垣が存続してきた重要な理由のひとつを求めることができる。

七　垣をめぐる法的諸関係

つぎに生産手段としての垣の法的諸関係、とくにその利用・所有の形態について考察したい。小浜島におけるかつての漁撈活動は、農業生産に対して相対的に低調であり、二次的なものであった。細崎への糸満系漁民の移住以前には、島に専門の漁業者は存在しなかった。漁撈活動は、日常の食生活における菜の供給以外、主要な関心とはなっていなかったのではないかと思われる。このことは、ごく最近まで漁業上の権利に対して、島民の関心がきわめて低かったことからもうかがえる。全体としてみるかぎり、小浜島の漁業は、主として垣という太古的な定置漁具を利用して「ヨリモノ」を主な漁獲対象とする消極的な漁業であった。

このように垣漁は生産性の低い、受動的な干瀬漁業であったにせよ、もし他集落と隣接したり競合したりする関係があったとすれば、そこには漁場の設定に関するなんらかの協定がなされたであろう。しかし小浜島は、本来一島一村落であったから、漁場そのものについての村落間における利害意識というようなことは起こりえなかった。こういった観点からも、漁撈活動における利用・所有に関する権利意識の低さの背景を考慮する必要があろう。

垣の呼称について

三〇近くあった小浜島の垣はそれぞれ固有の名称でよばれている。前述したとおり、垣名の由来を大別すると、①地名に基づくもの、②家名ないし屋号に由来するもの、③それ以外、の三通りとなる。屋号などによってよばれる垣については、島民がはっきりと「所有者」としての「ヌシ」を識別し、その独占的利用権を容認している結果と解釈される。さらに、これら以外のすべての垣についても、それぞれヌシが一応は定まっており、島民は個々の垣の所有者と利用者とを識別している。したがって、どの垣についても家名や屋号などで呼称することは可能なわけである。ところが現状をみる限り、全体の過半数は地名に由来する名称でよばれ、屋号などに由来するものは少ない。このことは、なんらかの理由でヌシが変更しうるものであることを意味しているのであろう。

ところで、西村（一九七九）は沖縄・宮古列島の石干見の呼称について、以下のような仮説を提示している。「石干見の呼称を分析してみると①自然的契機（a）方位（b）地理的位置（c）特殊な漁獲対象などか、②文化的契機（a）石干見の形態的な特質（b）所有形態（c）出自（d）宗教的性格等々に因んで命名されている」とし、これを「発生史的にみると、少なくとも理論的には石干見の原初的共同体的所有の段階においては、その名称は自然的条件と結びついたものが多く、封建制に移行するにつれて、政治的権威と内的に結合した宗教団体、或いは、封建君主の功賞として下付された垣の単独所有形態を示す屋号などが垣の呼称となるに至ったものと思われる」と述べ、さらに「今日、地名や性格によって呼ばれている垣は共同体時代の垣か、石干見所有の世襲的性格の崩壊に伴って改変した呼称を示唆するものではないか」と推測している。現段階では、この事実を論証する十分な資料がないのでこの仮説の当否はおくとして、こうした見解の基礎となったのがつぎにあげるスマンダー垣の事例である。

スマンダー垣にまつわる伝承

本土と沖縄の多数の石干見について、それが具体的にいかなる理由でいかにして構築されたかを示す文書はこれまで存在しなかった。ところが西村は一九六八年、小浜島の稲福武夫氏宅を訪れ、同家に所蔵されている石干見（海垣）構築に関する板証文（写真4-5）をつぶさに調査した。その結果、この板証文こそスマンダー垣の来歴を示すきわめて貴重な文書であることが判明した。この板証文は長さ九四センチメートル、幅二六センチメートル、厚さ一二ミリメートルの「イヌマキ」の板に墨書したもので、その要約を記すとつぎのとおりである（西村　一九八六）。

小浜の南風の川田や於那利、大阿母の御供をして首里に行き、つつがなく帰ってきたが、その後首里王加那志が於那利の似顔絵を見てお気に召し、召し抱えられることになった。彼女は大過なくご奉公も済ませ「つかさばあ」の官名を賜わり、下僕四〇人を連れて帰島した。「つかさばあ」の帰島にあたり、御惣菜用の魚介類を採捕するために、王名による強制労働（三度夫）によって今日なお、現存する嶋本の石干見が構築された。

ところが「つかさばあ」の後継者、あそうふじは税を完納できず、不足分一石五升を登野や、前嘉弥真や両家に立て替えてもらったが利子が払えず、石干見は取りあげられてしまった。稲福筑登之の祖父が「あそうふじ」の跡を継いだが、ついに石干見を取り返すことができず、朝夕嘆き悲しむ裡に相果ててしまった。亡父の赤頭稲福にやも夭折した。

そこで稲福筑登之が元利を揃えて返還、石干見を取り戻して、先祖に孝順を尽くそうと思っていた矢先、登野やが来て、あの垣はその方の先祖のものだからお返ししようと申し出たので、それで

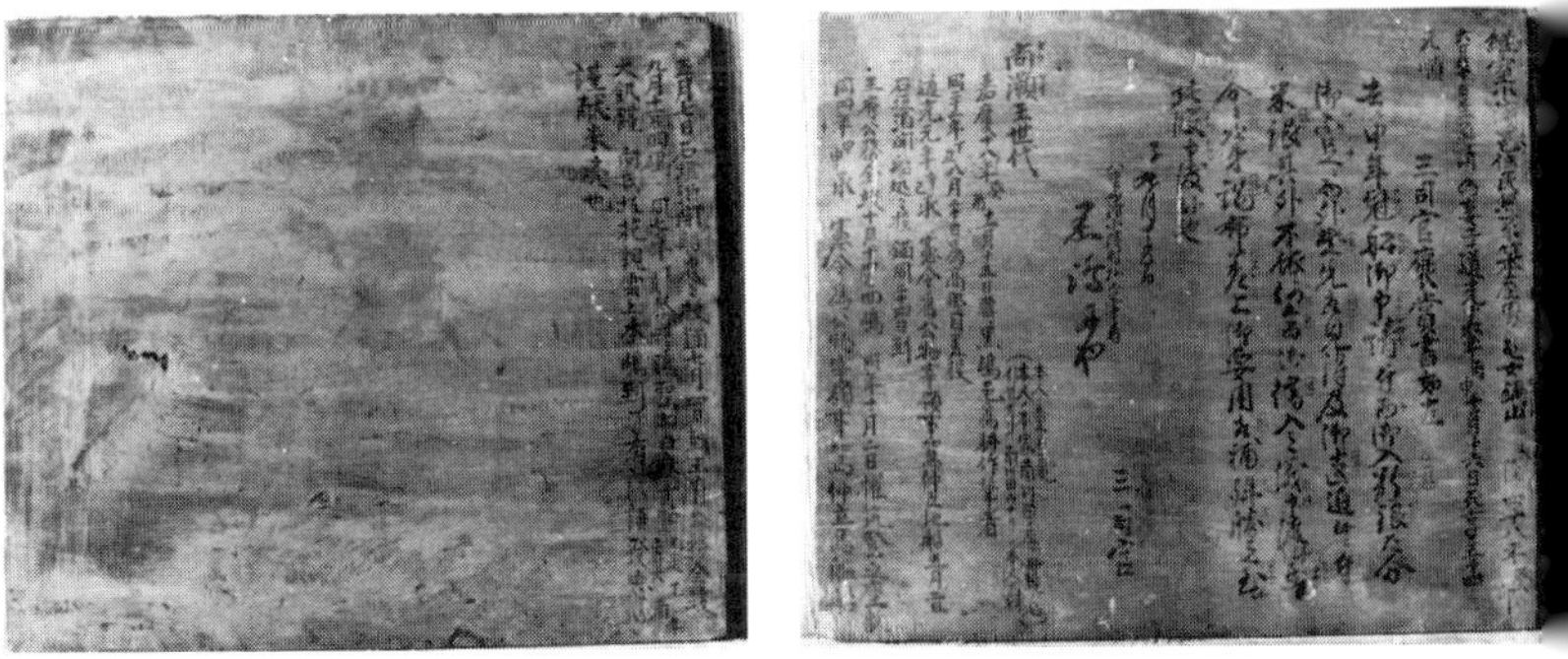

写真 4-5　板証文　（裏）（表）

はと登野やには雌の成牛一頭を、前嘉弥真やには白大豆一俵を届けた。祖父からの遺言もあり、けっして今後そのような不始末は致しません。

という趣旨のものである。

これによってスマンダー垣（嶋本海垣）の構築の経緯が明らかにされたのである。

すなわち西村によれば、「最初はマキヨ共同体によって構築され、後に共同体の生計を支える程の規模であった石干見が封建時代に入ると共に多数の平民の労働力を組織的に駆使した封建領主によって巨大な形態と構造を有つようになり、多数の封臣の生活を保障すると共に、インドネシアの『賜田』に相当する形で功臣に贈与されるものになったものと想像される」という興味深い仮説を提起している。文書に記された年号は道光四（一八二四）年であるから、これを書いた者のおおよそ五代前にスマンダー垣が構築されたことになる。すなわち二〇〇年ほど前に一般住民が労働力を提供することによって、現存するような大規模な垣が構築されたものと推定される。

その他の垣の構築事例

スマンダー垣にみられる特殊な成立契機とは別に、調査時点で話し手から聞き取ることができた垣の構築に関する伝承はつぎのようになっている。

各垣のヌシの説明によると、スマンダー垣（稲福屋）を除いてほとんどすべての垣は、彼らの祖先が「個人的」に構築（シタテ）あるいは修復（オコシ）したものであるという。ただしその創設の年代や、何代前の祖先が築いたものかについては、きわめて不十分にしかわかっていないし、また新規に築いたものか、あるいは古い垣を積み直したものかについても不明確な点が多い。以下では、いくつかの具体的事例をあげてみよう。

事例1――カットレー垣

カットレー垣（地名に基づく呼称）のヌシである長浜屋によれば、この垣は三代前の曾祖父が構築したものであるという。この人は上長浜（話者の本家（ヤームト））の三男であったが、独立・分家して相当の財を成し、牧場なども所有していた。カットレーの地に垣を造るにあたっては古い垣の跡にではなく、人足を頼んで何年間かにわたって新しくシタテた。袖垣の石はモッコを利用して二人がかりで運んだという。その際、人足には豚、牛、馬などの肉料理・「スイモノ」を振る舞った、という（しかし、上長浜の古老の話によれば、「元来カットレー垣は南風花家のものであったが、この家が離島転出し使用していなかったものを、現ヌシの曾祖父が修築したものだ」という）。

事例2――ヤラブ垣とハイラ垣

創設が新しく、その事情が比較的明瞭な事例としてヤラブ垣が挙げられる。この垣は現在も使用されており、糸満系漁業者が来島して網漁をするまでは相当の漁獲高があった。現ヌシは浦底屋であるが、彼の祖父の甥にあたる西本マシューなる人物が一〇〇年ほど前にシタテたものであるという。当時、浦底屋でも手伝い（カセイ）をしたが、牛ゾリを使ったりしてほとんど独力で約一年を費やして構築した。積石は近くの石を利用したもので、やはりモッコ（一人でも使用する）で石をかついだ。本来西本屋の垣であったヤラブ垣は、その後（四〇年くらい前）遺言によって浦底屋に譲渡され、今でも浦底氏が利用している。

同じく浦底屋のものとなっているハイラ垣は、当主の八代前に宮良家が新規に構築したもので（浦底屋は新しく垣を積むことを「シタテる」といい、古い垣を修築する場合を「オコス」と明確に使い分けている）、二〇〇年以上前のものであるらしい。なお一説によると、明和の津波（一七七一年）の後、小浜島から石垣島の宮良集落へ強制移住がおこなわれた際、浦底屋の分家も移住させられたが、その人がこのハイラ垣を造ったとも伝承されている。

事例3——トゥンツァー垣

トゥンツァー垣は、現在は残っていない。ヌシの通事屋の屋号（トゥンツァー）からその名称をとっている。詳細は不明である。ヌシによれば三、四代以前の祖先がシタテたものである、という。

以上の事例は新しく構築したと考えられる例であるが、これ以外に、かつて誰かが使用していたか、あるいは放棄してあった古い垣を個人的に積み直し（オコシ）て使用することもある。もちろん、このような場合はオコシたその人が垣のヌシとして認知されることになる。

事例4——ウータ垣、ダーシィー垣

ウータ垣は上長浜屋の先祖が古い垣をオコシて自分のものとしたといわれる。その後、上長浜家が永らく使用せず放棄されていたのを、登野屋が一時使用していたものである。また、ダーシィー垣についても、古くより手入れもされずにあったのを、一〇年くらい前に現ヌシの大城屋が修復したものだ、といわれている。

垣の成立事情に関していくつかの事例をみてきた。これらは基本的に個人的労力によって構築されたことがうかがえる。牛ゾリやモッコなどの道具を使用したり、何年間かを要して石積みをおこなったりしたケースが伝承されている。独力で垣を完成するにはかなりの難工事であったことが想像される。たとえば浦底屋によれば、「個人の力で垣をなすというのはむしろ例外で、通常は人夫を頼んで石積みをした」という。また、カットレー垣のヌシである長浜屋をはじめとして他の人々も、かつては大勢が協力してオコシやシタテをおこなったという。いわゆる「カセイ」といわれる労働力の提供である。工事の規模からみてもこのような形態がむしろ一般的であったと考えられる。その際、親戚や友人をはじめなんらかの関係者が協力したであろう。しかし、たとえ協力者が親しい間柄の人であろうとも、カットレー垣の例にみられるように、貴重な食物である肉を提供しうるほどの財力がなければ垣の構築は不可能であったと思われる。ほとんど独力に近い方法でおこなった場合にせよ、あるいは人足などの幅広い労働力を用いた場合にせよ、垣の構築は資本を蓄積した村内の富裕層が私的な利害や関心に基づいて個人事業としておこなったという性格がうかがえる。

垣の維持・管理と利用

垣の構築に必要な労働力および財力と同様に、垣の維持・管理における個人的な労働力の投下も、垣の私的権利を根拠づけるものである。

袖垣は台風や地震、あるいは冬の北風によって毎年かなり破損する。さらに、打ち寄せる波浪のため砂に埋まった部分の手入れもしなければならない。こうした修復作業や管理は毎年おこなわなければならない。主な仕事は崩れた石を積み直す「オコシ」であるが、その際、他所から積石を運んでくることはまずない。漁期（二、三月の大潮と九月頃）が近づくと、通常どこの垣でも三、四日間をかけて手入れをする。こうした大規模な修復作業以外でも、魚の入り具合を見回りながらついでにこまめに垣に手を加えていく。

カットレー垣のヌシの長浜屋によれば、かつては友人など手伝いのできる者と二人で、年に三回くらいオコシたという。現在では一人で二、三日この作業をおこなうだけになった。修復作業の協力者はそのシーズン中の垣の利用を認められ、魚をとることができた。つまり漁獲物は二人で分配するわけで、かりにヌシが一緒に行けない場合は、協力者は他の一人を連れていって魚をとることが許されたという。

このように垣の維持・管理は垣の利用、ひいては所有の権利を獲得し、保持する要件であったと考えられる。したがって、ウータ垣のヌシである上長浜屋の話にみられるように、管理されず、また利用されず放置されていた古い垣をオコシて使用可能にすれば、その後はその者にこの垣の利用権および用益権が認められることになる。そして、管理の継続とそれに伴う独占的利用によって、その者に垣の使用および所有上の権利が確立してくるものと思われる。同様の経緯は大城氏が使用しているダーシィー垣や、またかつて浦底屋が使用していたハイラ垣にもみられる。

以上みてきたように、ヌシは毎年自分の垣を有効利用できる状態に手を入れることによって、その垣を独占的に使用する権利を獲得している様子がうかがえる。それゆえ、みずからの垣の修理や管理をせずに放置しておくことは、垣そのものに対する権利の放棄をおのずと意味する。いいかえれば、放置されたままの垣は誰のものでもなく、したがって島の誰が手を入れて使用してもその権利は承認され、保障されるものとなる。

ところで、この島でもっとも優良でしかも由緒あるスマンダー垣は稲福屋に属するものであるが、現在は、稲福屋の現戸主の友人である細崎の比嘉屋が、垣の近くに住む関係もあって、その管理・使用を任せられている。この場合は、あくまでもヌシの手不足による一時的な貸与であって、管理を条件としてその利用権が与えられているにすぎない。他の事例とは異なり、利用・所有権の変更までには至っていない。これは、たんに修復・管理することによって垣の権利を獲得できるものではないことを意味している。そこでは明らかな前所有者（ヌシ）の権利の放棄という条件が前提になっている場合に限り、権利の変更がおこなわれるものといえる。すなわち、特定個人の所有物から一旦共同体としての集落のコモンズに還元されるという手続きを踏んだ後、新たな労働力の給付に基づいて権利が生じると考えることができよう。ここに、「垣とヌシ」の間の前近代的ともいえる特殊な権利関係をみることができる。

垣の相続・分与・譲渡

小浜島の垣では、垣とヌシとの関係において独占的利用権ないし私有形態をみることができる。さらに、この私的利用と所有の形態は、垣が相続・世襲されたり、分与あるいは譲渡されるという事実によっても裏付けられる。垣が一般に相続されているという事実は、すでに構築事例でみたとおりである。譲渡の事例としては、たとえばヤラブ垣が西本屋から遺言によって親戚の浦底屋に譲られている。ヤラブ垣に関する両家の関係は、構築の手伝いから発生してその後の共同利用という背景があったにせよ、権利主体はあくまでも西本屋にあり、それに基づいて権利の譲渡が成立したということである。なお、ヤラブ垣については、もともとは「酒」と交換に宮良屋より西本屋に譲られたものであるという話も残っている。

一方、「バギダマ」と称して、娘の嫁入りの際に垣を婚家に持参させる例もみられる。たとえば、前に述べたようにウンドー垣は、かつて黒島屋の娘が八宇川屋へ嫁入りする際に分与されたものである。ウトゥラー垣もまた、現ヌシの登野屋へ嫁入りした女性が持参したものと伝えられている。ほかにもバギダマの話はしばしば耳にするものであり、かなり頻繁におこなわれていたのではないかと推測される。

このように垣が個人的に譲渡されたり、あるいは代々相続されていくという事実は、垣使用の私的・独占的権利の発現とみられ、垣の個人的所有形態への移行を明示するものと考えられる。

私的権利の確立は、たんに所有者側の一方的主張に基づくだけでは不十分である。一般に島民によってもそのことが容認されねばならない。現在では、垣での漁撈活動そのものの低下とあいまって、新しい漁業権に対する意識が浸透してきた結果、従来のようにヌシの独占的利用は衰退し、垣自体が島民全体のものとして開放される傾向にある。しかし、それでも、ヌシ以外の者が垣に入って捕獲しているところにヌシが来ると、その者は遠慮したり、あるいは逃げ出すというのである。

こうした状況はごく最近のことであり、一〇年ほど前までは他人の垣に入ることに対しては相当厳格に禁じられていたという（長浜屋談）。その頃の話では、インメー垣の中本家などでは、垣内への不法な侵入者を見つけると、松明の火（夜は松明を持って魚をとる）で追い払ったりした。また、浦底屋（ヤラブ垣のヌシ）によれば、一九四〇、四一（昭和一五、六）年頃から個人の権利が次第に主張できなくなり、現在では誰でも自由に垣を利用できるようになったという。

以上のことをまとめると、つぎのようにいえるだろう。小浜島における垣の利用・所有の実態は原初形態はいざ知らず、現在知りうる限りでは個人有（私有）形態が本来的であったのではないかと推測される。これはスマンダー垣の伝承やそのほかの聞き取り結果からわかるように、すべての垣にはその所有者としての「ヌシ」が定まっており、各垣では特定個人の独占的な使用権および用益権が行使されていたことからも明らかである。このため、ヌシによる垣の相続・世襲あるいは譲渡などの独占的処分権の行使が可能となったし、このことは島民の側からも容認されていた。

こうした私的権利の成立は個人的労働の給付に基づいている。したがって管理の放棄は権利の喪失を意味する。放置された垣に対しては、新たな修復者（島民なら誰でもよい）が部落（島民）の認知を得たうえで新しい権利保有者となることができる。これは、漁場としての海浜域――とくにイノー――そのものは、本来部落共同体のコモンズに属するものであって（したがって漁場としてのイノーは部落のローカル・コモンズであり）、ヌシはたんに用益するだけの権利（利用権）を保有するにすぎないことを意味している。それゆえ、個人の利用――所有権が確立し、相続・譲渡が確立したといっても、相当に基盤の弱い流動的な形態――いいかえればルースなローカル・コモンズ（井上 二〇〇一）に依拠した慣行であるといえるだろう。

八　垣をめぐる宗教的慣行

拝所との関係

沖縄社会にはウタキとよばれる聖地（拝所）（図4-3参照）があり、村落祭祀において重要な機能を果たしている。垣とこの聖地との関係についていえば、垣あるいは垣漁撈と拝所を中心とした祭祀との直接的な関係は確認できなかった。しかし拝所となんらかのかかわりをもつ垣が二基あった。ひとつは南岸のスマンダー垣で、もう一基は東岸のスタンダル垣である。

スマンダー垣の由来は、前述したように稲福家に伝わる板証文に記されている。稲福家はこの垣のもととなったオナリの後継者となり、現在もスマンダー垣のヌシとしてナカンドゥーの拝所（図4-3のe）でそのオナリを祀っている。小浜島にはいくつかのウォンとよぶ「聖域＝社」（拝所）があり、それぞれに特定の祭祀集団（氏子）・ヤマニンジューを構成し、ナカンドゥーの場合は稲福家とそのピキ（血筋）関係にある人々によって祭祀がおこなわれ、司《ツカサ》は稲福家の現戸主の妻が担っている。

祭礼は旧九月九日におこなわれるが、これは甘藷の豊穣祈願である。前戸主の生きている頃は、スマンダー垣でとれた魚を供物としたというが、現在はおこなわれていない。魚を供えるのは、この拝所に祀られている者のためにスマンダー垣が造られたからであるという。また戦前、細崎でカツオ漁が盛んであった当時には、この祭祀に細崎の漁業者がカツオを供えて豊漁を祈願したという。しかしナカンドゥーの祭祀自体はこのような漁撈や垣との直接的な関係は希薄であり、単一の家筋によっておこなわれる先祖祭祀的色彩が濃い。

スタンダル垣の例では拝所との間にはつぎのような関係が認められる。

①東海岸にある拝所アーラムティー（図4-3のg）の祭神の名をスタンダラ大神といい、この神はスタンダル垣のヌシである黒島屋（アーリヤー）の祖先にあたる女性が神格化されたものである。なお黒島屋は拝所アーラムティーおよび後年にアーラムティーより遷せられた拝所カフニを信仰する祭祀集団に属している。

②拝所アーラムティーはスタンダル垣の構築されていた東海岸東表にあり、垣と対面する位置にある。

このような垣と拝所の連関は認められるが、これ以上の垣漁撈と拝所あるいは祭祀との関係は確認できない。アーラムティーを中心とする祭祀は、米や粟の豊穣祈願であり、漁撈との関係はとくに認められない。

カクスヌニンガイ

カクスヌニンガイとは垣の大漁（チンガラ）を願う祈願儀礼であるが、現在は祈願するものはいないという。漁期にそなえて垣を修理（ツミオコシ）する際に、ミズノエ、ミズノト、ツチノエ、ツチノトの日に修復作業をおこなうと魚がよく入るといわれているので、こうした日取りを選ぶ。仮にこれらの日以外にツミオコシをおこなわねばならなくなった場合にも、「今日はミズノエの日である」といって、ウムンザ、垣のそばの畑小屋あるいは垣のそばの浜にある石など、目印とされた一定の場所で祈願する。コメノハナ（白米）、御酒、線香を供え、真裸になって海にむかい、「チンガラ（大漁）させて下さい」と祈る。古老も実際にこのカクスヌニンガイに参与したことがなく、伝え聞いたというにすぎないから、かなり以前からおこなわれなくなったようである。しかし現在でもミズノエなどの日を選んで修復をするという古老は存在する。また修復する際に真裸でやると魚がよく入るという話を伝え聞いている話し手もいた。

旧八月、初めて垣でとれた魚をハツ（初の手柄）と称して、神前に供えたり、とくに大漁となったときにはその一部を料理してカミに供えるという。

九　おわりに

本報告とは双子のような関係にある宮古列島の石干見報告（西村 一九七九）のタイトルは「生きている漁具の化石」と名づけられている。小浜島をみるかぎり、石干見はもはや「生きている」と形容することができない状況に放置されているのが実態である。では今や滅び去るかにみえるマイナー・サブシステンスとして小浜島の石干見が近年まで存続してきた意味および遺物的な残存物に関するこの報告の学術的な価値はどこにあるのであろうか。一島嶼における集約的な石干見の民族学的報告は、宮古列島の報告（西村 一九七九）と陳・田和らによる台湾・澎湖列島の報告（第七章〜第九章を参照）を除くと皆無である。そうした意味において、まず失われてゆく物質文化に関する資料としての重要性をあげることはできるであろう。

ここでは小浜島の石干見報告から見いだせる特質を以下にまとめることで、むすびにかえたい。

①小島嶼であるにもかかわらず石干見の数の多さと規模の大きさは目をみはるものがある。往時、孤立した小浜島社会にとって石干見漁撈がもたらす漁獲はタンパクの供給源として重要な意味を担ってきたことは疑いえない。

②形態上の特徴として、小浜島の石干見は太古的な形態と構造（宮古列島の石干見などとは異なり、

捕魚部を欠いた構造）を有している。この点は沖縄周辺域の石干見の発生史的連関を把握するうえでもきわめて重要である（西村 一九七九）。

③石干見の利用形態についてみると、形態上の太古性に反して近代的な所有権に類する私的利用と所有慣行が認められる。イノーの共有的（communal）利用慣行を前提としながらも、相続・分与・譲渡といった慣行からは垣の排他的・独占的な私的漁業権の成立過程を読みとることができるのではなかろうか。

④さらに歴史的な観点からすると、小浜島の石干見に関する発見のひとつはスマンダー垣の由来に関する板証文の存在である。西村（一九六九）による「石干見は原初段階においては共同体によって構築され、そして部落共同体の総有であったものが、後の封建制の確立とともに巨大化し、封臣に贈与された」とする「発展段階説」の適否は再考の余地を残しているとはいえ、石干見の発生的連関や石干見の大規模化を考えるうえで、この板証文はきわめて示唆に富んだ史料であるといえる。

第五章　奄美諸島および五島列島の石干見漁撈

一　奄美諸島および五島列島における石干見の分布

日本における伝統的な漁撈文化は、技術的側面からみると、「北方系漁撈文化」と「南方系漁撈文化」という二つの系統に分類できる。このうち「南方系漁撈文化」は、たとえば有明海沿海において広く使用されている潟板（あるいは板スキー）とよばれる漁具に象徴されるような泥底質海域に展開する「干潟漁撈文化」と、海洋の生態学的状況では干潟とは対極にあるサンゴ礁海域に展開する「干瀬漁撈文化」に大別される。本書で取りあげている石干見は、「干瀬漁撈文化」の主たる表象の一つである。その分布域から推定すると、おそらく太古の時代、具体的には縄文時代や弥生時代に、はるか南方のメラネシアやミクロネシアの島嶼世界に端を発し、フィリピン、台湾、宮古・八重山などの先島諸島、沖縄諸島、奄美諸島などの鎖状に連なる島々を経て、九州や五島列島に伝わり、さらには韓国の済州島や朝鮮半島西岸地帯にまで伝播地域を広げていったものと考えられる。本章では、この伝播ルートにあたる奄美諸島と五島列島の二地域における石干見について取りあげてみたい。

二　奄美諸島の石干見漁撈

私はかつて、石干見が南方から島嶼づたいに伝播してきたとするならば、そのルート上にある奄美諸島にも、石干見が存在しなくてはならないと考えた。そこで、日本において早くから石干見の存在に注目し、その文化人類学的・海洋民族学的研究に着手した故・西村朝日太郎教授とともに、一九六八（昭和四三）年に奄美諸島において現地調査を実施した。この調査により、奄美大島本島の北部、笠利・龍郷両町において石干見群を、そして徳之島の天城町与名間において現存する一基をそれぞれ確認することができた。さらに、奄美大島本島南部の瀬戸内町においても、石干見群の存在を確認した。

その後数度にわたって奄美諸島を調査したが、右記の二島以外の島々、すなわち喜界島、沖永良部島、与論島には石干見の存在は確認できなかった。ただし、与論島においては「ハキチミ」と称する、石垣を積んで魚を捕らえる漁法がかつて存在したという記録が残されている（栄　一九七一）。しかし、私が調査した時点では、すでにその痕跡はまったく見られなかった。そこで、同島の石干見は、かなり早い段階で消滅したものと考えるにいたった。喜界島、沖永良部島の石干見に関しては、聞き取り調査でもその存在を知る者はなかった。これら二島の海岸には裾礁がみられるだけで、裾礁の外縁部は急峻な崖状の地形となって外洋底に深く落ち込んでいる。したがって、石干見構築に不可欠な広い遠浅の海浜域潮間帯が発達していないのである。このような海岸地形の特質を考えると、石干見漁法は従来からおこなわれていなかったと考えてよいだろう。

以下では、奄美大島笠利・龍郷両町および瀬戸内町の石干見、そして徳之島の石干見について、形態、構造、漁法、所有権、漁獲分配などの諸側面について具体的に眺めてゆくことにしよう。

奄美大島笠利・龍郷町の石干見

奄美大島北部の笠利・龍郷町の沿岸には、多数の石干見が集中していた。両町の沿岸はリアス式で、主湾である笠利湾が内陸奥深く湾入している。内湾部はさらに赤木名、赤尾木、龍郷の三つの小湾に枝分かれしており、きわめて屈曲に富んだ複雑な海岸線を呈している。湾内の海域（地方名ウォロチ。以下、（ ）内のカタカナ表記は地方名をあらわす）は、外海（アラバ）の波浪の影響や、年間平均五〜七回来襲する台風による高波の影響を受けにくい波静かな内湾となっており、石干見にとっては波浪による崩壊が少ない格好の立地条件である。また、各小湾の最奥部には小河川の流入があり、それらが搬出した土砂が堆積することによって、平坦な砂質底の遠浅海浜（シロジあるいはスナジ）が形成されている。これらの遠浅海浜は、大潮時で二メートル、小潮時で一・六メートルという潮差があるため、干潮時には

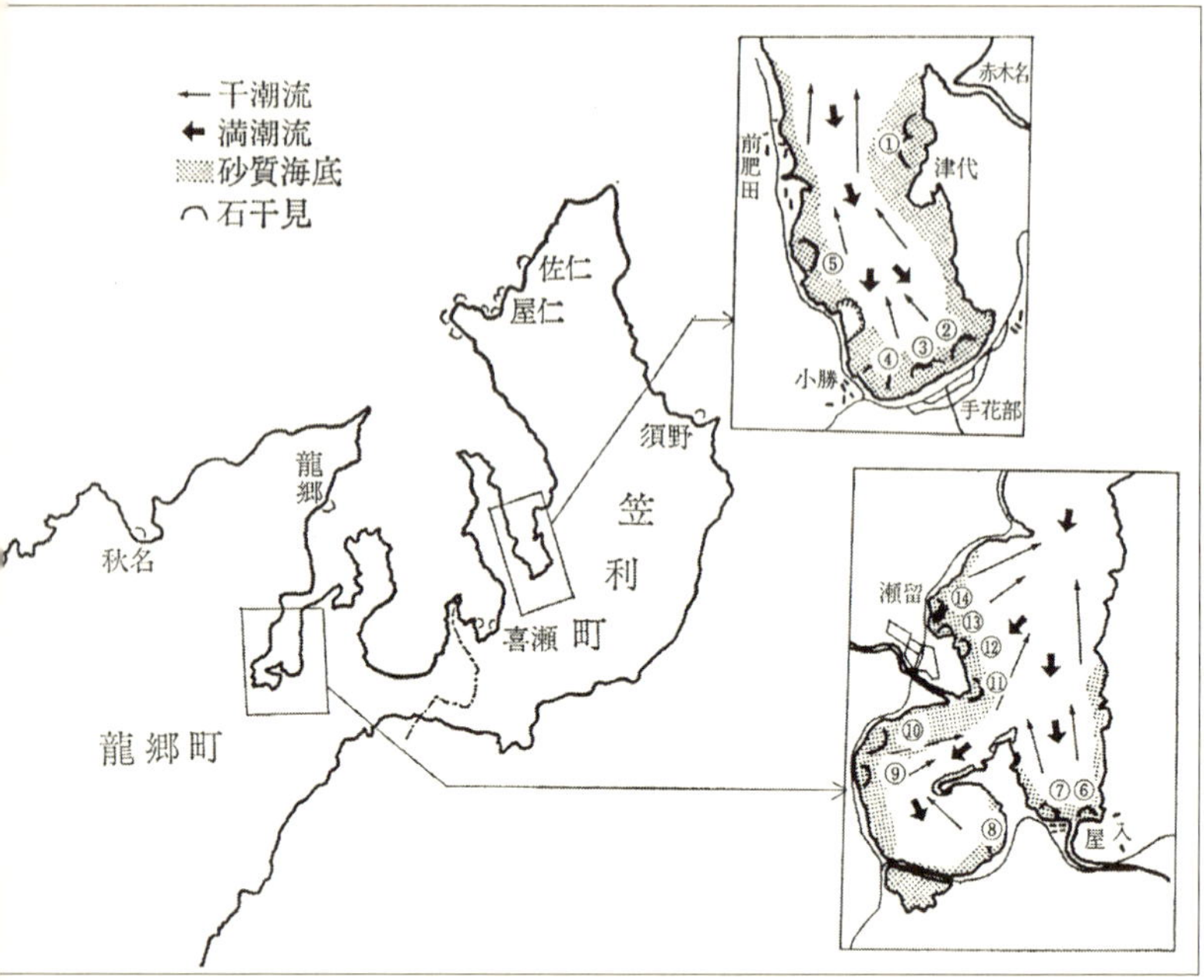

図 5-1（上）
　奄美大島笠利・龍郷町の石干見分布
写真 5-1（右）
　笠利町手花部のカキ（図 5-1 の No. ①）
写真 5-2（下）
　笠利町手花部のカキのコディスィ

表 5-1　笠利・龍郷町のカキ所有者とカキの名称

No.〔所有者〕	〔カキの通称名〕	
① 赤木名部落共有	ツシロ（津代）ガキ	放棄。現存せず。
② 永田徳田郎	──	所有家転出。放棄現存せず。
③ 松崎文之助	清二郎叔父のカキ	現在使用。旧所有者は永田家。松崎氏の母（永田家より婚出）を通して現所有者に譲渡される。
④ 若林イシ	──	所有者の家系断絶。昭和 30 年頃道路改修用にとカキの石を土建業者に売却（4～5 千円）したため現存せず。
⑤ 松本新蔵	──	現在使用。もとは吉井家が所有。松本氏の父が吉井赤坊より譲りうける。松本氏の母は吉井家の出身。
⑥ 不　明	──	放棄，現存せず。
⑦ 柳田政雄	──	もとは新納菊次郎氏の所有カキ。柳田氏の父が買いとり同家の所有となる（金額不明）現在使用。
⑧ 不　明	──	現存せず
⑨ 恵　直松	鍛冶屋マタ（谷状の窪地）ヌカキ	干拓により現存せず。
⑩ 大司チョーユー	チョーユージ（叔父）ヌカキ	干拓により現存せず。ハジャ使用。
⑪ 石崎栄吉	エーキチフジ（栄吉叔父）ヌカキ	干拓により現存せず。
⑫ 直　中当	ハジャマ（ハジャ使用）カキ	護岸工事のため現存せず。ハジャ使用。
⑬ 岩切源五郎	フルグンシリ（古い川の川尻）ヌカキ	
⑭ 山下栄一郎	ウンキャキ（上の垣）もしくはエーチロー（栄一郎）カキとも	代々岩切家が所有。姻戚にあたる山下氏が相続したが東郷角熊氏に借金し，その返済の一部として東郷氏の手に譲渡される。現存放棄。
作田富次	シャンカキ（下の垣）もしくはチョンシフシュヌカキ（チョンシ祖父）	東郷チョンシ（士族）所有のものを，その一族転出を機に作田氏が継承。
⑮ 竜　静雄	コーユー（竜幸勇）ガキともサミナカ（田畑弘道）ガキとも称す	代々郷士格（田畑佐文仁の一族）の田畑家が所有。現存せず。

注：No. は図 5-1 のカキのナンバーに対応。

岸辺から三五〇メートルほど沖合まで干出することから、比較的大規模な石干見を構築しうるスペースを提供しているといえる。

奄美大島の石干見漁撈に関する文献史料はほとんどなく、明治以前のそれについては明らかにできない。奄美大島をはじめとする南島に関する民俗学的研究として、近世末に記された名越左源太による『南島雑話』（一九三三（昭和八）年に永井龍一が、ガリ版刷りで刊行している）があるが、そこには奄美における各種の伝統漁撈に関する記述が多くみられる。しかし、石干見に関してはまったく言及されていない。その後の民俗学的研究においても、石干見を取りあげたものは少なく、『大奄美史』（昇 一九四九）や『奄美大島史』（坂口 一九二一）に、本地域の石干見の創始者を平家の落武者とするという平家伝説があったことが紹介されているにすぎない。そうした中で、小野（一九七三）による報告は、奄美大島の石干見についての唯一ともいえる現地調査に基づく記録である。この報告によれば、笠利湾沿岸において二三基の石干見の存在が確認されている。私は、同氏の報告にはない六基（すでに消滅し、古老の記憶によるものも含む）を確認している。これらを加えると本地域には二九基の石干見があったことになる。これらの石干見の所在を図示したものが図5-1である（写真5-1、写真5-2）。以下、石干見の形態、構造、所有状況などを具体的にみてゆこう。

名　称

石干見は、本地域においてはカキと称される。この呼称は、後述する瀬戸内町の石干見でも同様であり、さらに広く沖縄本島から宮古・八重山などの先島諸島に至るまで共通した呼称でもある。与論島でのハキチミという呼称も「垣積み」のことであり、同じ系統に属する。

石干見個々の呼び方には、「チョンシ　フシュ　ヌ　カキ」（東郷チョンシじいさんの垣）とか「チョーユー（フ）ジ　ヌ　カキ」（チョーユーおじさんの垣）というように、石干見の所有者の名前を冠してよぶものが多い。これは、この地域の石干見が総じて個人所有の形態をとることからきている。その他、「ウフガキ」（大きな垣）とか「ツシロガキ」（津代垣）、「フルグンシリ　ヌ　カキ」（古い川の川尻の垣）といったような形状や地名からの呼称も数例認められる（表5-1参照）。

形態と構造

奄美諸島の石干見は、九州の島原半島や宮古島における石干見ほどには大規模ではなく、最大級で全長が一八〇〜一六〇メートルであり、八〇メートル前後のものが普通である。石積みの高さは〇・七〜一・〇メートルで、平均的には〇・九メートルである。幅は〇・八〜一・〇メートルほどのものがほとんどである。用いられる石は、マイシ（真石）と称される、この地域の基盤岩層である大勝頁岩層から提供される、比重が大きく、透水性に欠ける頁岩である。頁岩は集落の周辺では入手が困難で、集落を離れた岬部突端などで採取される。したがって、カキの構築にはかなりの労働力を要したことであろう。図5-2に示したカキの所有者である松崎文之助氏によれば、マイシは集落西側の立神岬の突端から樽に入れて少しずつ運んだと伝えられている、という。

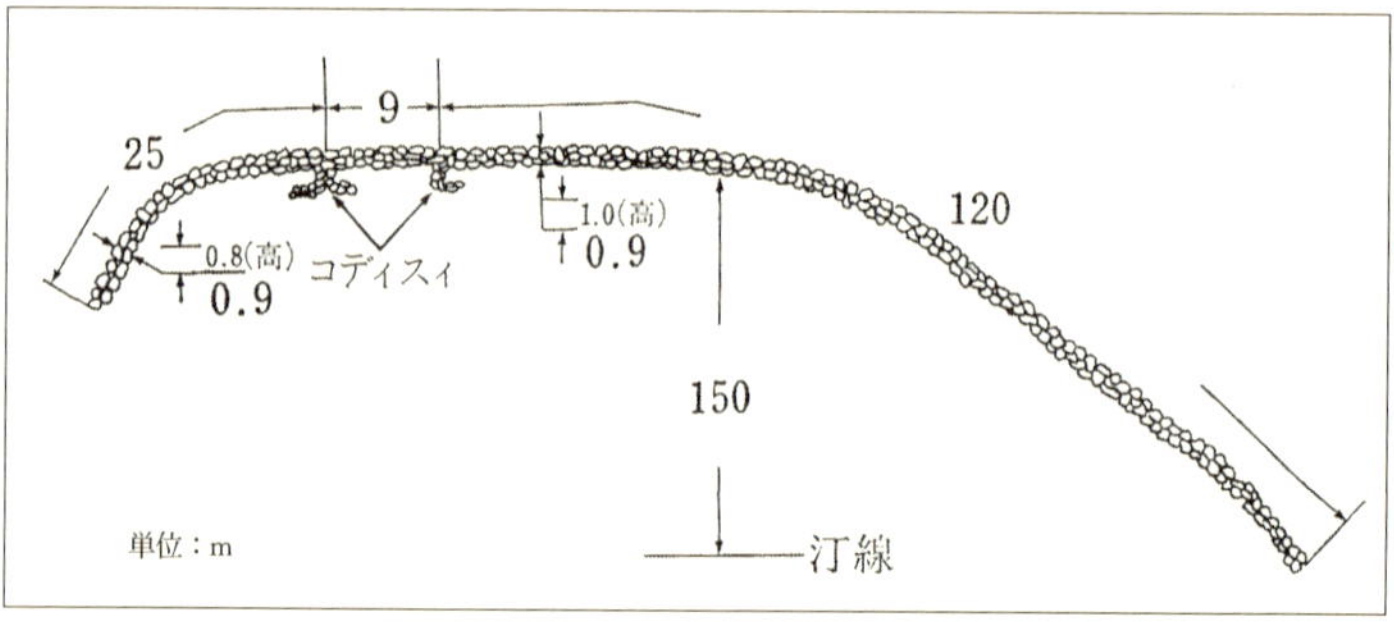

図 5-2　笠利町手花部のカキ
（松崎文之助氏所有）

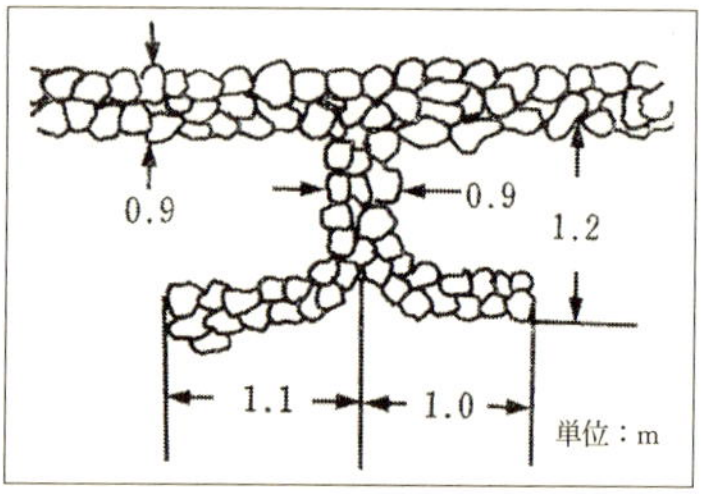

図 5-3　手花部のカキの捕魚部
コディスィ

つぎに、カキの形状についてみよう。石干見の一般的な形状は半円形ないしは半楕円形である。しかし、石干見が構築される海岸の地形、潮流（とくに採捕時と関連する下げ潮流）の方向や流速、石干見の高さを決定づける干満差、魚族の動きなどといった地形学的・生態学的諸条件の差異によって必ずしも一定しない。奄美におけるカキもそうした点を反映して、基本形から少なからず変形した形状を呈する。たとえば、図5-2にあるカキのように、湾曲率の小さい、緩やかな曲線を描くものや、図5-4のように最終落潮部を頂点とした三角形の二辺の形状を呈し、さらに沖側にもう一つのカキを重ねあわせたもの、あるいはカキ内部で海水が流出する通路の中央部を数メートルにわたり開口し、そこに満潮時に竹簀（ハジャ）を立てて仕切る構造のもの（後掲図5-8）など、さまざまな形態

写真 5-3　龍郷町瀬留のカキ（図 5-1 の No. ⑭）

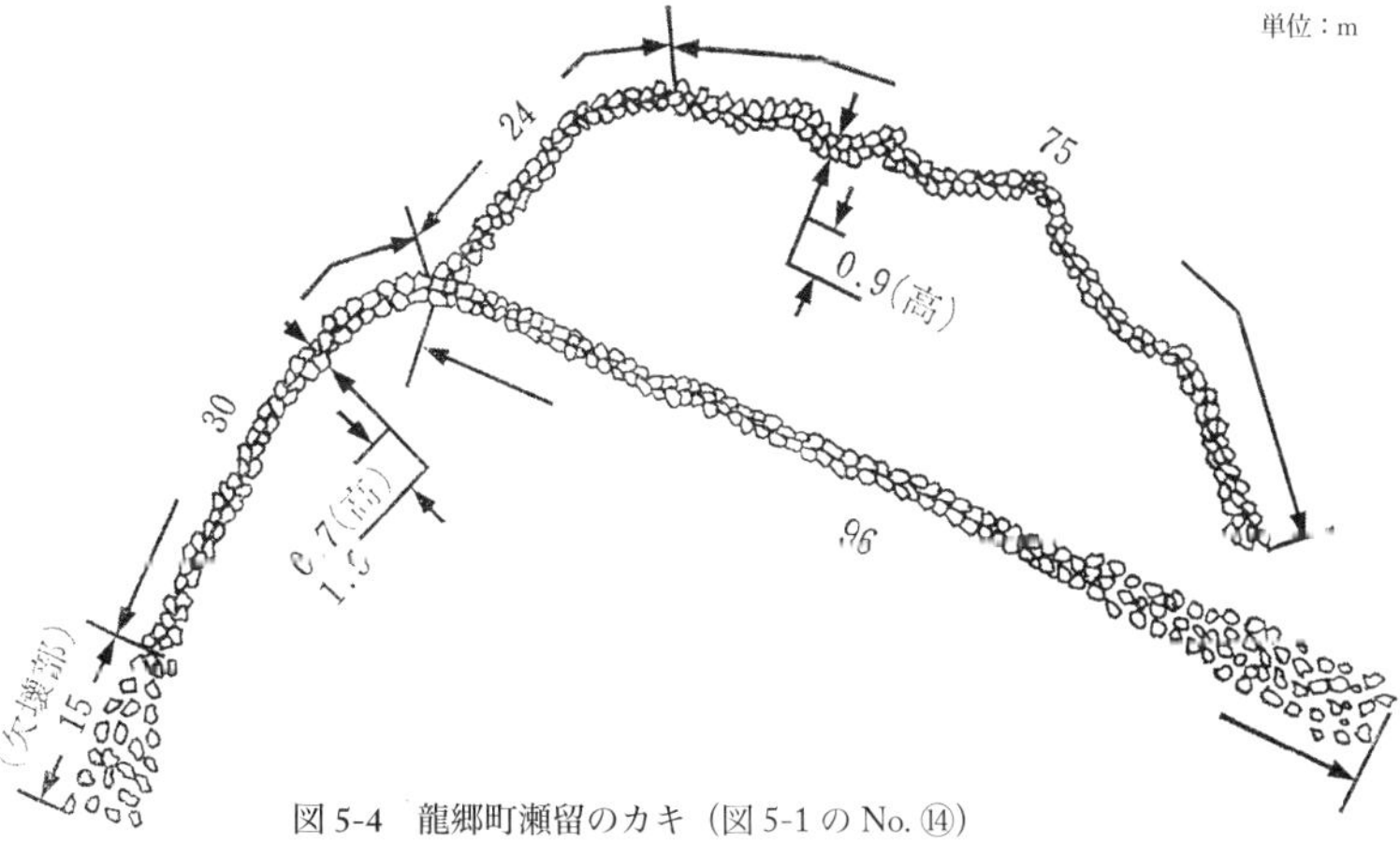

図 5-4　龍郷町瀬留のカキ（図 5-1 の No. ⑭）

の石干見が見られる。また、開口部に竹簀を二枚立て、その中央部にアリホとよばれるウケを設置し、それに魚群を陥れるものもある。この事例は、もはや石干見本来の形態を逸脱したものといわざるをえず、むしろ各地の河川漁撈で見られる簗《やな》漁法に属するものというべきであろう。さらに、当該地域においては、竹簀のみを用いたハジャタテという漁法も見られる。採捕原理は石干見とまったく同じで、多くの竹簀を船に積み込み、満潮時に泳ぎながら石干見同様の形状に竹簀を海中に立てて、ハジャの囲いの中に魚群を閉じ込め、干潮を待ってこれを採捕するというものである。つまり石組みのかわりに竹簀を利用したものであるが、石干見が半永久的な固定的漁具であるのに対して、ハジャタテは可動式であり、笠利湾内のさまざまな浦において敷設できる。

そのほか、カキ内に入った魚族の捕獲効率を高めるために、最終落潮部であり捕魚部にもあたる部分（クムリ＝籠もり）に石干見本体の石垣からカギ状の石組み（コディスィ＝小出し）を付設したもの（図5-3、写真5-2）や、石干見内部の数カ所に小型の半円形石組み（コガキ＝子垣）を設けたものも見られた。

漁獲法・漁期・漁獲物

石干見における漁獲方法は、テサデないしはサデと称される網を用いるのがもっとも一般的である。テサデの構造は、長さ一メートル前後の木の棒二本を左右の柄とし、それに〇・六〜〇・八メートル四方の開口部をもつ袋網を取り付けたものである。捕魚部内の潮だまりに入り、そこに集まっている魚群をすくいとるのである。主としてボラ（サクチ）やキビナゴ（シュルンあるいはヤシ）など、比較的小型で群遊する魚群が入る石干見で用いられる。大型の岩礁性魚族、たとえばブダイの仲間（イラブチ）やシロクラベラ（マクブー）などの入る石干見では、先が三叉のヤス（トゥギャ）を用いて、魚を突き刺してとらえることもある。

潮の引き具合が悪い小潮時には漁をしにくいことは、石干見漁撈をおこなっているいずれの地域でも共通する。奄美では、小潮時をカフシュとよぶが、これに対して大潮時をシュドゥキ（潮時）とよび、石干見漁によい時期としている。また冬季には昼間より夜間の方が潮の引き具合が大きくなるので、一般的には夜間に漁をおこなう。しかし、笠利地方では石干見の夜間使用の話は聞かれなかった。これはおそらく石干見の所有形態と関係すると思われる。すなわち、この地域では石干見の村落総有という形態が早くに崩れ、共同漁撈の性格が失われ、私有形態に移行したことで、石干見は個人による遊漁的性格の強い漁撈となり、これに応じて夜間使用が衰退していったと考えられる。

石干見で漁獲される魚類は、サンゴ礁海域の特徴を反映して多様である（表5-2）。その中でも中心は、ボラ・キビナゴ・ヤマトミズンなど群れをなして回遊してくる魚群や、ブダイ・ベラなど比較的大型の魚類、冬季に産卵のために浅瀬の所定の場所に寄ってくるコブシメ（クブスィミ）などである。

所 有 権

笠利・龍郷両町沿岸における石干見の所有形態は、表5-1からも明らかなように、個人による単独私有がほとんどであり、各々数世代にわたって世襲されてきた。しかし、世襲だけに限らず、姻戚筋を通じて譲渡されたり（③⑤⑭）、親戚・姻戚関係にない他者へ売却されたりした事例（④⑦）もある。

石干見の個人的私有形態がいつ頃始まったのかを伝える記録はないが、おそらく江戸時代、封建的支配が奄美大島に波及してきた後のことであろう。というのは、表5－1にある①の赤木名集落の石干見や、笠利町屋仁のそれなど、若干の石干見において村落総有の形態が見られるからである。また後述するように、瀬戸内町の石干見がすべて村落総有の形態であることを考えると、笠利・龍郷地域でも、村落総有が原初的な所有形態であったのではないだろうか。この地域は、近世に至って島津（薩摩）藩による封建的支配を受けた政治的中心であった。島民社会にも封建体制下で身分階級序列がいち早く確立され、その中で封建的支配階層がその政治的権威や経済的卓越性をもって石干見を占有していったのではないだろうか。旧来からの所有者の家系を見ると、郷士格（薩摩藩から賜る身分）の者（⑪⑭⑮）や、旧家名門の本家（ウヤームト）である者（③⑩）などが見られることもこれを裏付ける。これらの所有者は、封建体制下で多くの隷属的な家人（ヤンチュー）を従えており、彼らを労働力として使役して石干見を構築させたり、あるいはその卓越した経済力にものをいわせて、石干見の個人的所有権を獲得していったものと思われる。

所有者は、必ずしも磯者（イスシャー）すなわち専業漁業者ではない。自家消費用の漁獲のみを期待して、石干見を占有しているものである。この漁業は、けっして利潤追求のためではなく、あくまでも自給自足レベルでの漁撈なのである。そして、たまたま自家消費をこえる漁獲があった場合には、親族や近隣の人びとに分配した。膨大な量の魚群が石干見内に入った場合には、集落の成員に石干見を開放

表 5-2　カキで漁獲される主な魚族

〔和名〕	〔学名〕	〔方言名〕	
1 ボラ	*Mugil cephalus* (Linné)	幼魚：スクラ 成魚：サクチ	当地のカキ漁業の漁獲中心魚
2 キビナゴ	*Stolephorus japonicus* (Honttunyn)	シュルン（ザホ）	大量に入るときがある
3 ヤマトミズン	*Saradia Okinawaensis* (Kishinouye)	ミズィユー	よく入る
4 マアジ	*Trachurus japonicus* (Temminck & Schlegel)	ガッィン	よく入る
5 マルヒラアジ(幼)	*Caranx caeruleopinnatus* (Rüppell)	幼魚：ガラ	よく入る
6 アイゴ	*Siganus fuseescens* (Houttuyn)	稚魚：スク(シェク) 成魚：イエーヌユ	稚魚のスクは年2回孵化後大群で岸辺に寄ってくる
7 サヨリ	*Hemirhamphus sajori* (Temminck & Schlegel)	スズ	
8 クロダイ（幼）	*Sparus swinhonis* (Günther)	幼魚：ウキ 成魚：チン	よく入る
9 シロクラベラ	*Choerodon schoenleini* (Cuvier & Valenciennes)	マクブー	大型魚。No. ⑮のカキにによく入る
10 クサビベラ	*Choerodon anchoraga* (Bloch)	マクブー	大型魚。No. ⑮のカキでよく漁獲された
11 ヒブダイ等ブダイ科魚族	*Scarus ghobban* (Foskal)	イラブチ	岩礁性の魚。No. ⑪のカキでよく漁獲された
12 コバンヒメジ等ヒメジ科魚族	*Parupeneus indicus* (Shaw)	カタアシ	大衆魚的な魚である
13 オキエソ等エソ科魚族	*Trachinocephalus myops* (Schneider)	ムズィ	
14 ハリセンボン	*Diodon holacanthus* (Linné)	アバス	
15 コブシメ	*Sepia latimanus* (Quoy & Gaimard)	クブスノミ	冬期産卵のため岸へ寄る。産卵場所が決まっており，突刺漁の格好の対象となる

し、自由に漁獲をおこなわせるといった慣行もみられたという。このような慣行のなかに、封建的支配者階層による自己の経済的卓越性や政治的権威の誇示といったことを感じとれるのである。

他方、つぎに述べる瀬戸内町の石干見は、笠利・龍郷町のそれとはまったく対照的に、すべての石干見が村落総有形態であった。瀬戸内町は、急峻な山が直接海に迫り、交通不便で各村落が隔離された状態にあることから、奄美北部ほどには封建的支配の浸透が強くなく、政治的中心地たりえない、いわば「鄙の地」であった。そのことが、石干見を排他独占的に占有しうるような封建的支配者階層を出現させるにいたらしめなかったのではないだろうか。

奄美大島南部・瀬戸内町の石干見

奄美大島には、前述の北部地域とは別に、南部の瀬戸内町にも石干見が集中的に分布する地域があった。瀬戸内町は、本島南端部と、大島海峡により隔てられた属島である加計呂麻島からなる。石干見は、大島海峡の両岸に形成されていた旧村落周辺にあった。村落ごとにそれぞれ一〜三基が構築されていた。小野（一九七二）の調査では、総計一九基の存在が報告されている。一九八〇年の調査では小野の報告にある石干見を含め二一基の存在を確認できた（図5-5）。これらの石干見は、調査時点でほとんどすべてが、漁獲量の激減によってまったく使用されず、すでに放棄されていた。自然に崩壊するのを待っているような状態であった。ただし、木慈《きじ》の石干見は、瀬戸内町の文化財の指定を受けて、姿をそのま

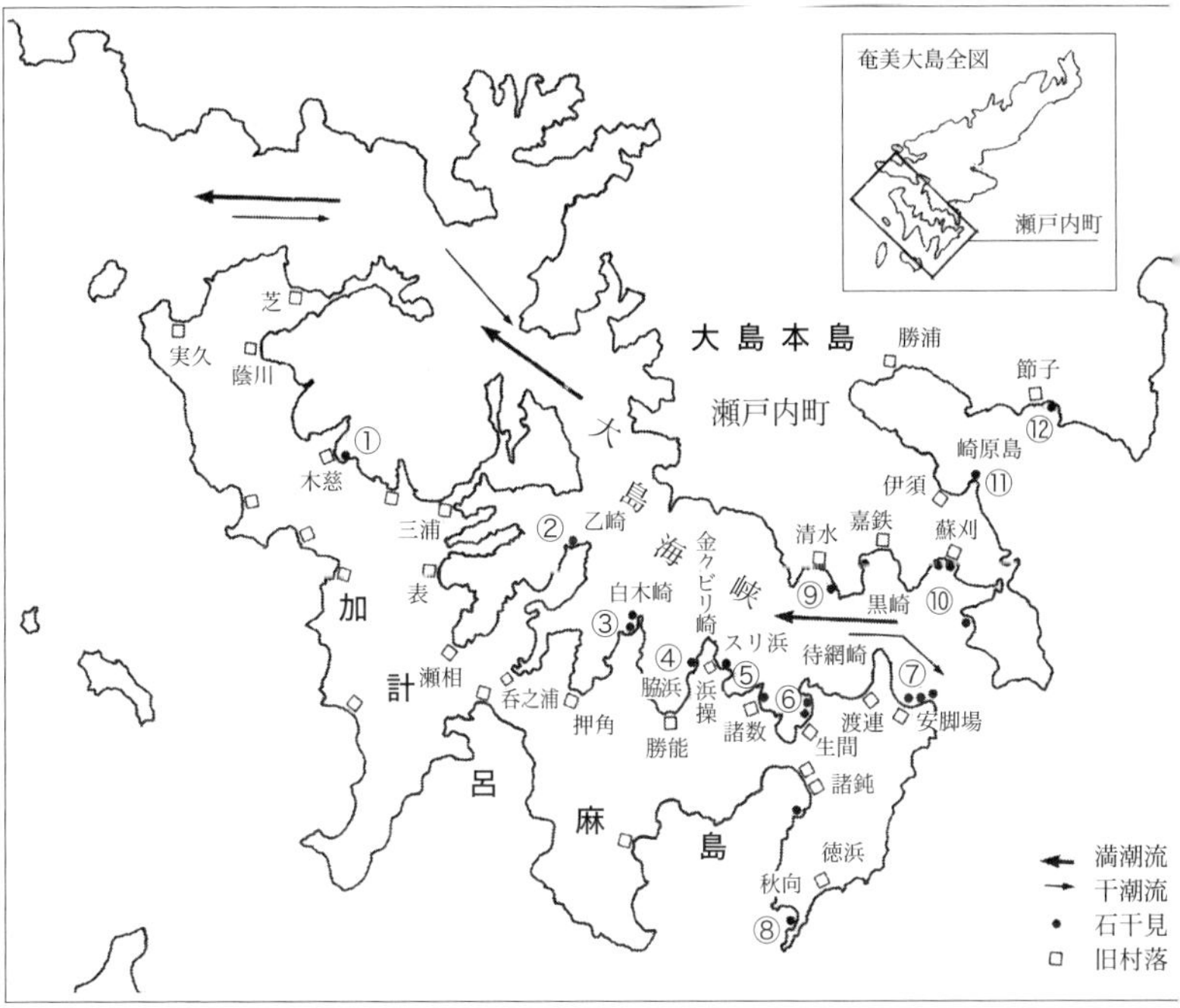

図 5-5　瀬戸内町における石干見の分布

ま留め続けている。以下、瀬戸内町の石干見を立地、形状、漁法、所有権などの諸側面を通じて考えてみよう。

呼称・立地

この地域の石干見は、カツィあるいはカクィと称される。これらは笠利・龍郷町の事例のように、リアス式海岸により形成された複雑な多数の小湾の最奥部に位置する集落前面の海浜に構築されているのとは異なり、集落よりかなり離れた、道路も通じていないような辺鄙な岬の突端部に構築されている。このような場所に石干見が構築された理由としては、第一に、海峡内の潮の流れとの関係にあると思われる。カツィが立地する湾の東側にある岬の突端部は、海峡中心部を東から西に流れ、各小湾内においては西から東へ円を描くように流れる上げ潮流の湾内最下流部にあたる。ここは索餌のために上げ潮流に乗って岸辺に寄ってくる魚群が密に群集するところとなる。また干潮時にもっとも早く潮が引く地点でもある。このような潮流や魚群の動きからして、ここが石干見を構築するのに最適な地点であった。人の手の入らない自然林が鬱蒼と茂り、いわゆる「魚付林」となっていたことも、大きな立地要因であったと考えられる。

形状・構造

瀬戸内町にある石干見のほとんどが、石垣を半円状ないしは弓状にめぐらせたものである。笠利・龍郷町の石干見のように捕魚部に特別の構造を設けたり、漁獲能率を高めるために付加的な構造を設けたりすることはない（図5-6、図5-7）。円弧状の単純な石組みだけのいわばもっとも原初的な形態をとっているのは、村落総有という石干見の所有形態と関連するからではないだろうか。すなわち石干見漁撈は村びと総出でおこなわれたため、漁獲能率の向上はさほど必要とはされず、したがってそこから石干見の形態や構造の変化を起こさせる必要もなかったものと思われる。漁獲能率を向上させれば、漁撈者の人手の不必要性が生じ、少人数での漁撈を可能にさせる。すると村びとが総出で漁をする必要がなくなり、結果的に漁獲分配にあずかれない者も出てくることになるのである。したがって、村落総有が石干見の形態変化に歯止めをかけていたといえよう。これに対して個人所有の石干見では、その形態を

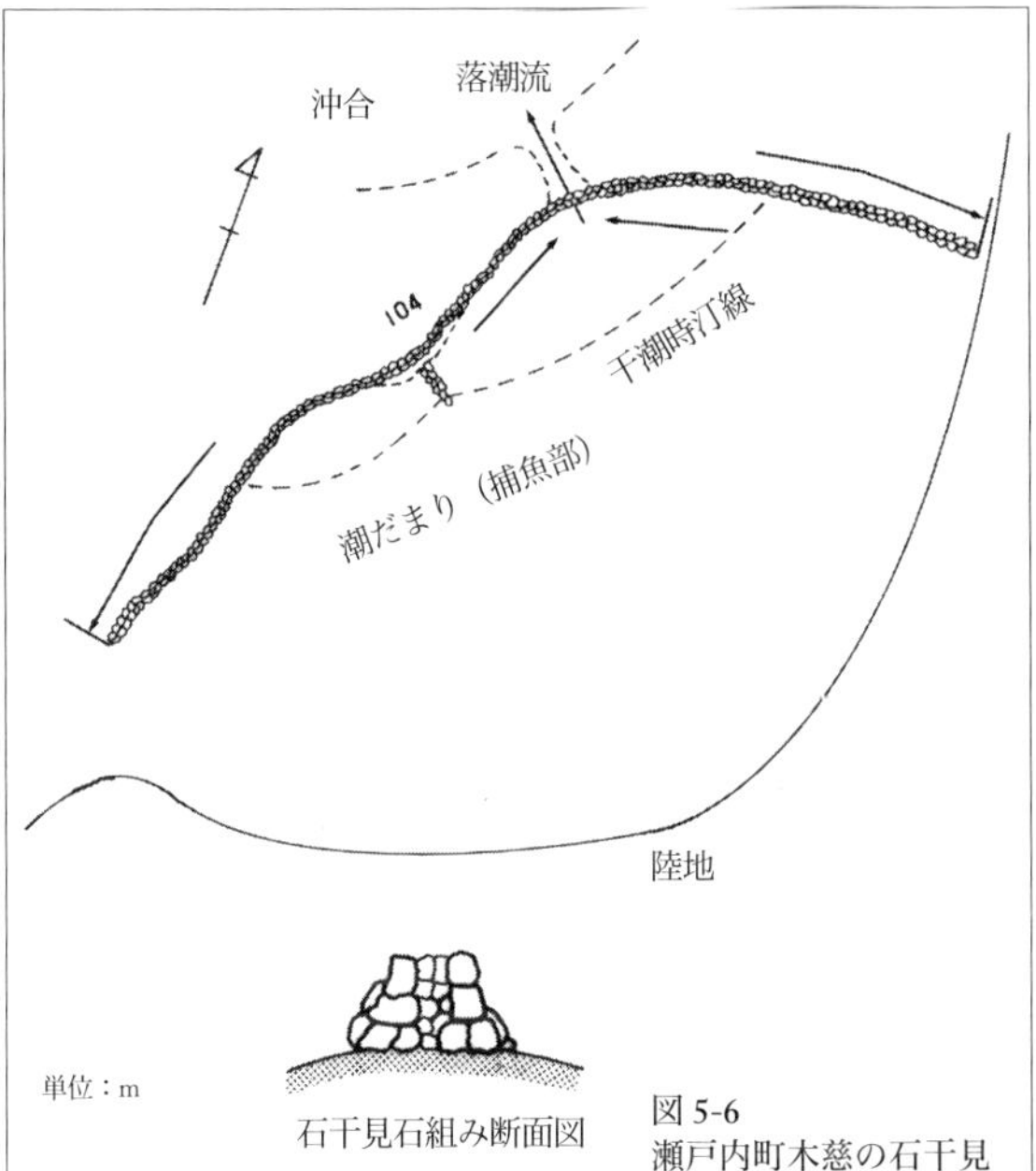

図 5-6
瀬戸内町木慈の石干見

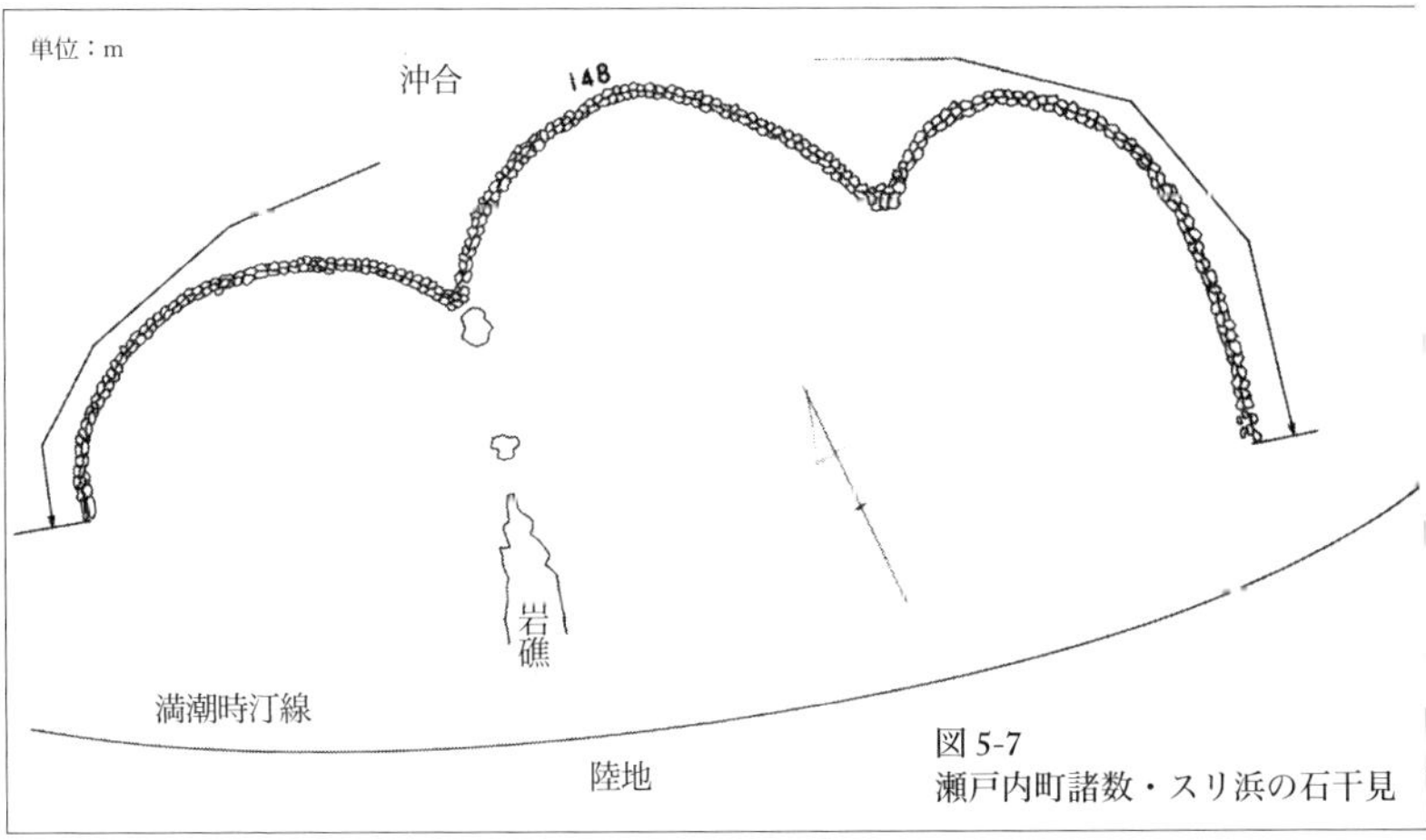

図 5-7
瀬戸内町諸数・スリ浜の石干見

変えることが所有者個人の自由意思によって比較的容易にできたものと思われる。

ただし、瀬戸内町の石干見の中にも、形態に変容が認められるものがいくつかある。ひとつは、旧村落の押角や伊須のカクィのように、最終落潮部の石垣を開口（押角のもので幅三メートル、伊須のものでは五メートル）したものである。開口の理由は、落潮時間の短縮にある。しかし、そのままの状態では石干見内に入った魚群も落潮とともに石干見外に逃げ去ってしまうので、干潮時には、開口部に補助漁具として刺網などを張り、魚群が逃げるのを防止する。こうした工作の始まりは、この地域で漁網を使用した歴史から推定して、それほど古くまで遡れるものとは思えない。

漁　法

瀬戸内町の石干見は、すでに指摘したように、陸上交通の不便な岬部に構築されているものが多い。したがってサバニやイタツケとよばれる小舟を使用して石干見に出かけた。木慈、諸数、徳浜などの集落では、石干見付近の小高い山上などに魚見役（トゥムリ）を配置する村もあった。魚見役は、魚群が石干見に入るのを見届けたのち、頃合いを見計らって法螺貝（ブラ）を吹いたり、棕櫚の葉（シバィ）を振ることによって、村びとに潮時を伝えた。

石干見内に閉じ込められた魚群をとらえる方法としては、まず、魚を「手づかみ」するやり方がある。従事する者は、漁具らしき漁具はまったく用いず、素手によって採捕した。こうした原初的な採捕手段とは別に、共通して見られる興味深い漁獲法は、農具を漁具として代用することである。すなわち、本来農具であるショーケあるいはソートケと称される竹製の笊や箕をスクイ網のように用いて石干見内に閉じ込められた魚を捕獲するのである。そして捕獲した魚は、これも農具であるティルとよばれる背負い籠に入れて持ち帰る。魚籠の代用である。これらのことは、石干見漁撈が、その生産性の低さゆえに、漁業専業者（方言でイスシャー・ウミンチュー）の漁業とはなりえず、自給自足的ないわば「おかずとり」の漁撈であること、したがってこれに従事する者は、専業漁業者ではなく、あくまでも石干見漁撈を片手間仕事としか考えない非漁撈民＝農業者であることを示している。純粋な漁具を用いず、農具でそれを代用するところに、この地域における石干見漁撈の性格が顕著に現われている。

この地域に共通する石干見内での漁獲方法として、村落で共有されるサディアン（リデ網）の使用もあげることができる。旧村落のほとんど（木慈・押角・諸数・安脚場・伊須・節子など）がこの共有網を持っていた。サディアンは、木慈の事例でいうと、長さ三五メートル、高さ一・八メートル、網目は〇・三センチメートル四方という細長い網で、両端に高さ二メートルほどの木の棒がついていた。浮子にはダラグウィーという刺のある木の板を用いた。錘は研磨して開けた穴を持つ自然石でできていた。網は、石垣の内側に沿って広げ、地曳網のように浅瀬に引いてきて魚群をとらえたのである。またこうした村落共有の大きい網とは別に、スイカミと称する小型の木綿製のスクイ網を個人がそれぞれ使用することもあった。

漁獲物

石干見で採捕される魚種は、サンゴ礁海域の他の島々でとれるものと共通し、きわめて多種類にのぼる。その中でも旧村落の人びとが注目する魚は、ヤシ（キビナゴ）、ハダラ（トウゴロイワシ）、ティクラ（ボラの幼魚）、ガツン（マアジ）など群れをなす魚である。特にどの集落の人も真先に口にするのは、一時に大量に捕獲されるヤシであった。ヤシは、闇夜には接岸せず、月が上りはじめた頃に岸に寄ってくる。これらを石干見に閉じ込め、サデ網で捕獲した。戦前にはサバ二五、六隻分もとれた。戦後間もない頃まで大量にとれたという。その他、ヒキ（スズメダイ）、アイ（アイゴ）、トー（タコ）なども主な漁獲対象であった。

所有形態・漁獲分配

私が確認した二一すべての石干見が、村落による総有であった。その理由は、前述したように、原初的な所有形態である村落総有から個人所有に移行する重要な契機の一つと考えられる封建的制度や支配体制の発達ないしは浸透が不十分であったことによるものであろう。したがって、封建領主や支配階級による石干見漁撈の搾取・収奪などということもなく、旧態依然として協同的な伝統的村落生活が営まれ続け、村落総有という形態も保たれてきたものと考えられる。

石干見で得られた漁獲物の分配も村落総有という所有形態と深く関わっていた。漁撈は、村びと総出でおこなわれるのが通例であり、漁獲物は、村びと全員に平等に分配された。ただし、厳密にいえば「実質的平等」という分配方式である。漁獲物を分配することをタマスワケというが、漁撈に参加した者（家）には、平等に一人前のタマスが与えられた。これはチュー（人）ダマスという。しかし、さまざまな理由から一家の誰も漁に出られない場合もある。こうした時には、不参加の家に対して半人前の分配が与えられた。これをケブリ（煙＝家のこと）ダマスとかヤー（家）ダマスとよんだ。このように、分配が一人前でなく、半人前であることが、「実質的平等」たる所以である。そのほか、ミー（見る）ダマスやヌレ（濡れ）ダマスという独特の分配もあった。前者は、たとえ漁撈に参加しなくても、漁獲時にその場にいた人（まったく無関係の者でもよい）や見物人、偶然その場を通りかかった人などに対して与えられるものである。後者は村びとであろうがなかろうが、少しだけ漁撈を手伝った人に対して給付される分配である。ヌレダマスは、着物や手足を濡らしたことからの命名である。このようなミーダマスやヌレダマスは、誰にでも収益を分配するという、いわゆる「一般的互酬性」を示すきわめて興味深い分配慣習といえるだろう。

現　状

最後に瀬戸内町の石干見の現状について言及しておこう。この地域の石干見も、他の地域同様に現在、使用されているものはない。その原因もまったく他地域同様、沖合漁業の発達、特に刺網漁業や底曳網漁業の発達による石干見での漁獲の激減、戦後の経済発展による諸開発に伴う環境破壊、たとえば「魚付林」の伐採、道路整備によるサンゴ礁への土砂流入による海の生態系の破壊、道路工事での石干見の積石利用といったことがあげられる。これらの複合的要因によって、この地域の石干見も次第に経済的価値が失われていった。使用されず、顧みられることもなくなり、放置されたままとなっていったのである。しかし瀬戸内町の場合、石干見が人里離れた辺鄙な地点に構築されたこともあって積石が転用されにくかったこと、大島海峡が暴風時の船舶の避難海域になっていることが示すように、外洋の影響を受けにくいきわめて静かな内海であるため、波浪による大きな崩壊が少なかったことから、今日でもかろうじて原形をとどめている。

徳之島の石干見

一九六八年および一九七九年におこなった奄美諸島の全域にわたる調査の結果、奄美大島本島以外では、徳之島の北西部、天城町松原地区から与名間地区にかけて石干見が集中的に分布していたことが明らかとなった。古老の話によると、この地域では石干見のことをハジーやハジ（松原地区）、あるいはアロジィ（与名間地区）とよび、石干見が集中する松原地区の海岸部をハジーバと称した。石干見は、全部で一六基あったという。しかし調査時点では、与名間地区に一基存在していたにすぎず、他の一五基はすでに消滅していた。唯一残存していた与名間の石干見（図5-8）は、調査当時、実際に使用されていた。

かつて存在した石干見は、すべて個人所有のものであり、その権利は売買可能であったという。たと

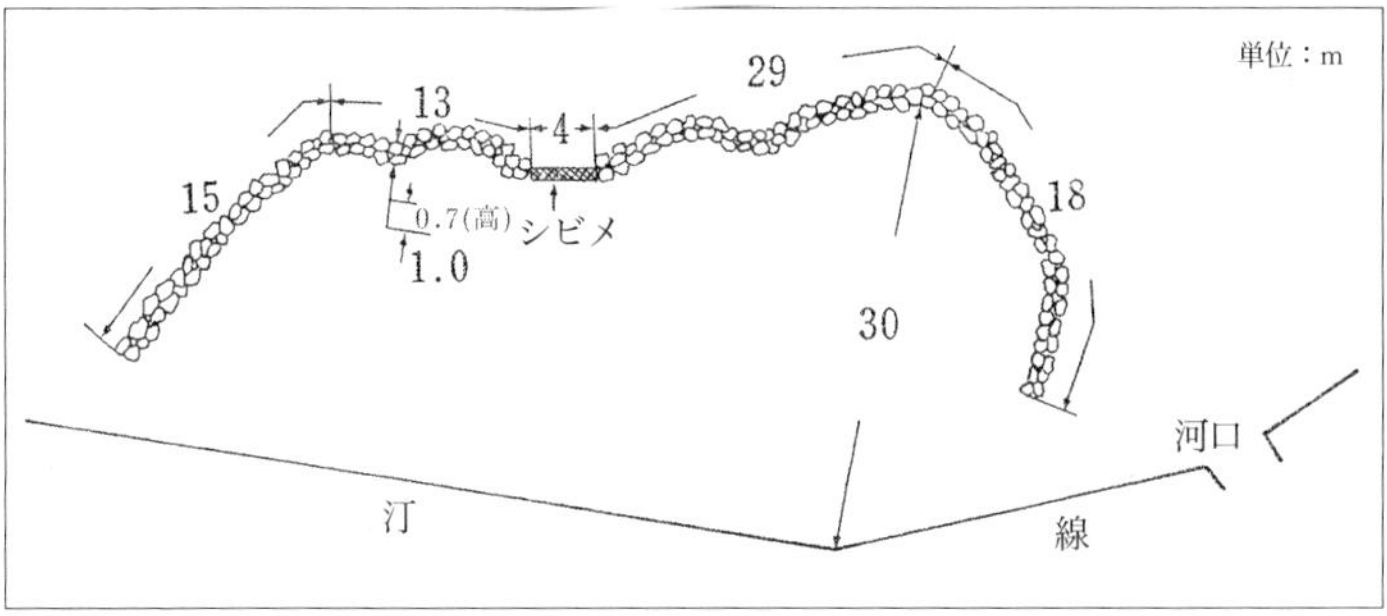

図 5-8　徳之島・天城町与名間のアロジィ

えば、所有者の一人T氏によれば、一九三二、三三（昭和七、八）年頃、石干見は三～五円の相場で売買されていたという。

石干見が集中的に構築されていた海岸はハジウラとよばれ、個々の石干見はそれぞれ浦名を冠して、「大金久浦のハジ」とか、「蓮華田浦のハジ」、「ヤドクウラのハジ」などと称されていた。

本地区の石干見は、半円状に蛇行曲線を描くように築かれていた。石垣の中央部を開口し、満潮時を過ぎて潮が引きはじめた頃、その開口部にハジとよばれる竹簀を数枚立てて仕切り、ハジとハジの間にアヨー（松原地区）とかシビメ（与名間）とよばれるウケを設置し、それに魚を陥れて漁獲するものであった。前述した笠利・龍郷の事例とまったく同じである。ハジ一枚は長さ二メートル、高さ一メートルで、ちょうどタタミ一畳ほどの大きさであり、それを二～五枚用いて石干見を閉鎖する。松材の杭を立てて、縄で縛りつけて連ね立てた。ウケは長さ一・五メートルのもので、ハジとハジの接合部二カ所に設置したという。

主たる漁獲物は、ボラ（地方名チクラ）、クロダイの幼魚（チン）、フエフキダイ（クチヌキ）などであったという。なお、この地域において、戦後、石干見漁撈が衰退していった原因の一つに、青酸カリを用いた毒流し漁法がはやり、乱獲が続いたことがあったとされる。

三　五島列島の石干見

五島列島は九州西岸から西方へおよそ三〇～九〇キロメートル離れた海上に位置する。この列島は、北から宇久島・小値賀島・中通島・若松島・奈留島・久賀島・福江島の主要七島からなる（図5-9）。これら七島のうち石干見の存在が知られたのは、小値賀島と福江島の二島のみであった。その他の島の周辺は海岸のほとんどが複雑に入り組んだリアス式の沈降海岸からなり、海岸線より急峻に深く落ち込むいわゆる溺れ谷が多い。したがって石干見の構築が地形的に不可能であったと思われる。以下、小値賀・福江両島の石干見について述べてゆくこととする。

石干見のことは、小値賀島ではスクゥィ、福江島ではスキンザー（通称はスケあるいはスキ）とよばれる。石干見に閉じ込められた魚を最後にタモ網やサデ網などで「すくい」とる行為に由来する名称である。この名称は、有明海沿岸域での呼称と共通する。五島列島における石干見の規模は、有明海沿岸部のものと、奄美・沖縄（南西諸島）のものとの中間の大きさといえよう。

小値賀島の石干見

私が小値賀島を調査した一九八二（昭和五七）年には、島の北西部にあたる小値賀町の柳・浜津・殿崎の三地域に合計八基の石干見があった（図5-10）。しかしこれらはいずれも早い時期に放棄されたらしく、その石積みは波浪による崩壊にさらされていた。調査時点では多数の礫が散乱し、その原形をとどめているものはほとんどなかった。古老の話によれば、昭和初期（昭和五、六年）頃までは各種の魚がよく入り、漁獲も多かった。しかし、日中戦争の頃から使用されなくなったということである。

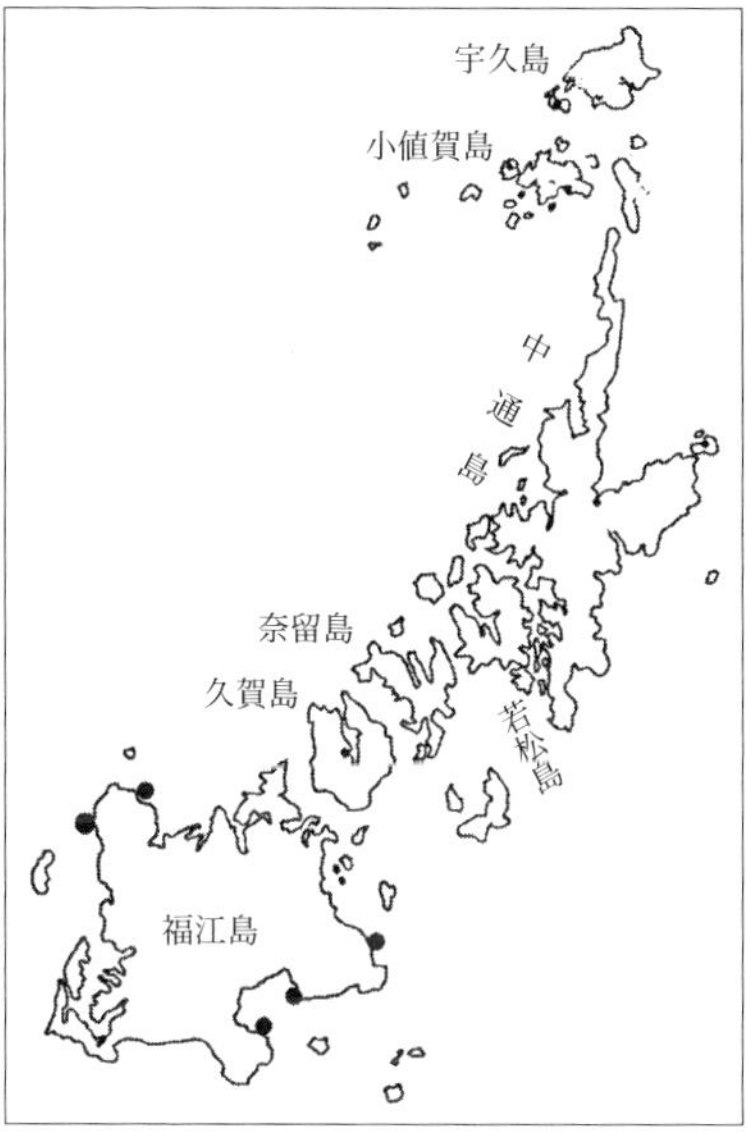

図 5-9　五島列島全図
（●は福江島の石干見所在地）

柳郷には集落より北に直線距離で一キロメートルほど離れた小長崎という岬の先端部に一基、殿下と称される場所に二重のスクゥィ一基、そしてその西に隣接する大西という地区に一基のスクゥィが存在した。これらのスクゥィは、それぞれ地名を冠してよばれ、すべて村落総有のものであった。

浜津郷には前浜・竹崎・折尾の三カ所に各一基ずつのスクゥィが存在した（図

5-10)。いずれも岩礁と砂質底が複雑に入り組んでいる湾入した海浜部の、湾口付近に当たる地点にほぼ直線状に石積みを構築し、干潮時、湾を封鎖する形をとっていた(写真5-4)。湾入を利用するこのような石干見の構築は、後述する福江島の石干見にも共通する。浜津郷の石干見も三基とも集落総有であった。かつて個人が使用したことがあったが、この時にはすぐさま集落の常会を開き、それを厳しく禁じたという。

古老の話によれば、旧柳村の中心部から東にはずれた馬込にも一基あったようである。これは例外的に個人が構築し、使用していたもののようであるが、詳細は不明である。

小値賀島の石干見には、他地域には見られない興味深い特徴がある。それは石干見漁撈が神祭りと結びついている点である。村落総有の形をとる同島の石干見は、小値賀島の東約一・二キロメートルの海上に浮かぶ野崎島の山腹にある野崎神島神社の祭礼と深く関わっている。他方、小値賀島の東岸に位置する旧前方村にも神島神社がある。この神社が本社といわれており、野崎島の神島神社は本社の沖津宮であるとされている。地元では本社を「地の神島」、野崎島の神社を「沖の神島」とよんでいる。神島神社は古代文献史料にも登場する由緒ある神社で、八七六(貞観一八)年には朝廷から正六位上の神格を授けられた延喜式外社である。古代文献に見える神島神社が、小値賀島にある本社なのか、野崎島にある沖津宮にあたるのかは、議論の別れるところである。

私は、伝承とは逆に後者が本来の神祭りの対象であり、本社は後に造営されたものではないかと考えている。というのは、沖の神島神社には、素朴な本殿の背後に、古くより「王位石《おえいし》」と称されている巨

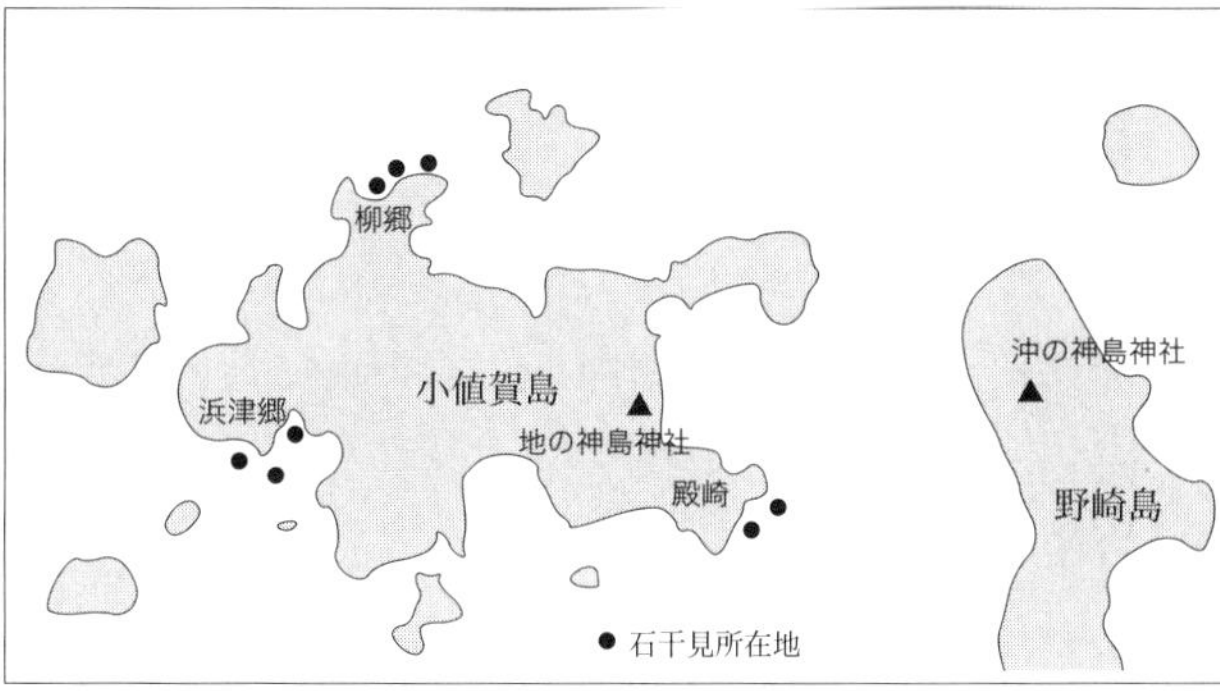

図 5-10　小値賀島の石干見所在地

写真 5-4　小値賀島・浜津郷の石干見

石の自然造形物が存在するからである。これは、巨大な二本の板状の石（高さ四メートル、幅一メートル×三メートル）を柱石として、その上にタタミ一一畳分の広さ（幅六メートル×三メートル、厚さ一メートル）をもつ分厚い天井石（地元の古記録では「笠石」と称し、その巨石のなす形状から全体を「鳥居」に見立てている）が載った造形物である。この巨石はかつて『考古学雑誌』でもドルメンではないかと紹介されたこともある（近藤・山口 一九五一）。原生林が密に覆う山肌の中腹に、その林の覆いを破るような形で屹立する「王位石」は、西に隣接する小値賀島はもとより、その他の周辺の島々からもはっきりと目視できる。小値賀島では、全島をあげて崇拝されており、旧暦の八月三日より一八日に至るまでの期間、旧村落は地区ごとに順に「お山参り」と称して沖の神島神社への参拝をおこなうことになっている。

小値賀島の石干見は、この巨石崇拝、「お山参り」と深く関わっている。すなわち、石干見は、「お山参り」の際に神島神社の祭神に捧げる神饌としての魚を捕るためにのみ、もしくはその祭礼の費用を捻出するためのみに利用されるのである。これは、他地域の石干見漁撈が、日常の副食物を漁獲するためや、余剰の漁獲物を販売して若干の家内収入とするためにおこなわれるのとはまったく異なっている。以下、そうした特異性を柳集落と浜津集落の事例から検討してみよう。

旧柳村の柳郷は、かつては一三〇戸（調査時九九戸）からなる集落であった。集落は、村組的な下位組織として西前目・西後目・東前目・東後目という四つの組に分かれていた。各組には、組内から話し合いで互選される世話役（これをトーマイシという）が一名おり、さらに東方二組・西方二組から一名ずつ総代が出て、計六名が集落を代表して祭礼用の石干見すなわちスクゥィを取り仕切った。

スクゥィでの漁撈は、九月に入って沖の神島へ「お山参り」（柳郷では、九月六日。かつては前述したように旧暦によって八月におこなわれていたが、近年は新暦＝月遅れでおこなわれている）をする数日前からおこなわれた。小長崎スクゥィなど三基の石干見は、外洋に面していることもあり、スズキ、クロダイなどの比較的高価な魚やイカ、タコなどが入った。柳郷の石干見は、全長がおよそ一〇〇メートルであった（完全に消滅していたため、実測できていない）。たとえば二重の石干見である殿下スクゥィの事例では、高さは陸地側の石干見で一メートル、沖合側の石干見で一・五メートルほどであった。石干見内側は垂直の壁状に積み、外側（沖側）はなだらかな傾斜をつけていた。石積みの下部は比較的大きな石を用い、上部は小さな石を積んだという。

昼は魚が入らず、夜間の方がよく入ったので、晩方より漁獲に赴く夜間の漁であった。スズキが通常二、三尾はとれたという。大潮時には特によく入り、多いときには二〇尾も入ることもあった。毎年最初の漁でとれた魚は、初穂として神前に供えた。日々の漁を終えると、総代とトーマイシ六人で酒宴をした。余剰の魚は魚市場に出して、売上金は貯えておき、「お山参り」の経費にあてたという。

トーマイシは「お山参り」には必ず参詣した。また、各組は一艘あて五丁櫓の船を出し、その船に各組の下位組織である十戸組（隣保・隣組組織）の班長や若衆ら一〇～三〇人が乗り組んで、野崎島の沖の神島神社に参詣した。子供は参詣してよいが、女性は参詣できない決まりであった。この参詣の折り、沖の神島神に捧げる神饌の中心となるのが、前日に石干見でとったスズキなどの魚であった。

社殿に到着すると、神官による祝詞の奏上に続いて神楽舞がとりおこなわれた。その後、各家が持参した大豆と、米俵一～三俵が奉納された。参詣を終え、各組の船が帰港した後、柳郷では各組対抗の船漕ぎ競争がおこなわれた。祭礼が滞りなく終了すると、後日、「ワカレ（解散の意味）」と称して総代とトーマイシが石干見に魚をとりに行き、とれた魚を肴にして締めくくりの式をおこなった。これで「お山参り」の行事がすべて結了した。

柳郷の石干見は、沖の神島神社の「お山参り」祭礼の期間以外には使用されない。したがって、年間の使用回数は四、五回程度であるという。また、古老の話では、石干見は古くからのしきたりで、個人的使用を禁じられていたということである。

ところで、石干見漁が関係するこの祭礼は、必ずしも漁撈のためのものではなく、基本的には農耕祭祀であり、五穀豊穣を祈願する祭りなのである。また、石干見漁撈に携わるものは、専業漁民ではなく、非専業漁民たる農民である。これは、他の石干見の事例、たとえば有明海沿岸や奄美諸島、沖縄（南西諸島）における事例と共通するところでもある。石干見は、農民の片手間の仕事であり、いわば農民漁業といえる。柳郷の石干見漁は、おそらく五穀豊穣を祈願する農耕祭祀の一部であったが、後になって、石干見における豊漁を祈願することが、この祭礼に合体したのではないかと考えられる。

浜津にある石干見も、岩礁と砂質底が混在する湾入部に、自然の岩礁を巧みに利用して構築されたものであった。わずかに蛇行するものの、ほぼ直線的に湾を仕切る形で造られた。浜津でも九月七日の「お山参り」前後の期間しか石干見を使用しなかった。普段は石干見の中央部の石を除去し、開口しておき、魚が自由に行き来できる措置がとられていた。漁獲物は柳同様スズキが中心で、その他ヘダイ、チヌなどがとれた。スズキは大潮の夜間に多獲された。かつては松明を焚いて漁をおこなったという。浜津では祭礼と石干見の世話人を係手とよぶ。石干見が崩れた時の補修なども係手がおこなっていた。

以上のように小値賀島の石干見は、沖の神島神社への「お山参り」という祭礼と結びついて存在してきた。こうした関係性は、石干見構築時からであったのか、あるいは当初は副食物の獲得のための村落自給的な漁撈としてあって、のちに神祭りと結びついて変容をとげたのかは、資料もなく、明らかにはできない。古老の知るところによれば、少なくとも昭和初期の頃にはこのような形になっていたことだけは明白である。

しかし、石干見が構築当初から沖の神島神社の祭祀に限定して使用されたとは考えにくい。おそらく、他地域と同じような形で、すなわち「おかずとり」や余剰漁獲物の分配・販売などの自給的・経済的目的で使われていたと思われる。石干見漁撈のうちには、一部分として「お山参り」の時の神饌提供という役割も含まれていたであろう。そうした日常的で経済的ないわば世俗的な役割と、神祭りと結びついた神聖な役割の両方を同時に担う形が、本来的な在り方であったのではないか。しかし、他の石干見分布地域と同様に、沖合漁業の発展その他のさまざまな要因から、石干見における漁獲量が次第に減少してゆくなかで、日常的、経済的な有効性が減少するとともに、漁撈としての魅力がなくなり、石干見本来の世俗的な意味合いは薄れていったものと考えられる。宗教・信仰と結びついた聖なる側面だけは、これをやめるわけにはゆかず、継承され続けてきたのではないかと考える。

小値賀島の事例に見る神祭りと結びついた石干見のあり方を、特異なものであると強調することは、早計かもしれない。しかし、近年までの小値賀島の石干見のあり方は、やはり特異であったことは否めない。そうしたあり方になった経緯を、当該地域に関する歴史的資料を渉猟することで解明するか、あるいは同様の事例が他の地域、たとえば韓国済州島や、韓国西海岸、台湾澎湖列島などに存在しないかどうか、今後さらに考察することが必要であろう。

福江島の石干見

福江島は五島列島で最大の島であり、海岸線も列島中最長である。一九八五（昭和六〇）年に海岸線をくまなく実地踏査した結果、石干見の存在は、同島北西部に位置する三井楽町の丑の浦郷塩水と、同町の大川郷および同島南部福江市大津・小泊、富江町女亀（南部の石干見については、一九七〇年、木山英明・安倍与志雄の調査による）において確認できたのみであった。

丑の浦郷においては、集落前面の港周辺に二基の石干見があったという。しかし、調査時には完全に消滅しており、かつて石干見の石積みに使われていたと思われる礫が若干散在し、往時を偲ばせているにすぎなかった。古老の話では、一九五八、五九（昭和三三、三四）年頃、港へ通じる舗装道路を建設した際に、スキンザー（この地での石干見の名称）の石を使用してしまったという。道路工事のために石干見の積石が転用されたという話は、奄美大島・笠利町でも聞かれた。しかし港周辺の消滅した石干見とは別に、塩水集落より北に八〇〇メートルほど離れた長崎鼻（地元ではマルナガサキとかミソジリと称

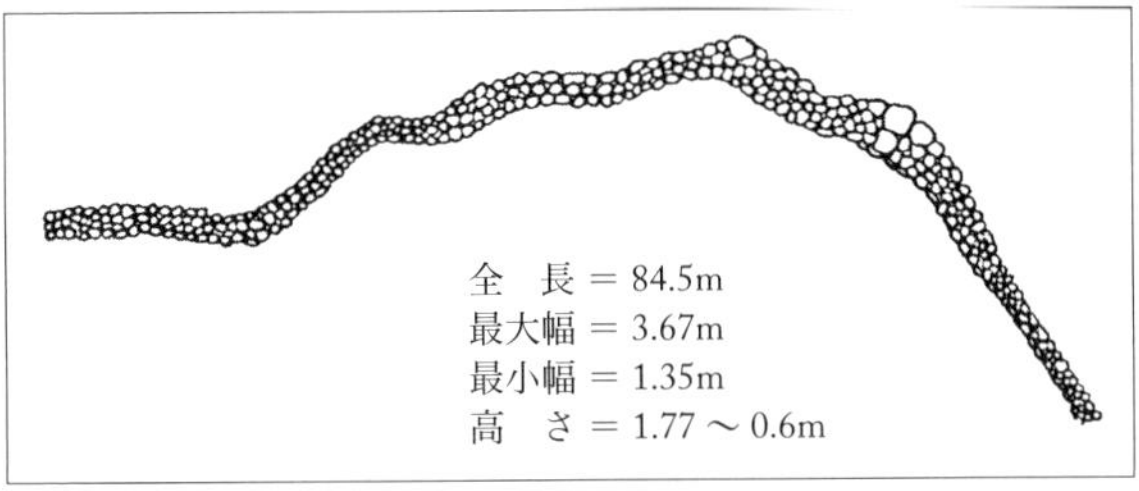

図 5-11　福江島・三井楽町塩水の石干見

する）という岬の湾入部に、五島列島の中では最大規模の石干見が現存していた。

この石干見は、図5-11に示したように、全長八四・五メートル、石干見外壁の高さ一・七七〜〇・六メートル、最大幅三・六七メートル、最小幅一・三五メートルの規模であった。石積みの岩石の中には、大人数人がかりでも容易には持ちあげられないほどのものが多数用いられており、個人でこれを構築するのは容易でないことがうかがわれた。石組みは、奄美や有明海の石干見と同様に、内外の側壁部を大きな石で構築し、中央部には、小さな礫を入れ込むような形で整形されていた。これまで実見した各地の石干見と比べると、外洋に面した岩礁性の海浜域潮間帯における立地、使用されている石の大きさ、石干見の形状・規模などは韓国済州島の石干見にきわめて類似していると思われた。

塩水集落のスキンザー（通称スケ）は集落総有の石干見である。その使用に関しては古くから入札制度がとられてきた。三井楽町漁業協同組合によると、他の漁業と競合せず、漁獲量も多くないことから、石干見には漁業権が設定されていない。石干見漁撈は漁業法の適用外のものであり、その使用・運営は従来通り集落に任せているという。入札資格は、塩水地区に在住する者のみに限られている。これは、地先の海は各集落にその用益権があるとする伝統的な漁業慣習に基づくものであろう。また石干見漁は純然たる漁撈行為ではあるが、その入札に参加できる資格としては、漁業協同組合員（塩水地区の組合員数は三〇名）であるか否かは問題ではない。入札制度がいつ頃から始まったのかについては資料がない。古老の話でも第二次世界大戦前よりずっと以前から続くというように漠然としている。おそらく明治期に近代漁業法が施行された以降のことと思われる。入札は、毎年正月五日におこなわれる塩水集落のハツヨリ（初寄り）の集会でおこなわれる。一九八五（昭和六〇）年頃の入札者数は一〇～一五名であった。落札額は、かつては三〇〇〇～五〇〇〇円であった。一九八四（昭和五九）年度は二万円であり、一九八五年度はK氏が三万円で落札した。なお、入札による石干見の使用期限は一年間である。

石干見の補修は、簡単なものは落札者がおこない、人手を要するような大規模な場合は村びと総出のテガシ（手を貸すの意味）でなされる。かつてイワシが大量に入ったことがあった。その時には漁獲も村びと総出でおこない、スキンザーの石を崩して漁獲した後、総出で補修にあたったという。テガシは村びと総出の協同労働である。したがって、たまたま参加できなかった時には、後に、出不足ということでその者から相応の手間賃を払ってもらうしきたりとなっていた。

塩水の石干見は大人が数人かかっても運べないような大石を利用していることもあって、かなり堅固な石垣となっている。加えて岩礁が発達している海浜域に立地していることもあり、石干見の外側、すなわち沖合にあたる海域にも所々岩礁が散在している。これをトビセ（飛瀬）という。トビセが自然の防波堤となり、波浪の衝撃を緩和する。したがって、外洋に直接面しているわりには波浪による石干見の大きな崩壊は少なかった。村びと総出の補修は、年に一、二度あるかないかであったという。

塩水の石干見で漁獲される主たる魚種は、夜間の漁ではスズキ、昼間の漁ではクロダイ、ヘダイ、ハマフエフキ、イシダイ、イワシ、サッパ（地方名はハダラ）、サバなどである。冬場には昼間、大型のアオリイカ（地方名はミズイカ）も入るという。スズキやヘダイなどの大型魚は、干あがった浅瀬ないしは石干見の石垣に追い込んで素手で捕まえた。かつてはイワシやサッパが大量に入ったという。これらは昼間、小潮時よりも大潮時によく入った。イワシは数年間隔で大量に漁獲でき、一週間にもわたって大漁が続くこともあった。多獲性の魚は、タブ（タモ網）や二本の棒を柄とし、それに口部が方形の袋網を取り付けたアデやアゼアミとよばれるスクイ網で漁獲した。

漁業活動は以下の通りである。引き潮の「三合引き」の頃に石干見に出向く。石垣上に立って、魚群の動きを監視し、場合によっては魚を威嚇して石干見から逃げようとするのを防ぐ。「七、八合引き」になった頃合いに、石干見に入り漁獲を開始する。夜間、ランプ（かつては竹の松明）を用いておこなわれる漁と、昼間おこなわれる漁があるが、夜間漁は小潮になりかけた旧暦の四、五日頃がよく、昼間の漁は大潮時がよいとされる。

つぎに大川郷（三〇戸ほどの集落）の石干見についてみよう。

大川の石干見の立地、形態、漁法、漁獲物などは塩水とほとんど同様である。入札制度はとられておらず、村落総有という形で漁撈がおこなわれていた。漁獲にあたっては村びとであれば誰でも参加できた。石干見の先端部分が水面上に露出した頃を見計らって漁にでた。各戸から何人出漁してもよかった。漁獲は自由に持ちかえることができた。タブあるいはテボとよばれる手製のタモ網を用いる人もいたが、大型の網の使用は禁じられていた。四月から五月にかけては、サッパが大漁に入ることがあり、テボに数杯漁獲する者もいた。クロダイが大漁に入った時には、村中で分配したこともあったという。

以上、五島列島の石干見漁撈の実態について述べた。五島列島は四面を海に囲まれている島嶼世界であり、宇久島や小値賀島における素潜り漁（海士漁撈）や、小値賀島、中通島における中世以降のイルカ建切網漁や鯨組による捕鯨、八田網漁など、本格的な沿岸・沖合漁撈が早くから発達した。歴史的にみても漁業の先進的な地域であった。したがって漁業従事者も少なからずあった。その中にあって石干見は、他の石干見分布地域と同じようにその生産性の低さからか、専業漁民の漁撈としては顧みられることなく、漁民でない者が携わる漁撈すなわち農民の副業的・農間余業的な漁撈として伝統的におこなわれてきた。加えて、離島という状況もあってか、石干見は変容した部分もあるが、村落総有という旧来からの所有形態をとどめつつ、細々と受け継がれてきたといえる。

第六章　韓国の石干見漁業

一　はじめに

石干見は漁具の分類では陥穽具類の中の障壁類に属する。厳密にいえば、漁具というよりも、むしろ漁業装置である。

石干見に対する名称はさまざまである。韓国では学術的には「石防簾《スッバンリョン》」、水産法上では「石箭《ソッチュン》」と表記される。これらの名称は韓国にある防簾《バンリョン》、あるいは漁箭《オチュン》といった魞《えり》や簗《やな》の名称に由来している。漁業者は「簾《サル》」ともよんでいる。

石干見は、韓国の伝統的な漁業のひとつであり、漁業文化の重要な研究対象である。それにもかかわらず、石干見に関する学術研究はいまだ十分でない。一方、各地でおこなわれた石干見漁業の多くは廃れ、漁具も放置されたまま日ごとに破壊され、原形を失っている。現在、利用されている石干見の数もわずかである。これらもやがて廃棄されることになるだろう。私たちは、この状況を知り、時期を逸する前に石干見漁業を緊急に調査する必要性を感じた。これが石干見漁業の現状を調査した理由である。

二　石干見の沿革

石干見漁業の始まりは原始時代までさかのぼることができるだろう。漁具、漁法が原初的と考えられるアメリカインディアンの漁業においても石干見漁業が見られるのは、その淵源が原始時代であることを示している。図6-1は北アメリカ北西インディアンによる石干見漁の風景を示したものである。このような石干見の築造には特別な技術を必要としないと思われる。周辺に大量にある石材を用いて、地形や地勢の適したところに築造された可能性が大きいのである（Stewart 1977）。

石干見の構築に適した場所は干満の差が激しい干潟である。最初は小規模な石干見を造ったのではないだろうか。そして徐々に規模を拡大していったものと考えられる。図6-2は旧韓末に設置されていた石干見の図である。図からもわかるように、地形に応じて異なった形態がみられた（農商工部水産局編　一九〇八）。

一方、漁具を作製する技術が発達したことによって、石干見は漁箭と同じように簾漁具として変化をとげた。これがさらに漁網を使用する建干網のような定置網漁業として発展したことは、世界的に共通

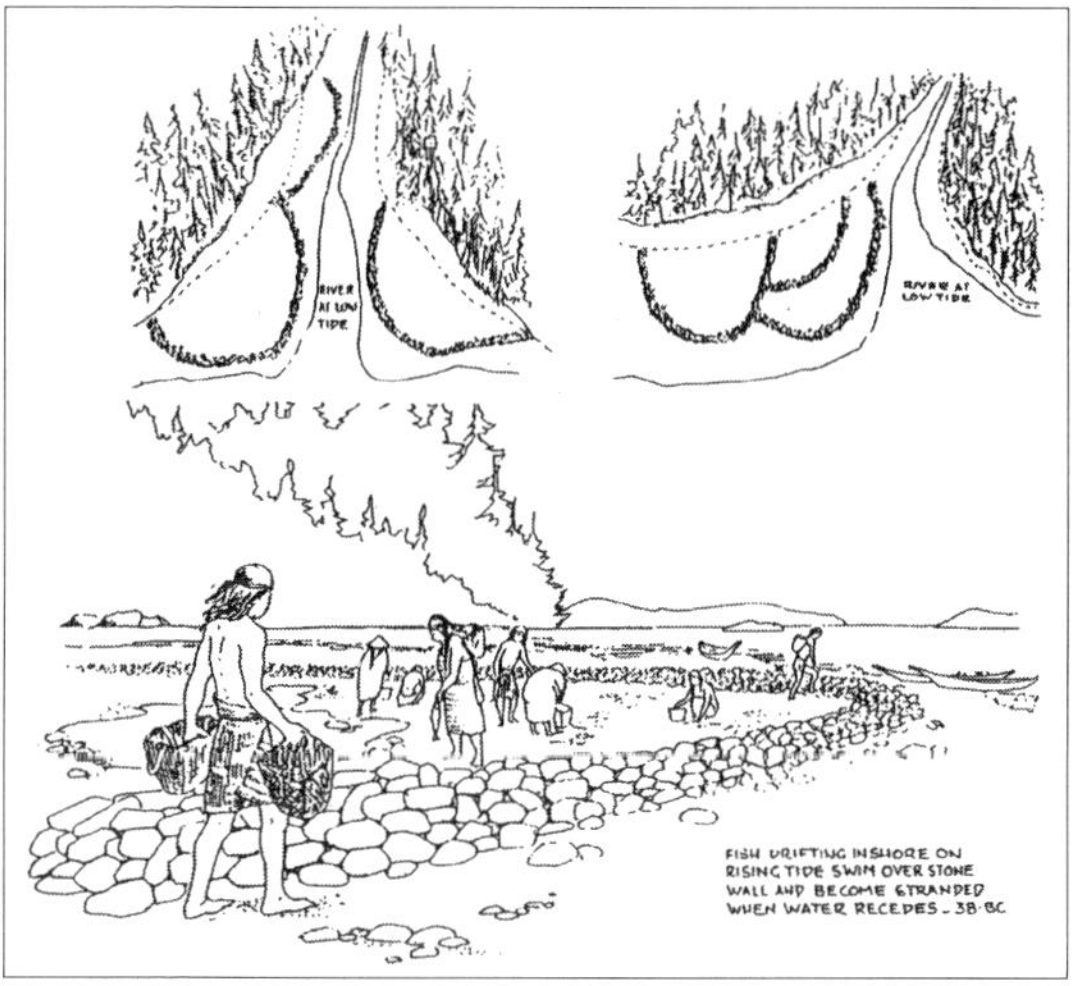

図 6-1　北アメリカ北西沿岸インディアンの石干見（Stewart 1977）　上の図は河口に構築された石干見，下の図は石干見での操業状況を示す。

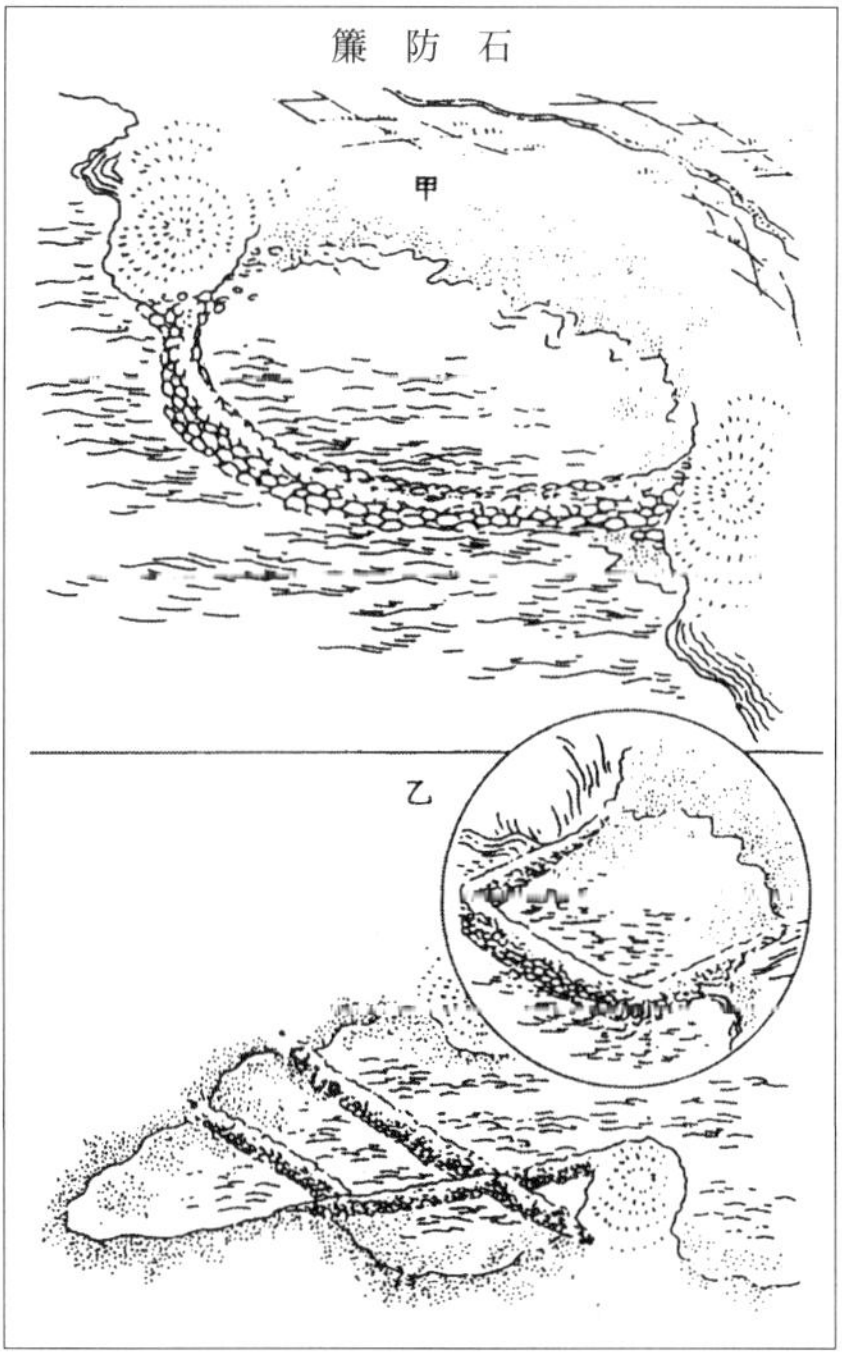

図 6-2　旧韓末の石干見（農商工部水産局編 1908）

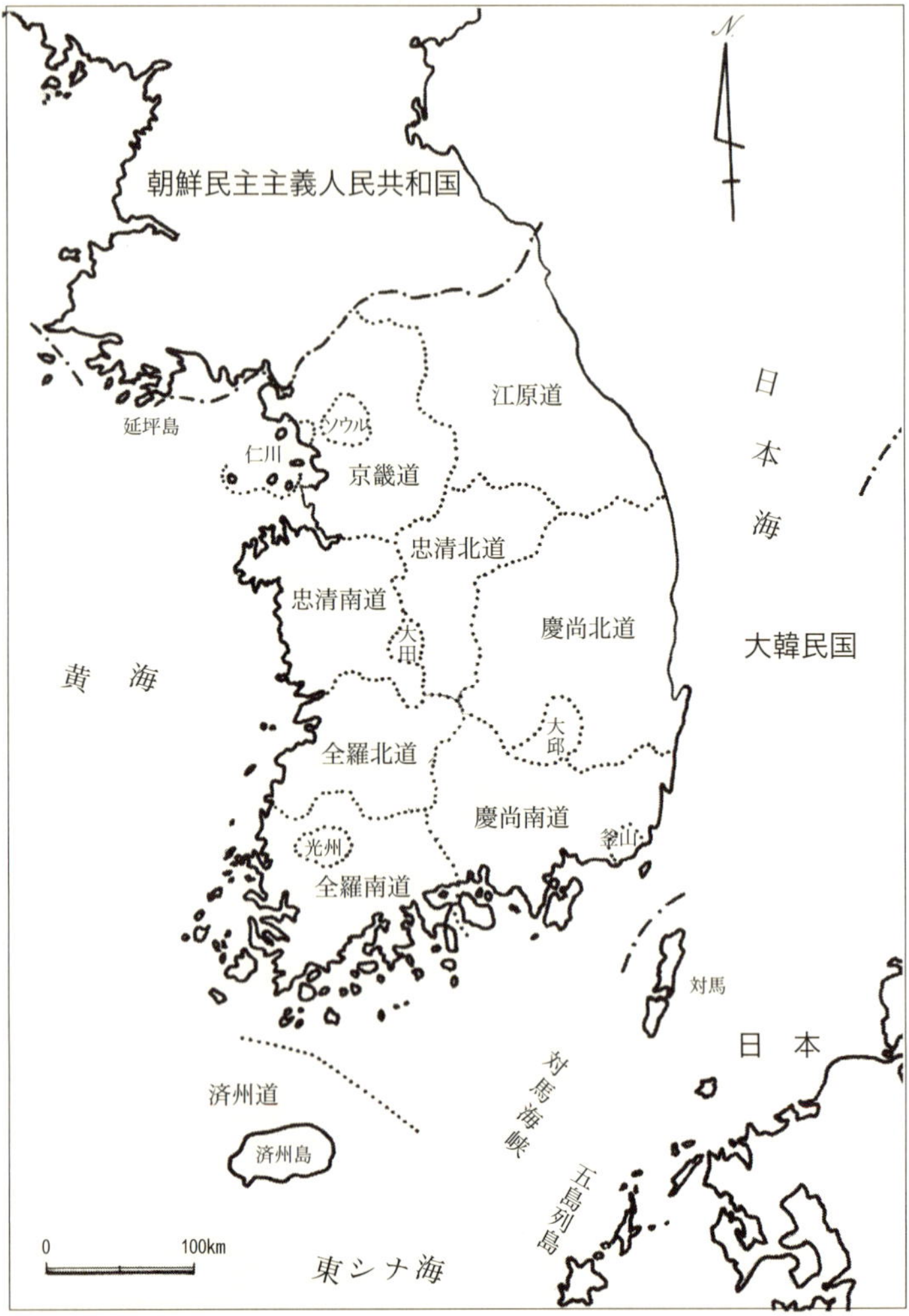
N
朝鮮民主主義人民共和国
江原道
日本海
延坪島
ソウル
仁川
京畿道
忠清北道
忠清南道
大田
慶尚北道
大韓民国
黄海
大邱
全羅北道
慶尚南道
釜山
光州
全羅南道
対馬
日本
済州道
対馬海峡
済州島
五島列島
0
100km
東シナ海

図 6-3　韓国概略図

する傾向であろう。韓国の石干見は、地方ごとに以上のような発達過程をたどっていったと考えられる。現在、韓国では石干見が北部の延坪島から南部の済州島まで分布している。主として西海岸や南海岸に分布している。とくに済州島には古くから数多く分布していたことが知られている。

石干見漁業は日本でも盛んであった。とくに九州の有明海沿岸には数多くみられた。最盛期にはここだけで七〇基以上があったといわれている。その規模は大きく、石垣の高さが三メートル、幅一・五メートル、長さ三〇〇メートル以上の巨大なものもあった（西村 一九六九）。諫早湾にあった石干見では、魚がかつてトラックいっぱいになるほどとれたという。しかし、現在では漁獲量が激減し、その量は夕食のおかずになる程度である。現在この漁業を続けている漁業者はたった一人であるという（西日本新聞社都市圏情報部編 一九九九）。日本でも石干見漁業は斜陽化の道をたどっている。このような状況をふまえると、石干見に関する国際的な比較研究が急務であるといえる。

三　慶尚南道南海郡南海島における石干見の分布と構造

石干見の分布域

南海島の石干見

南海郡南海島では石干見漁業が古くからおこなわれてきた。ソルチョン面ムンハン村とボンウ村ではその操業が近年までおこなわれ、とくにムンハン村では現在も不定期ながら石干見漁が続けられている。この石干見の保存状態はきわめてよい。

石干見の名称は地域ごとに多少の違いがある。南海島の石干見は「石で造られた防簾」（トルバル）あるいは、そのまま「簾」（バル）とよばれている。さらに、各々の石干見には固有の名称がつけられている。このような名称は、主として石干見が立地する場所の岩の名や島の名、あるいは多く生産される漁獲物の名称などをとってつけられている。たとえば、ムンハン村とボンウ村の石干見は、ベムソムトルバル、チョケバル、キンソムバルなどと名づけられている。ベムソムトルバルは、立地しているところが、ヘビのように長い岩が海のほうへ向かって伸びている蛇島（ベムソム）のそばであることからつけられた名称である。チョケバルはシジミに似た二枚貝のチョケが多く収穫されること、キンソムバルは立地場所が長島（キンソム）であったことからつけられた名称と考えられる。

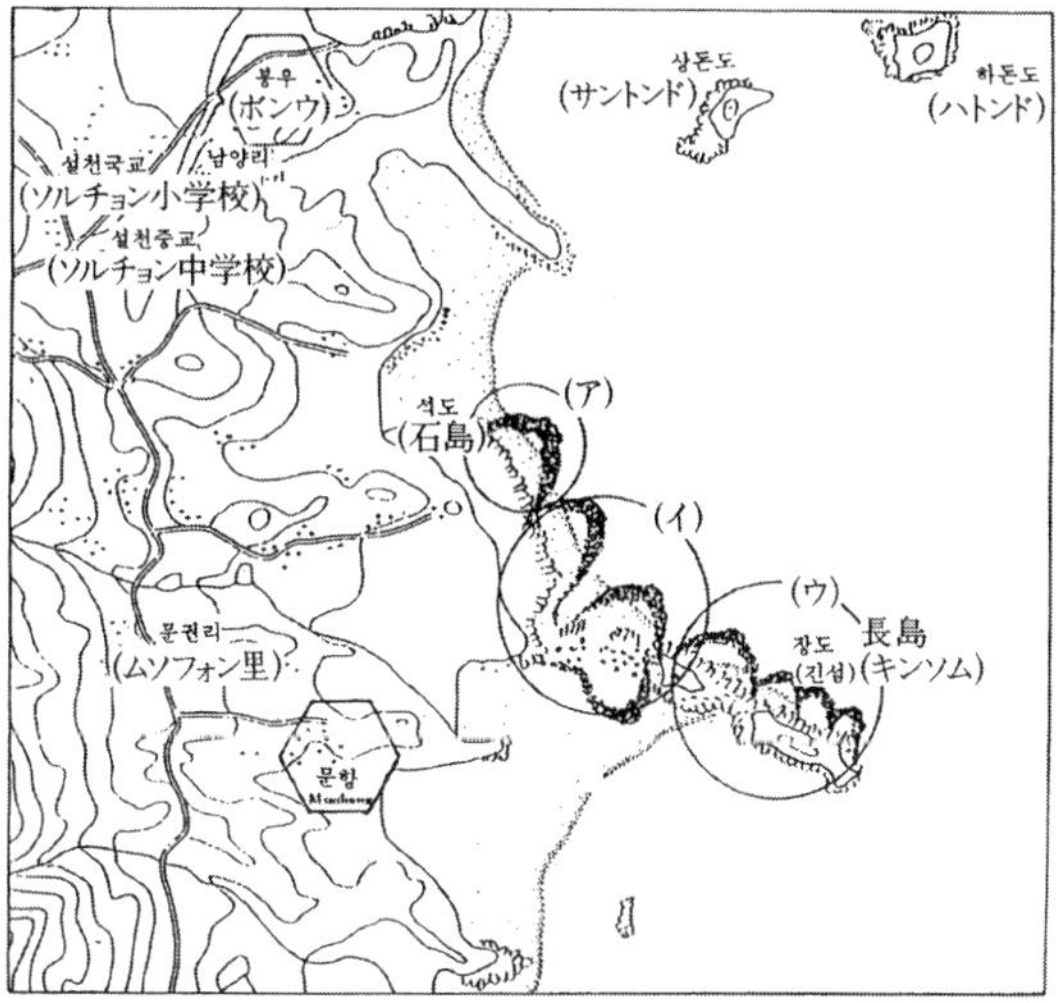

図 6-4　南海島ソルチョン面ムンハン村およびボンウ村における石干見の分布

このような石干見がいつ頃から始められたのか正確に知ることはできないが、ベムソムトルバルを所有している朴奉烈氏の妻チャンマラさん（一九二〇年生まれ）によると、三代前からこれを運営してきたという。朴氏の祖父が別の所有者からこれを買い入れており、名称の由来は朝鮮時代までさかのぼれると思われる。

石干見の分布

南海島の石干見の分布を図6‐4に示した。石干見は地形的にはいくつかの島に囲まれた、外海の波を直接受けにくい内海側に位置している。図中の(ア)がベムソムトルバル、(イ)がチョケバル、(ウ)が複数を連結させて築造されたキンソムバルである。ベムソムトルバルはよく保存され、現在でもときどき漁業がおこなわれている（写真6‐1）。これは、韓国に現存する石干見の中でもっとも保

写真 6-1　ベムソルトルバル
写真 6-2　ベムソルトルバルに隣接するチョケバル
写真 6-3　チョケバルのうち沖合に向かって左手の石干見

存管理がよい石干見であると思われる。

チョケバルは全部で三基の石干見によって構成されている。写真6-2はベムソムトルバルと隣接しているチョケバルであり、写真6-3は、村からキンソムバルの方へ入る左側入口に位置したチョケバルの様子である。写真6-4はキンソムバルの方へ入る右手から外海を望みながら、チョケバルを見たものである。チョケバルはこの海岸に立地している石干見の中で波の影響をもっとも多く受けている。

キンソムバルはいくつかの石干見が相互に連結している（写真6-5）。チョケバルとキンソムバルは、長く放置されたままであることから、石垣が波をうけて倒壊しているところと、現在でも整った形態を保っているところとがある。キンソムバルが複数の石干見が連続したように造られていることから判断すると、この地域は、かつては魚類が豊富で、石干見漁に適していたと推測される。

写真6-4　チョケバルのうち沖合に向かって右手の石干見
写真6-5　4基の石干見が連続するキンソムバル

石干見の構造

石干見は、海岸部に石垣を長く弧状に積んだものであり、満潮時にこの中に入ってきた魚のうち引き潮時に外海へ出られず、閉じ込められてしまったものをとる漁法である。一般に、石を積んだ石垣の部分と、閉じ込められた魚が最後に集められるところの二つの部分から構成されている。石垣内に入ってきた魚を一カ所に集める役割をになうものが弧状の石垣であり、ここに集められた魚をタモ網やその他の漁具で容易に捕獲できるように造られているわけである。

石干見の形態は地域によって多少の違いがあるが、構造は基本的には同じである。写真6-6は西アフリカのギニア湾岸で見られるW字形の石干見である。南海島にもW字形をした石干見がある。写真6-7はキンソムバルである。W字形の石干見は、二つの石干見を互いにつなげた形態である。

南海島の石干見に共通する構造は、大きな翼と捕魚部である。キンソムバルのW字形には捕魚部が二つある。翼は捕魚部を中心に両側に弧を描くように伸びている。

翼

石干見は、陸地から海のほうへ向かって弓形を呈する。その長さは地域によって、また地形によって多少の違いがある。ベムソムトルバルでは、捕魚部を中心として左側の翼が約八〇メートル、右側の翼が約三一メートルである。両翼の長さが異なっているが、これは地形を勘案して捕魚部の位置が決められたのち、捕魚部から満潮時に海水が到達するところまでの距離に応じて石垣が積まれた結果である。

翼の高さをみると、浜辺に近い部分では約七〜一〇センチメートルである。捕魚部へ近づくにつれて高くなり、最高点で一・二〜一・五メートルになる。石垣は海岸の傾斜を考慮しながら全体が水面と水平になるように積まれている。石垣の高さとこれより高くなる満潮時の水面との差が、魚群が石干見の中へ入る空間をつくりだす。したがって翼の高さは漁獲にとって重要である。石垣の高さを高くすると

写真 6-6　アフリカ，ギニア湾にある W 字形の石干見 (Brandt 1984)
写真 6-7　キンソムバルに見られる W 字形の石干見

魚が石干見の中へ多く入らず、反対に石垣が低いと、入って来た魚が干潮時、海水の流れによって石干見の外へ出てしまう。以上のことから、翼の高さと漁獲量との間には相関関係があると考えられるが、高さをどの程度にすればよいかについては、正確にはわからない。

翼の石垣の幅も、高さ同様、海岸部の三〇センチメートル程度からはじまり、捕魚部へ至るまでに漸次広がる。捕魚部付近では約九〇センチメートルに達する。

石垣の上部と下部の幅の差は五〜一〇センチメートルである。翼の石垣はほとんど垂直に積まれていることがわかる。しかしながらこの石垣は風や波で簡単に崩れない。その理由は、石垣を一旦積むとその間にハバガゼやカキのような貝類が付着し、石と石とをつなぐ接着剤のような役割をするうえ、石の隙間を適当に埋めてくれるからである。写真6-8は、石の隙間にイガイが数多く付着した状況である。このようにして貝が石と石との隙間を埋めて石垣を堅固にしているのである。しかし、引き潮の時、石の隙間が密に埋まると海水がすぐに引かないことから、操業に支障をきたすおそれもある。

捕魚部

捕魚部は漁箭でいうと袋網のような役割をになう。魚群が最後に集まるところである。捕魚部の形態は地域によって異なっている。西海岸の泰安郡や新安郡では、排水をよくするために周辺に排水溝を造り、その入口に竹で編んだ簾を設置する場合が多い。南海岸の石干見には排水口はなく、海水は石の隙間から自然に流れるようになっている。

写真6-9はベムソムトルバルの捕魚部である。底部は深く掘られており、他の部分に海水がなくなった後でもここには一定量の海水が溜まるようになっている。海水を溜めるのは、タモ網を使って魚を生けどるためである。図6-5はベムソムトルバルの捕魚部の構造を示した平面図である。大きさは横一〇五センチメートル、縦一三五センチメートルである。

写真6-8　石垣の間に付着しているイガイ
写真6-9　ベムソムトルバルの捕魚部

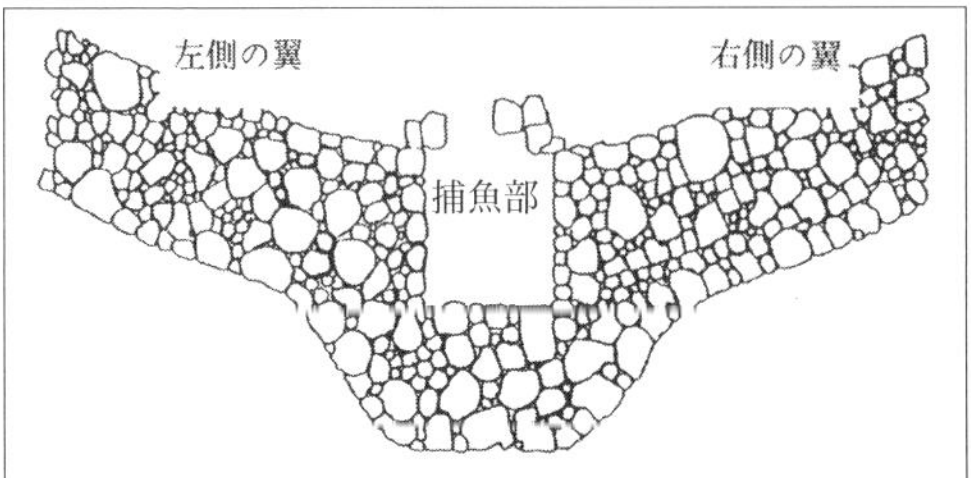

図6-5　ベムソムトルバルの捕魚部平面図

四　済州島における石干見の分布と構造

済州島の石干見

済州島では群れをなして接岸するカタクチイワシをとるために石干見漁業が発達した。この地方では石干見をウォン（垣の意味）あるいはウォンダムと称している。ウォントクやカダル（済州島の方言で足の意味）とよんだりすることもある。カダルの場合には、石干見が築造された位置によって、ソカダル、チュンカダル、トンカダルなどとよばれることもある。

石干見の分布

済州市梨湖1洞の石干見

済州市梨湖1洞には現在二基のウォンが残っている。以前は図6-6のように、四基あった。これらがいつ頃築造されたのか、正確にはわからない。(ア)はモサルウォン、(イ)はムルサルウォン、(ウ)はムルキプンウォン、(エ)はシンウォンである。モサルウォンは石干見の内に砂が多くあること、ムルサルウォンは海水が早く引くこと、ムルキプンウォンは築造場所の水深が他の石干見の場所よりも深いことから、それぞれ命名された。シンウォンは新しく築造した石干見の意味である。ムルキプンウォンとシンウォンは、一九五九年にサラ台風がこの地方を襲った時に破壊され、ほとんど消滅してしまった。現存している石干見はモサルウォンとムルサルウォンのみである。

写真6-10はモサルウォンとムルサルウォンである。左手の一番前の垣はモサルウォン、その次がムルサルウォンである。モサルウォンの左側には砂が大量にある。写真6-11はモサルウォンの左側、写

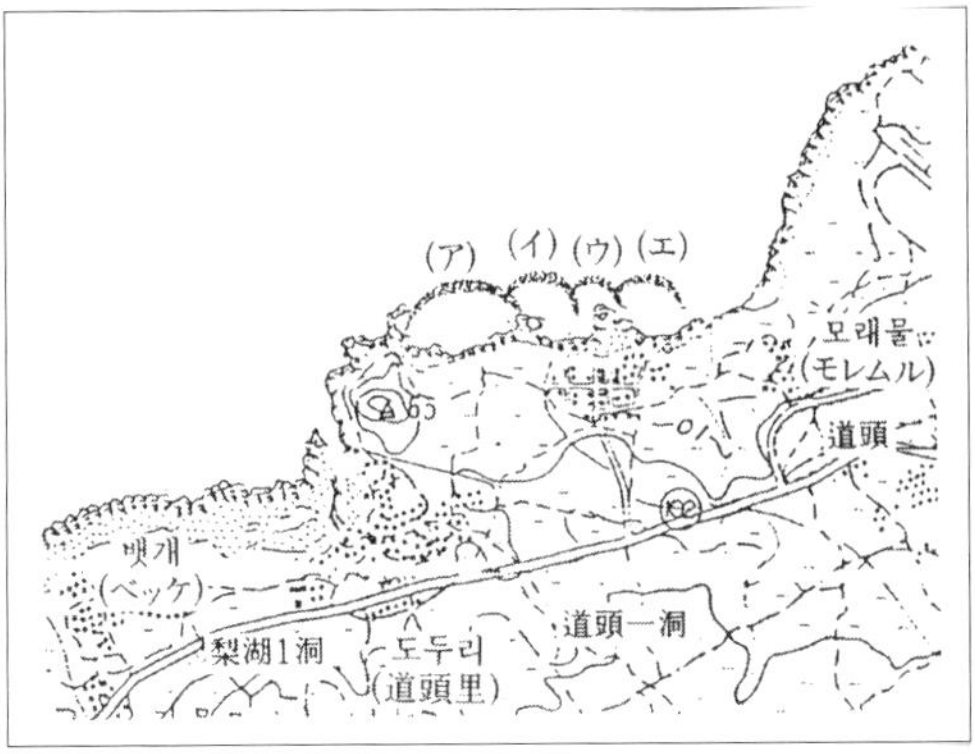

図6-6　済州市梨湖1洞沿岸における石干見の分布

写真6-10　モサルウォンとムルサルウォン
写真6-11　モサルウォンの左側の状況

真6-12はムルサルウォンの右側である。写真6-13はムルキプンウォンとシンウォンがあった場所を撮影したものである。これらの写真は、一九九二年頃に撮影されたもので、梨湖1洞の村長であり、石干見を管理していたソンヨンカク氏が所蔵していたものである。写真6-14は一九九八年の石干見の状況である。写真6-11と比較すれば、石干見が破壊されてしまっていることが明らかである。ところが、最近この石干見でカタクチイワシが多くとれた。石干見としての機能はまだ保持されているといえるか

写真 6-12　ムルサルウォンの右側の状況
写真 6-13　ムルキプンウォンとシンウォンが位置していた場所
写真 6-14　梨湖 1 洞沿岸の石干見

もしれない。

梨湖1洞の石干見では一九九二年まで漁がおこなわれていた。その後、住民が漁に関わらなくなり、放置されたままとなった。しかし、一九九七年一二月、カタクチイワシが多く漁獲され、これによる所得が多少なりともあった。このことは、石干見を補修し適切に管理すれば、現在でも漁が可能であることを意味している。新たな認識に基づいて、一九九八年には、石干見を補修する計画が村長を中心に練られた。石干見漁業を再開することになったのである。

写真 6-15　東貴里の石干見

東貴里（下貴里）の石干見

東貴里には石干見が二基ある。写真6-15は沿岸を走る道路の下に位置する石干見である。左手はすでに埋め立てられ、そこに刺身料理店が造られている（写真6-16）。石干見漁業をとりまく周囲の環境が大きく変化していることがうかがえる。写真6-17は海側に位置した石干見である。この石干見は放置されたままで、管理が十分になされていない。右側の一部分はいまでも残っているが、左側へ続く石垣は波によってほとんど破壊されている状態である。写真6-18は東貴里と梨湖1洞の中間に位置する内道洞の沿岸にある石干見である。これは内海へ深く入り込んでいる海

写真 6-16　東貴里の石干見
　　　　　左手に刺身料理店と簡易建築物が見える
写真 6-17　管理がなされず，放置されたままの東貴里の石干見
写真 6-18　内道洞沿岸にある石干見

を塞き止めて造られた石干見である。長さは二〇〇メートルほどと規模の大きいものである。前方の曲線の部分には捕魚部があったと思われる。

石干見の構造

済州島の石干見の場合、陸地の方へ向かって弓形をしていることは他地域の石干見と同様であるが、内道洞の石干見のように内海に深く入りこんで造られたものもある。南海島や西海岸の石干見と比較すると、捕魚部がほとんどみられない。東貴里と内道洞の石干見はV字形であるが、はっきりした捕魚部の構造は整えられていない。

済州島の石干見に捕魚部がない理由は明らかでない。この地域の主要な魚種がイワシで、海水が引く前にタモ網でこれらをとったことと関係があるかもしれない。しかし、捕魚部があればもっと容易にとることができたとも考えられる。

五　忠清南道泰安郡における石干見の分布と構造

石干見の分布

泰安郡南面モンサン1里

忠清南道の中で石干見が残っているところは泰安郡である。同郡の南面モンサン1里とソウォン面イハン里の石干見はすでに確認したが、アンフン方面のそれはまだ確認していない。南面モンリン1里の石干見はその形態がよく保存され、操業も続けられていた。モンサン1里は海水浴場として有名なモンサン浦から二キロメートルほど離れた所に位置する。砂浜が約四〇〇メートルも続いているにもかかわらず、海水浴場とはなっていない。写真6-19はモンサン1里の石干見である。この付近には多数の石干見が存在したと思われる痕跡がある。それらは二〇年ほど前までは使われていたが、海岸警備のために軍が駐屯して以降、使用が中止されたという。その後、補修はおこなわれず、管理もなされていなか

写真6-19　モンサン1里の石干見全景
写真6-20　イハン里の石干見
写真6-21　イハン里の石干見の捕魚部

ったことから、石干見は崩壊してしまい、現在では痕跡が残るにすぎないのである。

ソウォン面イハン里の石干見

ソウォン面イハン里にも石干見が数多く残っている。しかし、長らく操業がおこなわれていなかったため、ところどころの石垣が崩れ、捕魚部も損なわれている。イハン里の石干見は南面でもっとも規模が大きい。翼の長さは一〇〇メートルをはるかに超えているし、幅も約二メートルである（写真6-20）。捕魚部は崩れてはいるが原形がよく保たれている（写真6-21）。補修をすれば操業できるように思われる。

石干見の構造

泰安郡の石干見は翼と捕魚部、そして踏石の三つで構成され、南海島の石干見と類似しているようにみえる。しかし、その規模は大きい。翼は捕魚部を中心として両方に弧状に伸びている。また、捕魚部の下段中央にある穴に竹で編んだ簾を設置して、魚が逃げないようにしている。

泰安郡の石干見にみられる特徴としては、捕魚部が狭いこと、そして捕魚部の片側に石を積んで造られた踏石があることである。漁業者は踏石の上にしゃがんで、狭い捕魚部を泳いでいる魚をタモ網ですくう。捕魚部の幅は、タモ網をかろうじて動かすことができるほどに細く造られているのである。

捕魚部

捕魚部は、南海島のそれと構造的に似ているが、いくつかの点で違いもある。一つは、南海島の捕魚部では漁業者が直接にその中へ入り、溜まっている水の中の魚をすくいあげる。しかし、泰安地方でみられる捕魚部は幅が狭く、あたかも水路のようである（写真6-22）。したがって、漁業者が捕魚部へ入って作業することはできない。また、捕魚部には排水路があり、ここに竹で編んだ簾を設置する。海水

写真 6-22　モンサン１里の石干見の捕魚部
写真 6-23　捕魚部に設置された簾

がよく流れる構造になっているのである（写真6-23）。これに対して、南海島の場合には、排水路が設けられておらず、海水は石の隙間から自然に流れるようになっている。

以上のことから、泰安地方の石干見の方が海水を早く排水させるのに多少有利な構造であると考えられる。

写真 6-24　イハン里にある大きな翼をもつ石干見
写真 6-25　イハン里のU字形の石干見
写真 6-26　踏石の上にしゃがんで魚をとっている様子

翼

翼の特徴は他地域のものよりも規模が大きいことである。写真6-24は、二〇〇メートルくらいの弧状の翼をもっている、イハン里にある石干見である。翼の石垣が長く造られているのは、西海岸では干満の差が大きくしかも干潟が発達していることが原因と考えられる。形態は、写真6-25のようにU字形をしているものが多い。もちろん、モンサン1里の石干見と同じように、U字形というよりV字形をしている場合もある。このような形についても、前述したように、この地域では干満の差が激しく、傾斜が緩慢な干潟が発達していることと関連があると思われる。

踏石

泰安地方の石干見には踏石がある。前述したように、捕魚部は狭くて人がその中に入って操業することができない。したがって、捕魚部の方へ泳いでくる魚群をとるために踏石がどうしても必要である(写真6-26)。捕魚部全体の高さが約二メートルに対して、この踏石は石干見の基底部から約一メートルの高さにある。

六　全羅南道新安郡における石干見の分布と構造

石干見の構造

新安郡では石干見をトクサルとよんでいる。トクは「石」を意味する全羅道の方言であり、サルは「漁簾」を省略した言葉である。忠清南道の夫安地域でも石干見をトクサルとよんでいる。このように西海岸の大部分の地域では、石干見をトクサルとよんでいることがわかる。しかし、全羅南道の莞島地方ではトクサルではなくトクチャンとよんでいるという（木浦水産業協同組合課長の説明では、チャンは牆（垣や塀の意）から取ってきた言葉であるという）。

新安郡の石干見の分布域は、新安水産業協同組合専務の金承氏の説明によると、アムへ面ボクウォン里ウォンボクリョン村に二基、チャンサン面タサン漁村契（一種の漁業組合）に二基、マチンやコイ島に多数散在しているという。ウォンボクリョン村の石干見については現地調査を実施した。チャンサン面タサン漁村契にある石干見は漁村契長との数回の電話インタビューを通じて情報を得たものである。

地域別にみた石干見

アムへ面ボクウォン里ウォンボクリョン村の石干見

現在、二基の石干見が残っている（写真6-27）。石で積まれた土手は多少みとめられるものの、土手の中は、陸地から流出した土砂で埋まり、埋立地のごとき様相を呈している（写真6-28）。漁村契長の話によると、石干見は数カ月前まではよい状態で保存されていた。しかし、付近で住宅工事があり畑を掘り返した後、雨が降り、雨水とともに流された土砂が一時に石干見の中へ入り込むことになったという。左側の石干見は石垣がかなり破損している。しかし、右側の石干見は石垣の保存状態がよい（写真6-29）。土砂に埋まることがなかったならば、機能的にはよい石干見であったと思われる。

写真 6-27　アンヘ面ウォンボクリョンの石干見
写真 6-28　土砂で埋まったアンヘ面ウォンボクリョンの石干見
写真 6-29　アンヘ面ウォンボクリョンの石干見

チュンサ面タス漁村契の石干見

この石干見については、前述したように、現地調査を実施していない。金承氏の提供による資料をもとに、漁村契長との電話インタビューを通じて情報を得た。同地の石干見は西海岸地域にある他の石干見と構造的には大同小異であるが、石干見を構築した時期は最近である。漁村契長は石干見を造った当時の様子を生き生きと記憶していた。

写真 6-30　崩れた捕魚部
（アンヘ面ウォンボクリョンの石干見）

石干見の構造と構築

石干見の構造

新安郡の石干見は他地域のものと同様に陸地に向かって弓形をなしている。南海島や泰安地域のものと同様に捕魚部がある。捕魚部の中央には海水が流れ出る排水溝があり、ここに簾を置くようになっている。写真6-30はアンヘ面ウォンボクリョン村にある石干見の捕魚部を撮影したものである。すでにかなり崩れている。

この石干見の調査を通じて石垣の構造を詳細に知ることができた。漁村契長によると石干見は前壁と後壁とで構成されているという。前壁は石干見の内側の垣をいい、後壁は海側の垣をいう。後壁は前壁より頑丈に築いておく。後壁のほうが強い波を直接受けるからである。前壁と後壁の間には小石を入れる。前壁と後壁の隙間にも小石を埋める。

石干見の構築作業の過程

チャンサン面タサン漁村契長の説明によると、タサン漁村契の石干見は漁村契長が一六歳頃、祖父が労働者を使って築造したものという。漁村契長は、その時、石干見の築造過程を詳しく見ており、また、作業にも参加した。

石垣はまず、基礎部分の築造から始める。海側の深い所から開始する。このような作業ができるのは、一日のうち海水が完全に引いた後の二、三時間だけである。基礎部分は固い岩盤の上か、岩盤がないところでは岩盤の役割が可能な大きな石を入れる。通常二、三メートルの幅で石を入れ、押し固めてゆく。基礎部分が堅固であれば石垣が崩れにくく、波にも持ちこたえる。完成までに、一日に一〇人ほどが作業をおこなって、二〇〜三〇日間を要したという。

七　地域別にみた石干見の操業形態

石干見漁法は、すでに述べたように、石を積んだ高い堤防をめぐらして、満潮時にその中に入った魚類を、引き潮の時に閉じ込めて漁獲するものである。いいかえれば、干満差が大きい海岸部で、干潮時には水底が現われるほど水深が浅い所に弧状に石垣を積んでおいて、満潮時に潮を追って来る魚群を引き潮時に外へ逃げないようにしてとる漁法である。したがって、一般的にいえば、障壁陥穽類の中の建干網と類似する。石干見の入口は陸地の方へ向かって開いている。このような形態は入口が海の方を向いている竹防簾《チュッバンリョン》あるいは一般的な定置網とは異なっている。

泰安半島にある石干見の場合、操業は海水が十分に引いた後から始まる。操業時間は通常二時間くらいである。これは、海水が捕魚部の上部まで浸かった後、完全になくなるまでにかかる時間である。漁業者は海水がなくなる前からやって来て、捕魚部へ集まってくる魚を見張っている（写真6-31）。他の者が、海水が引いてしまう前に来て魚をとることを防ぐためである。

ところで、小さな魚は捕魚部や石の隙間を通って逃げてしまう（写真6-32）。これを捕食するために、大きな魚が石干見の外側へ集まってくる。そこでこのような大型魚をねらって、翼の外側へ釣糸をたらす漁業者もいる（写真6-31）。

海水が次第に引いてゆくと、漁業者は石干見の捕魚部に造られた踏石の上でタモ網をもって立つことになる（写真6-33）。踏石は石干見の底から約一メートル程度の高さに設けられている。捕魚部の排水口は竹で作られた簾で塞がれているため、小型魚は逃げられるが、大型魚は逃げることができない。

写真6-34は、漁業者がタモ網を捕魚部につけて、魚やエビなどをとっている状況である。魚が多かった頃には、水位が踏石より下がった時にタモ網を入れておくだけで大量の魚がとれたという。しかし、現在では魚が減り、雑魚やカニなど動きが比較的おそい生物だけが漁獲されている。

写真6-35にあるタモ網は柳の枝に縁を廻した後、目合の細かい網を付けたものである。この写真では、

写真6-31　海水が引く前の捕魚部の状況
写真6-32　海水の流れにのって捕魚部へ集まってきた小魚
写真6-33　踏石の上に立っている漁業者

捕魚部の方へ流れて行く海水が濁っている。石干見の内側に泥土が多く、しかも石干見付近の潮流が比較的速い結果、泥水が流れるのである。私たちが漁業作業を観察している間にタモ網で漁獲されたものは、エビとカニが少量にすぎなかった。この作業は海水がなくなるまで続けられた。

　捕魚部は幅五〇センチメートル、長さ一メートル、深さ一メートルの狭い水路の形をしている。ここに竹製の簾を設置する（写真6-36）。竹簾が排水口に引っ張られるのを防ぐために、竹簾に弾力性のあ

写真 6-34　踏石の上にしゃがんでタモ網漁をおこなう
写真 6-35　タモ網で魚をとる
写真 6-36　海水が引いてしまった捕魚部

写真6-37　捕魚部に入って最後に残っている魚をとる

る木の枝を差し込んでおいたり、さらには木の枝と竹簾の間にかなり大きな石を差し込んだりする工夫がなされる。

海水が完全になくなると、漁業者は捕魚部へ入って、最後に残った魚を手づかみでとる。動きがはやい魚は石の間に隠れているので、これを漁獲するときにはタモ網を用いる。捕魚部のみならず、水が引いてしまった石干見内でも魚をとる（写真6-37）。

石干見の操業は毎日おこなわれるわけではない。大潮をはさむ前後の計一週間が漁期である。一カ月に大潮が二回あるので、月間の操業日数は一五日くらいとなる。また、干潮が一日に二回あるので、操業回数は一カ月に三〇回近くになる。一回の操業に必要な時間は約三時間である。魚が多くとれる日は波が穏やかな日である。春と夏に漁獲量が多いという。

激しい波によって石が倒れたり、壊れたりすると、石干見の補修が必要となる。以前、若者が村に多かった頃には、補修作業は容易におこなうことができた。現在は魚もあまり多くとれないし、若者も少なくなったので、補修作業はおこなわれていない状況である。

ここで漁獲される魚種は、ボラ（*Mugil cephalus*）、イワシ（*Engraulis japonicus*）、ズナシ（*Sardinella zunasi*)、コノシロ（*Konosirus punctatus*）、イカナゴ（*Ammodytes personatus*）、タチウオ（*Trichiurus lepturus*）、マナガツオ（*Pampus argenteus*）、イシモチ、マス、カニなどである。イワシは塩辛づくりに用いられる。マスは、ズナシあるいはコノシロと似ている魚で、これも塩辛に使用される。ただし、正確にどのような魚種であるのか確認できていない。韓国でモチとよばれている魚は、小型のボラである。カニはバクハジとよばれる大きなもので、今でも多くとれる漁獲物の一つである。漁獲される魚種は季節によって異なり、春にはボラ、夏にはイカナゴ、そして、秋にはイワシとコノシロが多い。

慶尚南道南海郡南海島

南海島での石干見の操業は、石干見の中に水がなくなった後からはじめる。操業に必要な道具は、タモ網二個とかご一個である（写真6-38）。タモ網は、一つは目合が大きく、もう一つは目合が小さい。まず、目合が大きいタモ網で大型魚をとり、その後、目合が小さいタモ網を使って小型魚をとる。かごはとった魚を入れるもので、竹製である。写真6-39は、目合が大きいタモ網を使用しているところ、写真6-40は、漁業者が操業を終え、腰を伸ばして休んでいる様子である。

漁業者からの聞き取りによれば、祖父や父が石干見漁をおこなっていた当時はイワシが大量にとれた。モチも漁獲されたという。しかし、最近では、沿岸に棲息する魚もそれほど多くない。

一九九七年夏、私たちが調査した時に漁獲された魚種は、ヒイラギ（*Leiognathus nuchalis*）、ズナシ、スナフグ（*Takifugu niphobles*）、マハゼ（*Acanthogobius flavimanus*）、マコガレイ（*Limanda yokohamae*）、ボラ、ヒメハゼ（*Favonigobius gymnauchen*）などであった。いずれも漁獲量は少なかった。

写真 6-38　南海島の石干見漁で使用されるタモ網とかご
写真 6-39　目合の大きなタモ網で魚をとる
写真 6-40　操業中に休んでいる村びと

梨湖１洞の石干見の場合、主要な漁期は春から秋までである。主な漁獲物はイワシである。冬にもイワシが多くとれることがあるという。たとえば、石干見の管理は一九九二年から中断された状態であったが、一九九七年一二月二〇～三〇日の間にはイワシが大量に漁獲された。

漁業に必要な漁具はチョックバジ、クドク、チョッパクである。チョックバジはY字形の木の枝を丸くして、そこに網棒を付けたタモ網である。しかし、最近では針金やプラスチックのパイプを丸くして棒を付けている（写真６－41）。イワシが石干見に入った時には、住民はチョックバジをもってこれをとる。クドクは、とれたイワシを入れる竹で編んだかごである（写真６－42）。チョッパクは、チョックバジに

写真 6-41
梨湖 1 洞の石干見で使用されているタモ網
写真 6-42
梨湖 1 洞の石干見で使用されているかご

入ったイワシをクドクに入れるためのボウルのような道具である。丸太を彫って作る。

イワシは、海水が完全になくなる前に漁獲しなければならない。この方法は、南海島や西海岸の石干見でみられる操業方法とは多少異なっている。すなわち、南海岸や西海岸では、捕魚部へ集まった魚をタモ網でとる。または、西海岸のように踏石に座りタモ網を使って漁獲する。これに対して、済州島では、住民各々がチョックバジを持って、ひざのあたりまで海水が残る石干見の中へ入って漁獲するのである。

梨湖1洞の石干見は、南海島や泰安半島にある個人所有の石干見とは異なり、村の共同所有である。梨湖1洞は西村、東村、中央村に分かれているが、その中の西村が石干見を管理、利用している。以前は中央村も加わっていたが、現在では西村の住民だけが関係している。漁村契があるが、契員は、ほとんどが海女で、石干見漁業には関与していない。

石干見の管理は村長を中心として住民らが共同参加しておこなわれる。漁獲物の分配も共同体的な性格を有している。現在の西村は四つの班で構成されており、村長と各班の班長が管理や利用について論議する。また、年に一度、春先にすべての住民が参加して、石干見の補修作業をおこなう。日取りを決めて村全体が共同で作業することになるが、この時、各家からは一人以上が必ず参加しなければならない。健康状態が悪かったり、特別に認められる事情がなければ、全員が参加するのが原則である。これに応じない者には罰金が科せられる。

村全体による年一回の補修作業が終わると、管理人が一年間石干見を管理する。管理人は村長を含む各班から選出された二、三人から構成され、村の総会を通じて任命される。一般に、一度選任されると毎年連続して選任されることが多い。現在、梨湖1洞に住んでいるリ氏は一九四九年以来、連続して石干見を管理してきた。管理人は石干見の管理のみならず、漁獲物の状態を把握して石干見の操業が円滑におこなわれるように配慮しなければならない。すなわち、石干見に入った魚の量によって操業方法を決定するのである。魚が一五升以下の場合には住民に知らせず、管理人みずからが漁獲し、漁獲物を互いに分けあう。漁獲可能量が一五升以上になれば、管理人は住民に魚が入ったことを知らせなければならない。住民はこの知らせを受けて漁獲に参加する。このとき得た漁獲物は平等に分配される。

管理人を選任する村会では、管理人が受け持つことができる最少の漁獲量を決定する。これまで、一〇升が適用されてきたが、最近になって管理人らの要求で一五升に変更されたという。イワシが多く漁獲される時期には、漁獲量は一般に一五升以上になる。このときも漁獲物は住民に平等に分配され、村全体がイワシで溢れかえるという。イワシの漁期が過ぎると雑魚が多くなり、その漁獲量は一五升以下がほとんどである。

梨湖1洞の石干見では前述したように、イワシ（*Engraulis japonicus*）が周年にわたって漁獲される。そのほか、春はトビウオとサヨリ（*Hyporhamphus sajori*）、夏はアイゴ（*Siganus fuscescens*）、秋はスズキ（*Lateolabrax japonicus*）が多くとれる。ボラ（*Mugil cephalus cephalus*）は季節に関係なくとれる。イカなども漁獲される。

以前、イワシが大量に漁獲された時代には、食用として利用しても余りがでた。そこで、これらを海岸の砂浜で干しあげ、麦畑の肥料として使用した。鮮魚を豆や雑穀と交換したり、塩辛にして売ることもあった。冬には近隣の農家にも掛け売りし、次の年に麦や米を得たという。

八　おわりに

韓国を代表する伝統漁業のひとつであり、漁業文化に関する重要な研究対象である石干見に関する学術的な調査を一年間かけておこなった。

南海岸、西海岸、そして済州島沿岸でかつて活発におこなわれていた石干見漁業は、最近になって漁獲量がいちじるしく減少し、大部分は廃業してしまった。石干見は管理や補修がおこなわれないまま長い間放置されていることから、日ごとに破壊が進み、原形を失ってしまいかねない状態である。幸いに、一部の地域では現在でも、高齢の漁業者の「遊び」として漁が続けられている。また、損傷した石干見の補修を計画し、漁業の再開をもくろむ地域もある。しかし、全般的にみれば、韓国の石干見漁業はかろうじて命脈を保っているのが実情である。

石干見漁業は、沿岸にある石材を用いて造られた築堤内に、満ち潮とともに入ってくる魚を囲い込んでとる、きわめて消極的かつ原始的な漁業である。しかし、それは長期にわたって形成されてきた伝統的な技術に基づいており、現代の漁業技術とは根本的に異なる。

石干見漁業は古くから自然に発生し、村が共同でこれを管理してきた。その後、次第に個人の所有形態へ転換したと推定される。済州島を除いた大部分の石干見は売買の結果、個人所有になっているが、たとえ原始的な漁法といえども、漁場売買が一般化されていることをみると、この漁業の経済性が相当高い水準であったことがわかる。また、以前、韓国沿岸の漁業資源がきわめて豊富であったことも理解される。しかし、一九七〇年代以降、沿岸の汚染などにより、漁業資源の減少がめだつようになり、石干見の漁獲量も次第に減少していった。結局、漁業が廃れ、石干見はそのまま放置されてきた。今、韓国伝来の石干見漁業が消滅する危機に直面している。

石干見は単純な構造物と見られがちであるが、詳細にみれば、それは漁業者が海とともに生きていくための努力と魚をとるための知恵を余すところなく反映している。石垣の高さ、捕魚部の構造、そして膠着生物によって石垣の堅さが維持されることなどから、海とつながりを持ち続けてきた漁業者の知恵がうかがえるものである。その形態は、地形や対象魚類の差異によって多様である。また、社会的・文化的にみてもその操業形態、所有形態は多様である。石干見漁業からは、伝統的な漁業の重要性と、漁村社会を中心として形成された韓国の漁業文化の一面をうかがうことができるのである。このような点からいえば、現存する石干見は伝統的な漁業としてのみならず、漁村社会における伝統文化を引き継ぐ遺産としてもきわめて価値があると考えられる。

このような重要性をかんがみる時、残存する石干見についてはこれ以上破壊されないように保存策を早めに講じる必要がある。また、操業が続けられている石干見は、今後、国民の教育の場所として活用できるように方策をたてる必要がある。

本研究は、石干見漁業に対する基礎的な資料収集に主眼点を置いた。今後、石干見の構造物に対する詳細な研究はもとより、伝統漁業の保存と活用、石干見漁業の観光資源化に関する研究がおこなわれなければならない。そうした研究は、今回の研究で含めることができなかった一部地域の石干見漁業の調査研究とともに、今後の課題としたい。

第七章　澎湖列島における石滬の研究

一　はじめに

澎湖列島は、玄武岩からなる台地状の島嶼群である。島嶼の周囲には海食棚が形成されている。周辺海域には大小の裾礁（fringing reef）が存在し、海岸部は礁棚（礁湖）となっている。満潮時には礁棚上五、六メートルまで海水面が上昇する。他方、干潮時には礁棚が海面から露出する。島民は古くから干潮時をねらって礁棚で魚介類を採集してきた。また、これにとどまらず、地元で調達できる玄武岩とサンゴ石灰岩（澎湖では硓𥑮石《ろうこいし》とよばれる）を用いた、効率のよい漁具を考案した。礁棚上に半円形あるいは馬蹄形に石を積みあげ、この中に魚を落とし込むものである。すなわち、上げ潮流時に接岸した魚群が下げ潮流時に自然にこの人工的な漁具に入るのである。以上のような石で築かれた陥穽漁具を台湾や澎湖では石滬《チューホー》（chioh-ho）、沖縄ではカキ（kaki＝石垣の意味）、日本では石干見（ishihibi）とよんできた。

石滬を用いる漁獲方法は人類のもっとも原初的な漁具・漁法であることに疑いはないであろう。澎湖における石滬漁撈と台湾本島西海岸でおこなわれる篊建《ひびたて》法を利用したカキ養殖とは、台湾に現存する礁棚漁業文化と洲潟漁業文化のそれぞれの典型であるといえよう。

石滬の分布域は、南太平洋のポリネシア、メラネシアからフィリピン、澎湖、沖縄などの各諸島、日本の九州など、広い範囲におよんでいる。その立地を見れば、石滬が存立するためには以下のような地理的条件が必要であることがわかる。

①海岸から外海へと続く海底の傾斜度が小さいこと
②石滬を築造するために必要な岩石ないしは転石が沿岸部に存在すること
③潮差が大きいこと

澎湖列島は台湾海峡に位置し、潮差は比較的大きいところとして知られている。また海岸部には礁棚が発達し、陸域のみならず海岸部においても岩石の採取が容易であるという、石滬の築造に格好の地形的条件を備えている。とくに澎湖列島のなかで最北に位置する吉貝嶼には、石滬がもっとも多く分布している。

なお、台湾本島にも石滬は見られ、苗栗県の後龍沿岸には現在も数基存在している。台北県淡水沿岸にもかつて存在した痕跡がある。

澎湖の石滬に関係する記載としては、一七二〇年のものが最初である。『台湾縣志』の記載によれば、この年、大滬二口、小滬二〇口に対して雑税が課されていることがわかる。その後の文献・資料には石滬に関する記述は少なく、徴税についての記載がわずかに見られるにすぎない。石滬に関する学術的な調査研究もこれまでおこなわれてこなかった。私は、一九八九年、澎湖列島北部に位置する離島において、漁業・漁村に関するフィールドワークをおこなったが、この時、石滬の形態を詳細に観察した。さらに地元住民が保管していた、石滬をあらためて築造したことを示す一九三〇年代の合約登記簿を見ることができた。これ以降、澎湖における石滬漁業文化に大きな関心を抱くようになった。その後、台湾師範大学の大学院生とともに澎湖列島北部一帯のうち、鳥嶼（陳 一九九二）、吉貝嶼（顔 一九九二）などで石滬とその他の漁業活動について調査を実施した。また、澎湖本島の五徳（陳 一九九五）と西嶼の赤馬（陳

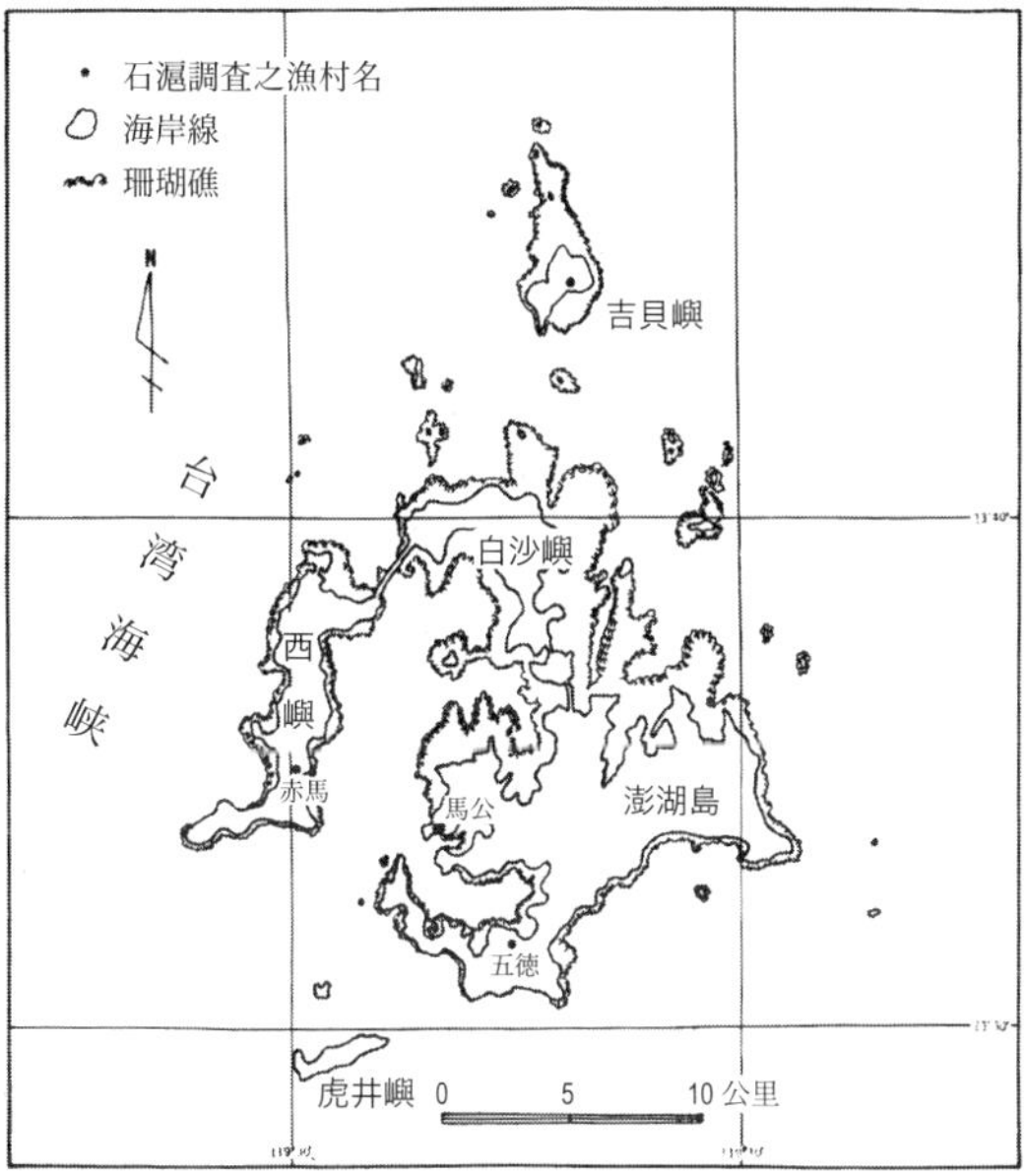

図 7-1　調査漁村の位置

一九九六a）においても調査を進め、その結果、両漁村には石滬が整った形で現存していることが明らかとなった。

なお、台湾以外でこれまでもっとも多くの研究を蓄積してきたのは、本書でたびたびふれられたように、日本の研究者たちである。特に西村や水野らが、沖縄の石滬を調査対象として、その形態、構造、漁法および所有権などについて明らかにしてきたことをあらためてつけくわえておきたい（西村　一九六七、一九六九、一九七四、一九七九、水野　一九八〇）。

澎湖の住民の生活を支える漁具であった石滬は、人間の力によって潮間帯に創造された漁業文化である。石滬の築造技術、管理方法および漁獲の権利関係はそれぞれの漁村でそれぞれの環境に応じて発展をとげてきた。しかし、現在の石滬では魚がとれなくなっていることから、壊れた場合に再度修復しようとする意向もなく、石滬の漁業文化は次第に失われつつある。したがって現在、石滬の構造とこれに関係する社会・文化に対して詳細な調査研究をすすめる必要がある。本章は、以上のことをふまえて、現在も石滬が利用されている三つの漁村――吉貝・五徳・赤馬――を調査対象として（図7-1）、各村の石滬の形態・構造と石滬をめぐる社会・文化の特徴を考察するものである。

方法としては、各漁村の自然環境、漁業という生計の技術的側面、漁業組織の相互作用などに注目しながら、三つの漁村の石滬漁業を総体的に論じ、石滬漁業を文化生態学的に考察する。具体的なフィールド調査は、石滬の築造に参加したことがある漁業者および、かつてあるいは現在石滬漁業に従事している漁業者への聞き取りと漁業活動の直接観察である。

二　白沙郷吉貝嶼の石滬

石滬の形態とその変化

澎湖列島のなかで石滬漁業がもっとも発達しているのは吉貝嶼である。日本統治下にあった一九一五年、台湾総督府へ申請された石滬漁業権は六九件であった。現在、吉貝嶼の住民が数えあげる石滬の数は七八にのぼる（顔　一九九二）。吉貝嶼とその北に位置する目斗嶼の間には礁棚が連続し、石滬の築造、漁獲に良好な環境が形成されている。この海面で石滬漁がいつごろから開始されたかを明らかにできる資料はないが、私は以下のように推察している。すなわち、人びとが定住しはじめた早い時期に、干潮時に礁棚の窪んだ部分で簡単に漁獲が可能であることを認知した結果、協力して礁棚上に石塊を積み、さらに大きな範囲で漁獲できるようにしたと思われる。このように考えるならば、石滬文化の起源は、文化伝播説ではなく環境起源説としてとらえることができるのである。石滬築造に関わる知識は他所からの伝播とは限らない。ある一定の人数が居住する島において、石滬を築造できる環境があれば、その人びとは生活上の経験から石滬を造ったと考えられる。澎湖のように植物資源の乏しいところでは、古くは船や漁網を製作できる環境にはなかった。その点、石滬は島にある石材を使用して築造が可能なのである。

石滬の形態は各地の自然環境に応じて差異がみられる。たとえば、澎湖とその近隣の琉球（沖縄）諸島の石干見とでは形態に大きな差がある（西村 一九七九）。また吉貝嶼の石滬の形態にもそれぞれ違いがある。それは、石滬が立地する場所の地形的要因によるほか、住民が漁獲効果に対する経験的知識を蓄積して形態に改良を加えてきた結果である。

吉貝嶼における石滬の形態は図7-2に示すとおりである。A1、B1、C1は石滬自体が島嶼あるいは礁の海岸部分とつながっているものである。海岸に接していない一端は内側に湾曲している（この部分を滬湾《ホーワン》とよぶ）。魚類は、その習性から、石滬に入ると堤の内側に沿って泳ぎ、滬湾にいたると向きを変え、継続して堤内を動き回る。A2、B2、C2は石滬自体が島嶼あるいは礁の海岸部と接していない場合である。この場合には海岸部から滬岸とよばれる堤を構築し、石滬の一端につなげる。漁獲の時には、漁業者はこの滬岸上を歩いて石滬の捕魚部まで達する。

石滬の発展段階からみれば、A1とA2が原初的な形態である。一九世紀以前のある時期、石滬の堤の内側に滬牙《ホーバッ》が構築されるようになり、B1やB2のような形態のものが造られるようになった。石滬はかつて少なくとも七、八戸によって共同で築造された。完成後は毎日一戸ずつ交替で利用した。すなわち各戸が七、八日に一度、漁獲の権利を得たのである。ただし、その後、一、二代を経て子孫が多くなると、各自が月に一度くらいしか利用できなくなった。滬牙が考えだされたのは、各戸がそれぞれの滬牙で分かたれた区画を独占的に利用するためであった。漁業者は滬牙の上から漁獲をおこなった（図7-3）。そこに入っている小魚（キビナゴなど）は各戸の所有となった。ただし、滬牙内以外の漁獲に関する権

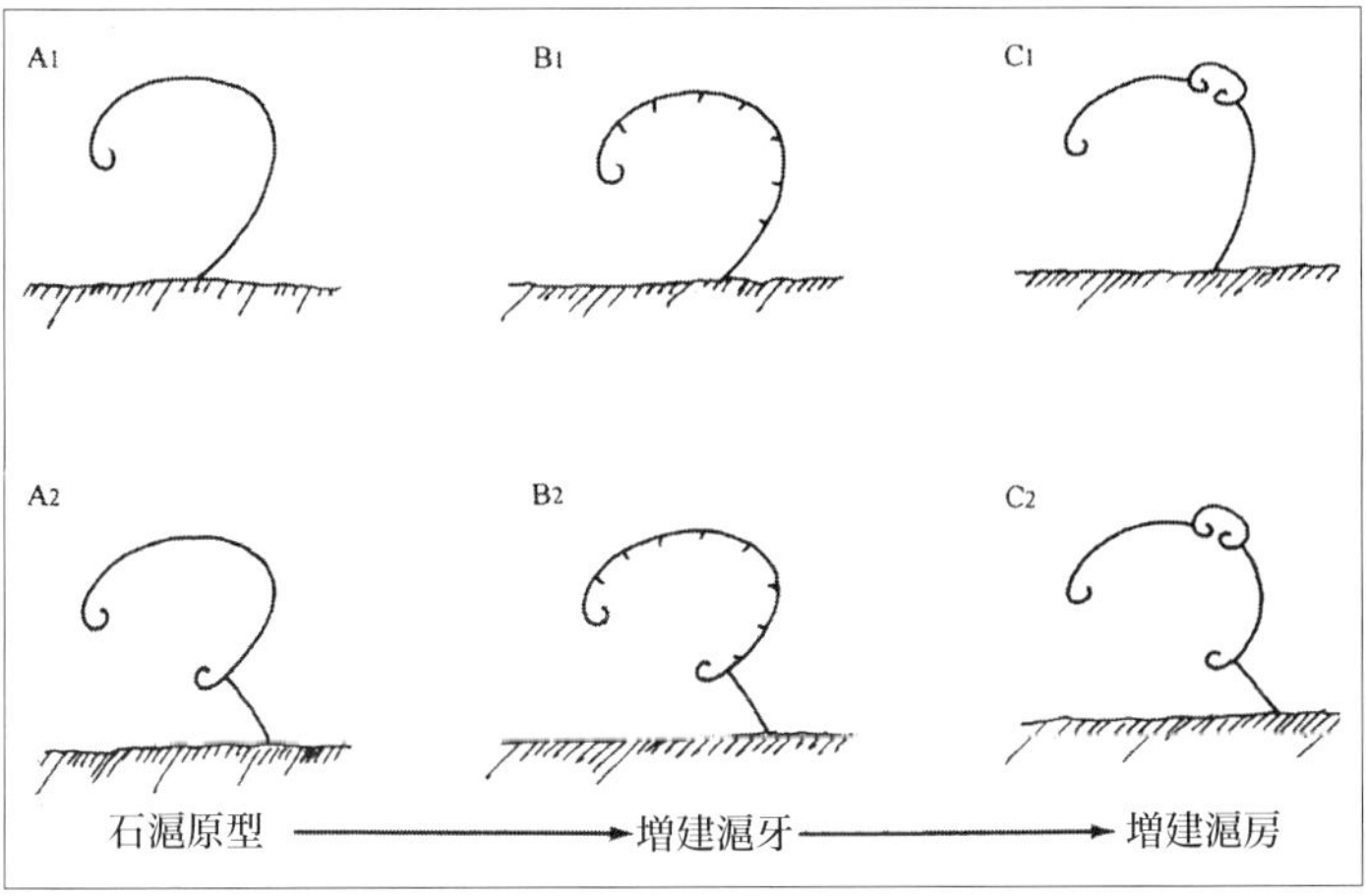

図 7-2　吉貝嶼における石滬の発展系列

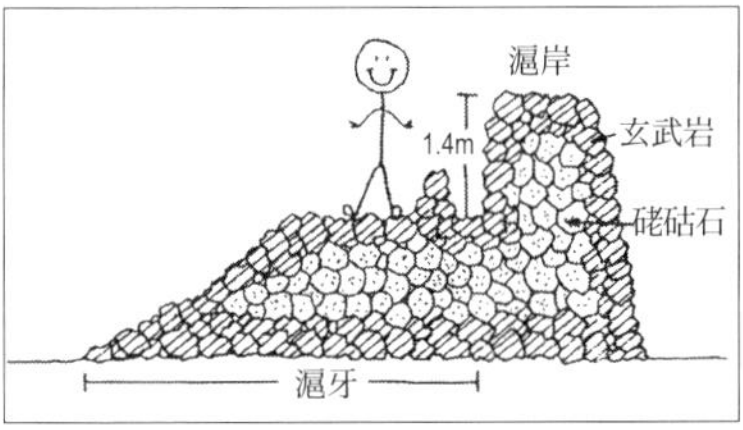

図 7-3　滬牙の断面模式図

利については、所有する家全体の輪番制が保たれた。

　吉貝嶼では二〇世紀になると滬房《ホーパン》を有する石滬が発達した。これは前述したA型あるいはB型を改造したものである。私は吉貝嶼で石滬を管理する代表者が所有している滬簿を見たことがあるが、それから知ることができたいくつかの石滬についてその滬房の築造年を示すと、印仔脚滬の滬房は一九三五年、船仔頭滬一九三七年、外滬一九四〇年、白沙仔滬は一九四五年であった。柯進東氏（一九九五年当時四七歳）によると、白沙仔滬は吉貝嶼のなかにある石滬のうちもっとも新しく滬房をつけたものであるという。C型の築造場所は小潮の退潮時でも水深が常に人の腰より上まであるので、漁獲は簡単ではなかった。そこで半円形の滬堤の真中あたりに滬房あるいは滬目とよばれる部分を付け加えたのである。魚は回遊し、石滬内に入った後さらに滬房へと陥れられる。滬房内は面積が比較的せまいので、漁業活動が容易であった。C型が水深の深い所に築造されるのに対して、A型、B型の内部は退潮時には水深が浅くなるか、完全に干上がった。吉貝嶼ではA、B両型は浅滬、C型は深滬とよばれた。顔による一九九二年の調査によれば、吉貝嶼にある三種類の石滬の数は、A型が三五基、B型が三基、C型が四〇基であった。

石滬の築造における責任の分担

すでに述べたように、吉貝嶼の石滬は原初的な形態を維持しているものと、改善を施されてきたものがある。原初的形態の石滬が築造されたのは数百年前であろうが、調べることができる記録は残っていない。しかし一九三〇年代に滬房が付設された一部の石滬については当時の滬簿をつぶさに見ることによって、石滬の築造過程を知ることができる。滬簿とは、石滬の利用や築造の過程などを記録した日誌のことである。吉貝嶼でもっとも有名な船仔頭滬（写真7-1）の改修の状況を説明しよう。

船仔頭滬はもともと滬牙をもつ石滬であり、その所有権は一四に分割されていた。一九三七年には荘石臨氏が代表者として改修工事を提起した。所有権者が共同で石を切り出すが、代表者はそれらを運搬するために用いる小型船（舢舨＝サンパン）の購入費の三分の一を出資し、斧などの工具も提供しなけ

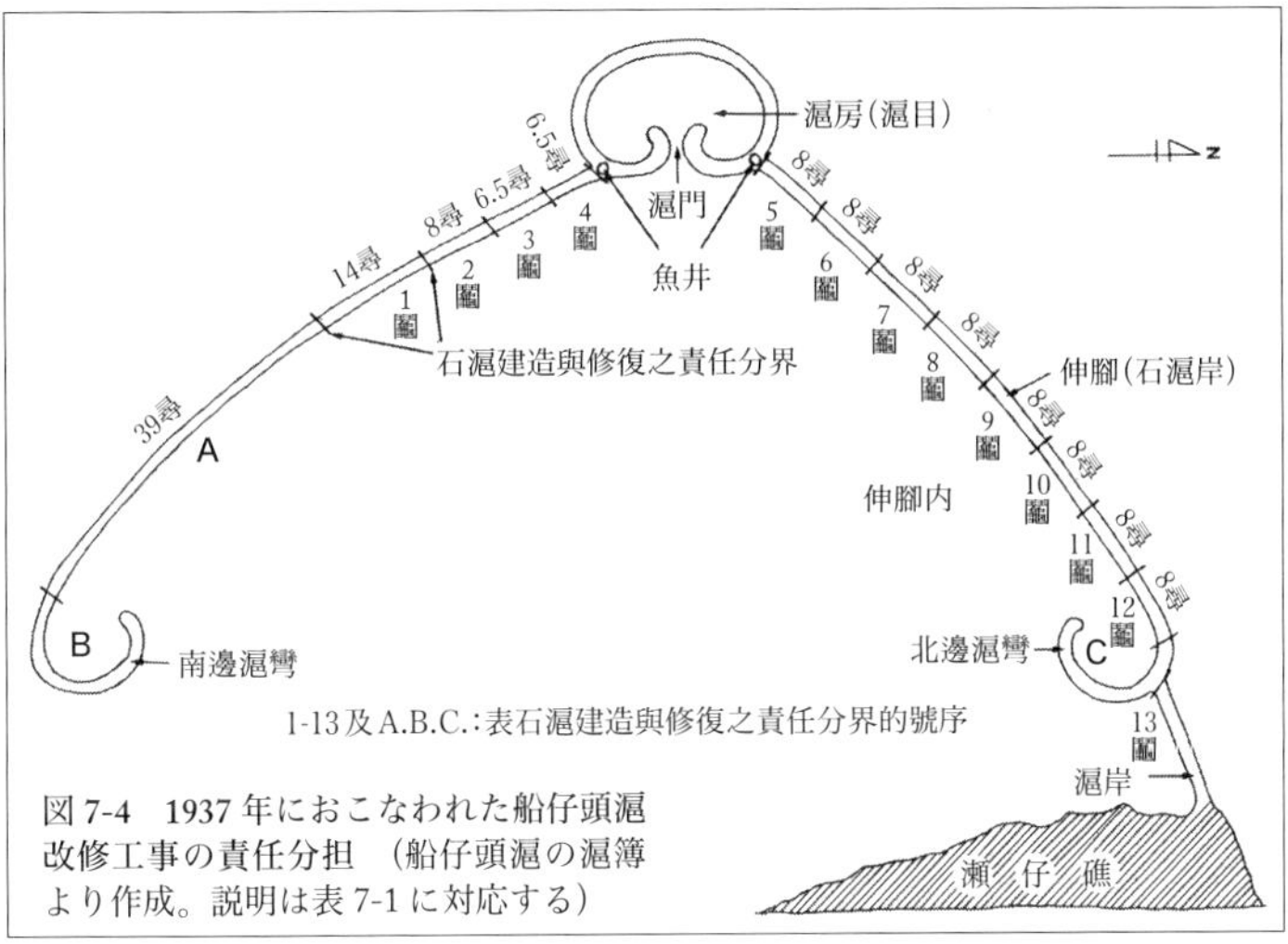

図 7-4 1937 年におこなわれた船仔頭滬改修工事の責任分担 (船仔頭滬の滬簿より作成。説明は表 7-1 に対応する)

表 7-1 1937 年におこなわれた船仔頭滬改修工事の責任分担状況

分界号序	石滬之部位名称	築滬長度	負責築港之人名
-	滬房及魚井	約 56 尋	13 份的人員全体出工
1	商辺伸脚	14 尋	荘清化
2	〃	8 尋	陳柴彬
3	〃	6.5 尋	荘石臨 (石滬的代表人)
4	〃	6.5 尋	柯水鏡, 柯水能
5	北辺伸脚	8 尋	楊文普, 謝扶厳
6	〃	8 尋	楊順虎, 楊其栄
7	〃	8 尋	謝対
8	〃	8 尋	張水騰, 張水盛
9	〃	8 尋	陳川, 陳成, 謝文柱, 荘温補
10	〃	8 尋	陳川, 荘雲諒, 曾温禎
11	〃	8 尋	荘雲諒, 曾温禎
12	〃	8 尋	楊定, 曾温禎
13	連接瀬仔礁的滬岸		黄双朝, 許石撰
A	商辺伸脚之尾段	39 尋	荘清化, 荘雲諒, 謝対, 楊其栄, 楊而仝, 荘石臨, 楊文普, 陳柴彬, 陳成, 曾温禎, 柯水能, 陳河海, 許石撰等 13 人毎人築滬 3 尋
B	南辺滬彎		楊文普, 楊進罷, 楊清課, 謝文柱
C	北辺滬彎		陳河海, 楊清課, 楊文楚, 楊進罷, 謝文柱

現在の石滬代表者陳定来氏 (荘石臨氏の娘婿) の提供による滬簿より作成。
注 : 滬簿には, 「尋」という文字が「擔」と誤って記載されていた。なお, 吉貝嶼では, 1 尋は約 1.65m である。

写真 7-1　船仔頭滬
吉貝嶼の船仔頭滬は規模が非常に大きい石滬である。立地条件がよいので，船で近づくことができる。

ればならない。そのかわり、一四分の一の権利が代表者に別に与えられる。労働力は、代表者を含む権利者一三名それぞれが一三分の一ずつ提供する。石滬が完成した後には、代表者は、石滬の漁獲の権利と修理の義務を全体の一四分の二有することになる。

石滬を築造する時、代表者は築造しようとする場所の地勢、水流をまず観察する。このとき竹ざおに布をつけたものを海中にさし、水流の方向を見た後、石滬の形状と向きを決定する。同様の方法で、滬房、滬岸（伸脚）の形状も決定する。その後、全所有権者が共同で滬房を築いた。船仔頭滬にはもともと滬牙があったので、改修時、滬牙に使用されていた石材を取り除き、これらを滬房の築造に用いた（図7-4および表7-1参照）。滬房の築造作業は、一九三七年陰暦四月二日に開始した。作業状況は表7-2に示したとおりである。一三人が陰暦四、五月に四五日間集中的に作業をおこない、二カ月間に少なくとものべ五八五人の労働力を投入している。この二カ月は、東北の季節風がすでに終わるとともに、台風の時期にもまだ至っておらず、潮間帯での労働が比較的容易な時期である。日程表をみると、作業に出た日と毎月の潮の周期には関係がない。一日と一五日の新月および満月

表 7-2　1937 年におこなわれた船仔頭滬の滬房増設工事の作業状況

陰暦月別	出工日	休工日
4 月	初 2 ～ 19 日，26 ～ 30 日	20 ～ 25 日
5 月	初 1 ～初 4 日，初 6 ～初 8 日，13 ～ 22 日，24 ～ 25 日，27 ～ 29 日	初 5，初 9 ～ 10 日，23 日，26 日
6 月	初 1 ～初 4 日	其余皆休工
7 月	29 日	〃
8 月		全月休工
9 月	初 3 ～初 9 日，14 日	其余皆休工
10 月		全月休工
11 月	19 日	其余皆休工

船仔頭滬の滬簿により作成

前後は潮差がもっとも大きく、干潮時には石滬の水位が膝くらいまでとなる。一方、上・下弦の月の時には、干潮時でも水位は腰から胸のあたりの高さまでしか引かない。

石材に用いる玄武岩は一個六〇キログラムにも達するので、運搬に際しては適度の水深が必要である。海水の浮力を利用しなければ石塊の運搬は難しい。潮汐の条件と施工が合わない時には、高潮線より上で石を切り出す作業などをした。

滬房の築造には各持分を有する権利者全員が労働力を提供することになっていた。作業をする者は、高齢や病弱であったり、女性や幼少者であってはならなかった。また作業を休んだ場合には必ず罰金を科された。代表者はその金で完成後に酒席をもち、仲間を慰労した。罰金の額は年代によって異なるが、船仔頭滬の滬房修理の際には一日の欠席が一九五四年には四〇元、一九九五年には一二〇〇元（実質労働時間は三時間）であった。このほか一九三七年の石滬再建について記した滬簿には、みずからの利用順でない者が石滬内で魚をとらえたり、ひそかに漁網を用いて魚を独占した場合には罰金二八円を科すという一項があった。このように以前から漁業権の侵犯が許されなかったことがわかる。

瀉房の築造期間中、石瀉の代表者にはもうひとつの義務があった。代表者は毎月一日、一五日に、石瀉が造られている場所に近い海岸で「石瀉公」とよばれる神に食事を供え、築造に加わる人びとの安全を祈願しなければならなかった。祈禱がすむと、その場所で供え物を全員で食べた。当時、石瀉公への供え物は、パイナップルの缶詰の空き缶にして一三缶分の白米と、同じく一三缶分の細長く切って干したさつまいもを合わせて炊いたもの、一個六キログラム以上の大きなかぼちゃで作ったスープであった。これだけ準備して初めて一三人がそれぞれ六杯分ずつ食べられるだけの量になった。このような食事は、当時の吉貝嶼においてはきわめて高級であった。

瀉房の工事が終了した後、両側の瀉岸（伸脚）を築造した。瀉岸には各部分の地勢に多少の差（すなわち水深が浅いか、深いか）があったので、これを勘案して一人あたりの持分（責任を分担する長さ）が決められた。どの持分を築造するかは、抽選によって決定された。前掲の図7-4と表7-1に示された責任分界1から13は一九三七年に抽選で決められたものである。私が示したA、B、Cの部分は以上の責任分担に含めず、工事の後半に再び配分を決定して完成にいたっている。

石瀉の構造と大きさ

石瀉の築造に使用する材料は、玄武岩およびこの地域において硓𥑮石とよばれるサンゴ石灰岩である。

これらの石は各地に一定に分布しているわけではない。玄武岩が容易に採取できる地点は、島の周辺にあって、高潮線より上位の高さのところである（写真7-2）。玄武岩がとれる場所と石滬を築造する場所は往々にして相当離れている。玄武岩は火成岩の一種であり、硬くて重量があるため、運搬が容易ではない。他方、サンゴ石灰岩は石滬が分布する場所とおなじ礁棚にあるので、玄武岩に比べて容易に入手できる。しかも玄武岩より軽くて運搬に適している。したがって石滬築造の材料を硓砧石とすると、労働力を大いに節約できる。

図7-3および図7-5にあるように、玄武岩は滬岸の基底部分と表層の部分に用いられ、滬岸の内部にはサンゴ石灰岩が詰められた。サンゴ石灰岩を用いることには、軽さ以外にも優れた点がある。サンゴ石灰岩からは石灰質がとけ出し、その物質が玄武岩とサンゴ石灰岩とを密着させる。こうなると、滬岸はさらに堅固になる。このほかサンゴ石灰岩が多孔質であるため海水が石滬の外へ排出するときにも有利である。船仔頭滬を例に石滬の形態を説明すると、滬岸の基底部分の幅は二・一メートル、上面部分の幅は〇・九〜一・二メートルである。上面は、石滬内で漁獲する際、人がこの上を歩きやすいように平坦にしなければならない（写真7-3）。滬岸の高さは構築した場所の海底の深さによってさまざまである。ただし、滬房は例外なく比較的深い所にある。

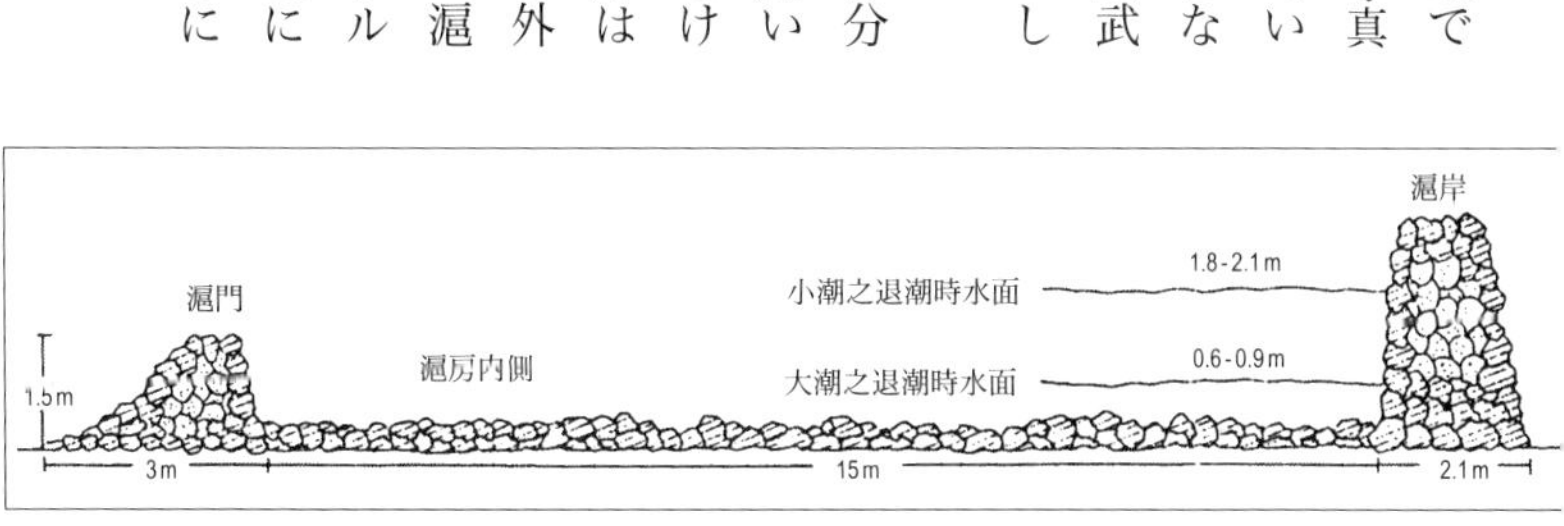

図 7-5　滬房の断面模式図（滬簿の記載および柯其便氏からの聞き取りにより作成）

滬房内の滬岸は高さ三メートルに達するが、両側の伸脚部分では滬岸の高さは三メートル以下である。石滬内で漁獲がおこなわれるのは、退潮時である。滬房内は完全に潮が干上がることはなく、滬房内の水深は、大潮の干潮時には〇・六～〇・九メートル、小潮の干潮時には一・八～二・一メートルに達する。したがって、小潮時に滬房内で作業するためには漁業者は泳がなければならない（写真7-4）。前掲図7-4のように、滬房は楕円形を呈し、入口の部分にあたる滬門は滬房内側より必ず高く（図7-5）、いったん滬房にはいった魚群が出にくいような工夫がなされている。滬房とその両側の伸脚が接すると

写真 7-2　玄武岩の柱状節理　澎湖列島では沿岸に玄武岩が多く存在し，石滬の築造に適していた。露頭に柱状節理が見られる。

写真 7-3　滬牙の上に立って，漁業活動について説明する吉貝嶼の漁業者

写真 7-4　石滬で使用される網漁具　干潮時，水位が高いときには，2 人が共同で滬房内に潜り，このような網を用いて魚を囲い込む。

ころにはそれぞれ直径約一・二メートルの魚井が設けられている。漁業者はとった魚をしばらくの間、この中へ入れておくのである。

船仔頭滬の場合、図7-4に示した両方の滬湾間の距離は約二〇〇メートルである。吉貝嶼の石滬の中では中位の規模である。なお、吉貝嶼で最大規模の石滬は凹滬であり、二つの滬湾間の長さは三五〇～四〇〇メートルに達する。

石滬の漁業活動

各石滬の漁獲状況は、それぞれが築造された位置と自然条件の差異によって、一様ではない。かつて地元の者によって甲という最高の評価をされた石滬は、船仔頭、瀬仔滬、凹滬、外滬、粗石の五基、それに続く乙評価の石滬は、白沙仔、外坪仔、内滬、高勢仔尾、低勢仔尾、西湾、西崁瀬、礁仔尾、笨尾門などであった。その他の石滬の漁獲はこれらより劣った。吉貝嶼では、昔から船仔頭滬の持分を所有する人は嫁取りに困らないといわれてきた。このことからも石滬の漁獲量には差が大きかったことがわかるのである。

石滬漁業には年周期的変化と月周期的変化があり、一年のうちで漁獲状況がもっとも良いのは東北の季節風が強い冬季（一〇月から三月まで）である。月間では大潮時が小潮時に比べて好漁である。ただし、冬季では風波が大きければ、たとえ小潮時期であったとしても、漁獲量が比較的多い。漁業者が認知するところによれば、強い風波が魚群を北から南へ追い込み、石滬へ落とし込めるという。石滬漁業にはこのように年周期的な変化があるので、代表者は毎年、陰暦の八月以前に持分のある所有権者を集めてくじ引きをおこなう。これによって次の八月一日からのローテーション（巡滬順序）を決定する。代表者は、抽選を終えた後、順序を登記する。順序について漁業者間で紛糾した時に調停のよりどころとするためである。所有権者はくじ引きをすれば、向こう一年間みずからに巡ってくる漁獲日が大潮にあたるかあるいは小潮にあたるかが明らかとなり、漁獲のおおよその状況を予測できる。

漁期の初めにあたり、毎年陰暦一〇月一〇日、石滬の所有権者はみな供物を用意し石滬公を拝みに海辺へ行く。拝む際には、各自、その年はどの石滬の何番のくじに当たったかを伝え、豊漁をもたらしてくれるように祈るのである。

石滬は一種の陥穽漁法である。したがって、漁獲が多いか少ないかは運によるとも説明できる。幸運ならば大漁となる。大漁にめぐりあえば、それは忘れがたいこととなる。楊順虎氏（一九九五年当時七五歳）が語る輝かしい歴史を例としてあげよう。一九四五年、楊氏の家がアメリカ軍によって爆破され、翌年一〇月初め家屋を再建しようとしていたところ、大きな風と波が起こり、大工たちが吉貝嶼に渡ってくることができなくなった。楊氏が嘆いていた時、一〇月七日の順番がまわってきた。朝七時に潮が引いた時、彼は一〇〇〇尾近いニベを手にすることとなった。それは一尾四・五キログラムから六キログラム以上のもので、合計六トン以上あった。それを売った金で、彼は新居を建て、さらに大量の米を蓄えることができた。このような話はにわかには信じがたいものではあるが、多くの漁業者たちがみな何年の何月何日何時に、どれだけのニベをとらえ、いくらで売れたなどといった事柄をはっきりと思い出せるのである。

三　馬公市五徳里の石滬

五徳集落の概況

五徳は清朝期から日本統治時代まで雞母塢とよばれた。この名称は、集落の西北側にある雞母塢山（標高三九メートル）にちなんでいる。山頂がくぼんでおり、この形状が母鳥が卵を抱く形に似ていることから、その名がつけられたといわれている。一九四六年、「雞には五徳あり」という言葉に基づいて五徳と改称し、馬公市で人口が最少の里になった。

五徳は澎南地区の蒔裡半島北岸に位置し、内海（馬公内港）を隔てて石泉および前寮の二集落と向かいあう。かつて陸上交通が発達していなかった時代、山水や蒔裡方面と馬公間の海上交通による貨客運輸の渡航地点であった。一九一七年当時、雞母塢は一二隻の舢舨《サンパン》を有していた。うち一隻は漁船であったが、残り一一隻は馬公との間をむすぶ運搬船であった。内海沿岸に位置する五徳は、元来漁業が発達していなかったことがわかる。この小さな集落はわずかな農業生産に頼るばかりで、多くの人口をとどめることはできなかった。一九三〇年には戸数八七、人口四二七人であったものが、一九九二年には戸籍上では五五戸、二一五人となっている。実際に村にとどまっているものはさらに少ない。村から移転した人の多くが高雄市五福四路沙仔地区一帯に居住している。彼らは五徳の廟から香火を分けて移転先に廟（威霊宮）を建てている。現在では、冬は高雄の家族のもとで生活し、夏には五徳に戻って家を守る高齢者も少なくない。

石滬の分布と形態

一九一七（大正六）年の澎湖列島漁村調査の記載によると、当時、雞母塢には七基の石滬があった（古閑 一九一七e）。しかし、一九三〇（昭和五）年の『水産基本調査』には四基しか記載されていない。これら二つの年代の異なる記載から、本地域における石滬の漁獲量は早くから微少であったことが推察される。一九九五年三月一六日（陰暦一二月一六日）に私は実際に石滬を観察するために現場を訪れ、欧陽顧氏（当時七五歳）および呉永喜氏の二人に聞き取り調査をおこなった。これによると、この集落にはかつて九基の石滬があったという。石滬は雞母塢山の北側にあたる内海沿岸と海岸から一〇〇メートルあまり離れた磗仔とよばれる小岩礁の両側に分布していた。九基の名称は、それぞれ、角帯、小見、磗仔東、磗仔西、跤滬、大城滬、小滬、後壁滬、大崙滬である（図7-6）。角帯から跤滬までの五基は村廟である威霊宮の財産で、これらは現在でも完全な形状を保っている。残りの四基は村民が私有していた。ただし、これらはすでに崩壊しており、利用はもはや不可能であった。

五徳の内海は遠浅で、海底の傾斜がきわめて緩やかであることから、石滬の形状は岸側に向かって開口した半円形を呈している。滬岸の最も高い部分は半円の中間で、高さは約一・二メートルである。滬岸の基底部の幅は約一・五メートル、頂部の幅は狭く、〇・五メートルである。このように滬岸が低く、滬房のない石滬は浅滬仔あるいは浅坪滬とよばれる。笨箕滬と称されることもある。

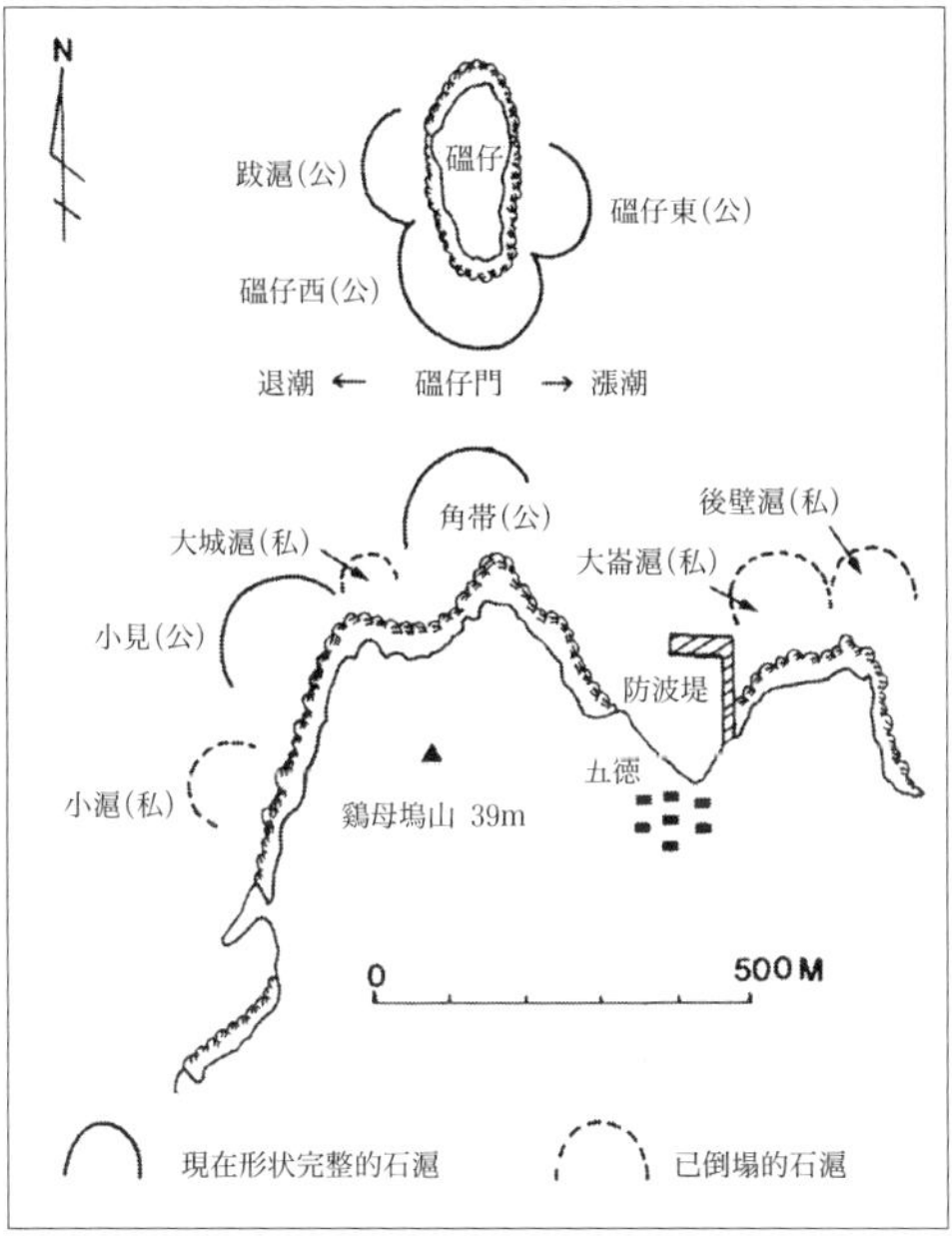

図7-6　馬公市五徳里における石滬の位置

石滬による漁獲と村廟との関係

雞母塢の伝統的な慣行として、村内の二〇歳から五〇歳までの男性で丁銭を納めた者は、姓名が丁簿に記載される。毎年、この丁簿に入った順序に従って、廟の当番をつとめる頭家が二〇名選ばれる。頭家は廟の香油銭として二〇〇〇元を醸出しなければならない。彼らはさらに五組に分けられ、五体の神の生誕日に各組で供物を用意し、神の誕生を祝う。廟に祀られている神とその生誕日は以下のとおりである。

主　神　保生大帝（陰暦三月一五日）
配祀神　真武大帝（〃　三月三日）
　　　　哪吒太子（〃　四月四日）
　　　　文衡聖帝（〃　六月二四日）
　　　　温府王爺（〃　七月二六日）

毎年、三月三日午前中に真武大帝の生誕の祭祀がおこなわれた後、午後に二〇名の頭家が公廟に集合し、今度は各組五名ずつの四組に分けるくじ引きがおこなわれる。これによって五基の石滬の一年間にわたる漁獲権（巡滬権）および維持管理の責任をどの組が負うのかが決定される。各石滬のくじの番号は以下のとおりである。

一番　小見滬
二番　角帯滬
三番　磘仔西滬
四番　磘仔東滬および跛滬（この二基は面積が他に比べて小さいため、二基あわせて一くじ分とされる）

一番くじを引くと、小見滬の維持管理を一年間おこなう。以下同様に、二番くじは角帯滬、三番くじは磘仔西滬、四番くじは磘仔東滬および跛滬となる。ただし、漁獲権については四日に一度の輪番制をとっている。たとえば、今日、五名の頭家に漁をおこなう順番（巡滬）が回ってきたとするならば、廟の財産である五基の巡滬権はすべてその五名に帰し、五名はともに五基の石滬を回る。捕獲した魚はすべて彼らのものとなる。翌日、巡滬権は次のくじ順の五名に移り、翌々日の巡滬では次の組が漁獲する。このようにして四日で一巡するのである。

すでに述べたように、五徳の石滬における漁獲と廟の祭祀との間には、一種の権利義務関係が成立している。内海に築造されたこれらの石滬の漁獲量は、もともときわめて少なかった。加えて村外への人口流出が激しく、現在、村内に住む人のほとんどが高齢者と少数の公務員であり、毎年、頭家を二〇名選出できないこともしばしばである。そこで一九九三年になってようやく頭家の人数を一五名に減らして、三名で一体の神の生誕祭をおこなうこととし、また、祭祀の供物に必要な資金も公司（廟の公金）からの支出に改められ、頭家が負担する必要がなくなった。

ところで、五徳の住民による石滬利用にはもうひとつの決まりがある。角帯滬と磘仔樵との間の水道（図7-6）、すなわち磘仔門において、潮が完全に引いていない時には頭家、あるいは私有の石滬であれば所有者すなわち滬主が来て魚をとる可能性があり、他人が石滬に入って魚をとることはできない。しかし磘仔門の潮が完全に引いた後も彼らが来ない時には、彼らが漁獲する権利を放棄したとみなされる。この時には石滬に誰が来て魚をとってもよい。村民の経験によれば、磘仔門の潮が完全に引くか、

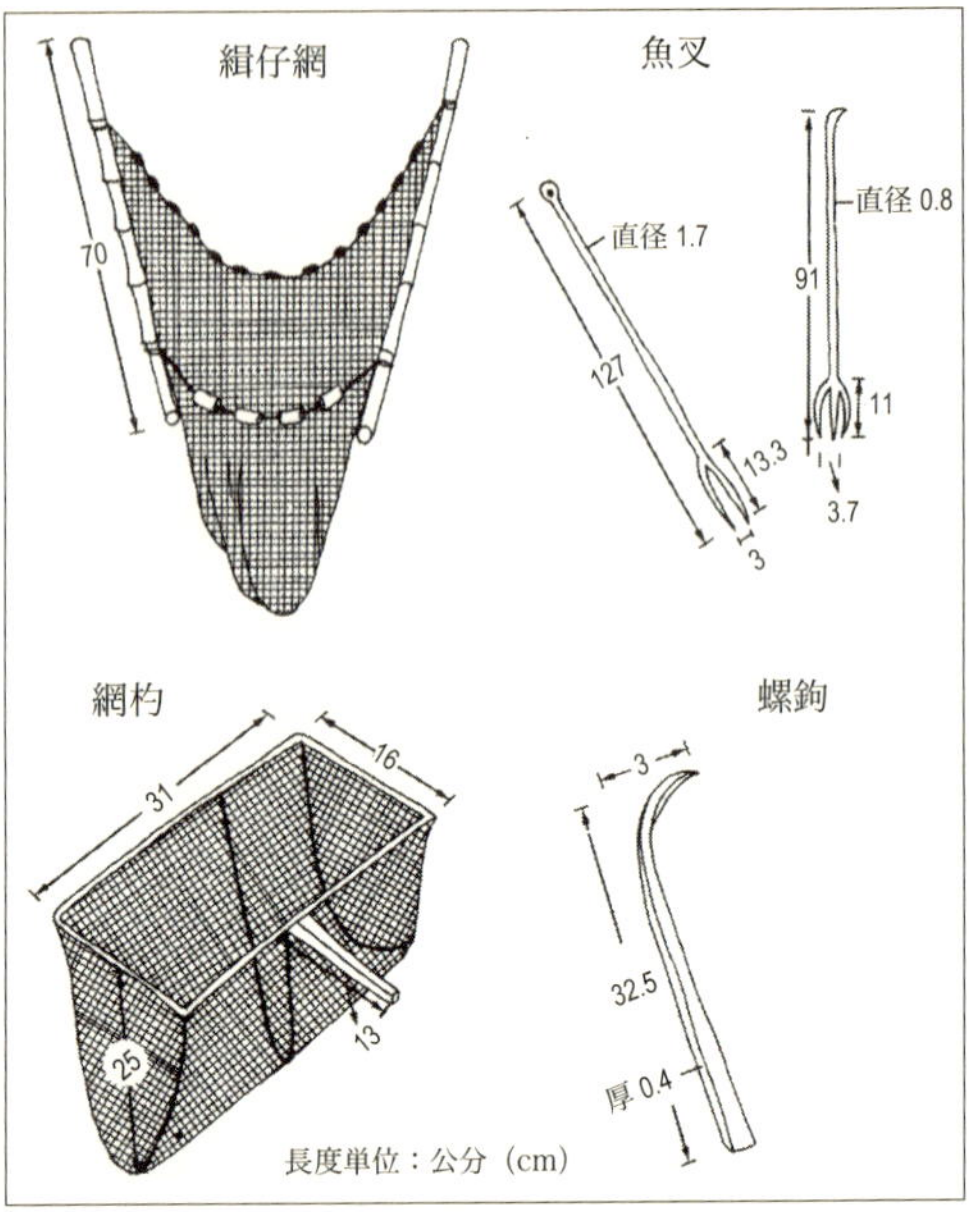

図 7-7　五徳里の石滬漁業において使用される補助漁具

引かないかは、季節的変化と大潮、小潮の月周期的変化によって自然の一定のリズムがあるという。すなわち冬季の午後の小潮時と、夏季の午前の小潮時にはいずれも潮が完全に引くことがなく、石滬内には海水がたまった状態となる。この状況では単独での漁獲が困難であるため、頭家や滬主はいつも同行者を伴って捕獲をおこなった。同行者がブリ（徳午、紅甘鰺）などのような六〇〇グラム以上の大型魚を漁獲した場合には、これを頭家や滬主に渡した。アイゴ（象魚、臭都魚）、キビナゴ（丁香）、カタクチイワシ（鰮仔）などの小型魚がとれた場合には、同行者個人のものとなった。

浅坪滬では図7-7のような簡単な補助漁具が使用される。潮が完全に引いている時には、螺鉤《レイカオ》を用いるか、手づかみで漁獲する。螺鉤は鉄を打って作る。鉤型の一端は石の間にかくれている魚を引き出す場合に、また反対側の扁平な部分は、石に付着したトコブシのような貝類をこそぎとる場合に用いる。潮が完全に引かない時には、縎仔《イペ》という小型のサデ網やタモ網で各種の魚をすくい、あるいは大小さまざまな鉄製のヤスを用いて漁獲する。

石滬の利用形態には、以前と比べても大きな変化はない。ただし、資源が枯渇してきているため、最近では順番にあたっている各組の頭家のうち一、二名が石滬にやって来るにすぎない。頭家は廟の香油銭として現在でも年二〇〇元を醵出しているが、これは数十年来増額されていない。石滬の収益はすでに廟の管理費用としては不足しているため、廟の基本的な祭祀活動は募金によって維持されている。

四　西嶼郷赤馬村の石滬

赤馬集落の概況

西嶼にある赤馬は、以前は緝馬湾とよばれた。半農半漁村で一九三〇年の戸数は一九〇戸、人口は九七九人であった。一九九二年には二三九戸、八九八人となっている。六〇年を経過して、戸数は増加しているが、人口は減少している。集落は南北に細長い西嶼を横切る形で東岸から西岸に立地している。住民は外海側を西港、内海側を東港とよんでいる。集落は地縁・血縁的社会関係によって自然発生的な四つの甲頭という民俗区を構成している。西から東に向かって甲頭の配置を示すと、下寮甲、頂寮甲、東窩仔甲、菓葉仔甲である。

下寮甲の住民は、顔、趙、鄭の各姓が多い。頂寮甲は楊姓が多く、ついで李姓が多い。東嵵仔甲では洪と彭の両姓が多く、楊姓がこれらに続く。菓葉仔甲では蔡姓が主で、数戸の丁姓が住む。

西港は台湾海峡に面し、砂浜海岸からなる。日本統治時代には顔姓の住民四四人が地曳網漁業団を組織していた。海岸の浅所には滬房のない石滬（当地では笨箕滬と称する）が築造されていた。ただし、これらはすべて崩壊し、現在は見られない。東港は澎湖内海に面し、海を隔てて馬公市と相対する。海岸には岬（海鼠崎頂）と海湾が交錯し、岬は岩石性、湾部は砂浜の海岸地形となっている。日本統治時代、ここにまだ埠頭がなかった時、住民（菓葉仔甲を中心とする）はこの砂浜海岸を利用して、夏季には馬公との間で帆船を用いた運搬業を営んだ。しかし冬季になると風波が比較的大きくなることから、住民は北辺の大菓葉（船澳）を利用して発動機船で馬公との間を往来した。かつて下寮甲の住民は漁業、菓葉仔甲の住民は渡船業と釣漁によって生計をたてていた。両集落の中間に位置する頂寮甲と東嵵仔甲の住民は農業と釣漁によって生活していた。このほか、両甲の楊姓六家族は内海側の沿岸を共同で利用し、四基の石滬を築造した。なぜ楊家にのみ石滬があって、他の家にはないのであろうか。これは興味深い問題である。

花嫁道具としての石滬——牛心湾内滬

赤馬でもっとも古い石滬は、牛心山の近くにある牛心湾内滬である。口承によれば、この石滬は内薛

表 7-3　赤馬村牛心湾内滬における楊氏宗族の利用（巡滬）順：1995 年

月份		一月		二月		三月		四月		五月		六月		七月		八月		閏八月		九月		一〇月		一一月		一二月	
期間		上半月	下半月	上半月	下半月	上半月	下半月	上半月	下半月	上半月	下半月	上半月	下半月	上半月	下半月	上半月	下半月	上半月	下半月	上半月	下半月	上半月	下半月	上半月	下半月	上半月	下半月
巡滬人	単日	公	公	公	公	公	易	公	公	化	公	公	易	公	公	化	公	公	易	公	公	化	公	公	易	公	公
	双日	腰	錦	求	炭	腰	錦	求	炭	腰	錦	求	炭	腰	錦	求	炭	腰	錦	求	炭	腰	錦	求	炭	腰	錦

注：表中，上半月とは陰暦 1 日の正午から 15 日の正午まで，下半月とは陰暦 15 日の正午から翌月 1 日の正午までを指す。
本表の読み方を 1 月の利用順によって示すと，上半月の奇数日は公，偶数日は腰に巡ってくる。下半月は奇数日が公，偶数日が錦の巡滬日にあたる。なお，公，腰，錦はいずれも個人名の最後の 1 文字である。
赤馬村楊氏の提供資料による。

の垵家（他説では王家）の娘が楊家に嫁いだ際の嫁入り道具であった。それがいつのことであるのか書かれたものはなく、高齢者たちもその年代を知らない。聞き取りによると、当時、頂寮に住んでいた楊家は、主として農耕をなりわいとしていた。そこで内薛の垵家は、嫁が緝馬湾の楊家に嫁いだ後も魚が食べられるようにと牛心湾内滬を嫁入り道具として持たせてやったのだという。

当時の楊家とは現在のどの一族なのか、赤馬に住む楊氏の子孫たちもこれについては知らない。楊東易、楊秦化両氏は高齢ではあるが、牛心湾内滬がもともと滬房のない弧形のいわゆる竿箕滬であったこと、いつの時代かわからないが漁獲をさらに良くするために図7-8に示したように滬房を付け加えたことは覚えているという。

石滬が嫁入り道具であったことについて記録されたものはいまだ発見されてはいないものの、現在の赤馬と内垵両村の高齢者層は皆このことを信じており、少なくとも一五〇年以上の歴史があるとしている。私が一九九五年に赤馬を訪れた時には、楊氏の宗族が昔ながらの牛心湾内滬を利用する順序に従って作った表（表7-3）を見ることができた。そこには、同じ世代の者同士が互いに他者をよび合う一文字の名前が記載されていた。それらをみると、石滬は七人で共有されており、利用権のもっとも多い者は「公」で一年に四カ月間、次に「求」、「腰」、「錦」、「炭」の四名が各一カ月半、「化」と「易」が一カ月間利用できた。

表中の利用者の中には、台湾本島へ転出した親戚の委託を受けて漁獲をおこなっている者もいる。たとえば、もともと大きな権利を有した者は楊長氏で、台湾本島へ行ったその子孫たちは石滬での漁獲を親戚に委託している。近年、漁獲量はほとんどないが、かつては大漁にめぐりあった場合、台湾本島在住の所有権者に魚か金銭を送らなければならなかった。表中には、在住者の名前と、すでに他界した人の名前があり、前者の場合も年齢はすでに六〇歳以上になっている。したがってそれぞれの名のもとには、利用する者が一名しかいないとは限らない。実際には現在も村に残っている数名の子孫が輪番で漁獲をおこなっており、このような状況においては、各人に漁獲の順番がまわってくるのは一年のうち一カ月にも満たないであろう。

牛心湾内滬の利用規定では、潮汐の半月ごとの周期によって一カ月を上半期と下半期に分けている。権利者は一日と一五日の正午をもって交替する。半月の間、奇数日と偶数日にそれぞれ表中の二名の権利者が漁獲をおこない、毎日正午をもって交替する、たとえば奇数日に漁獲の順番がまわってきた者は、奇数日の正午から翌日の偶数日の正午までがその権利の範囲である。いいかえれば、奇数日であれ偶数日であれ、まず暗流（夜の干潮）に漁獲し、次に翌日の早流（朝の干潮）に漁獲する。二四時間内に生じる二度の退潮が漁獲の時である。

楊氏の宗族によって築造された石滬

現在、赤馬の石滬のうち確認できるものは四基ある（図7-8）。すなわち牛心湾内滬、牛心湾外滬、海鼠仔滬、鱠仔鼻頭滬である。牛心湾内滬は、前述したように、かつて嫁入り道具として漁獲権が楊家に与えられたものである。他の三基は楊氏の宗族の協力によって新たに築造されたものである。鱠仔鼻頭岬（あるいは海鼠崎頭）北側にある海鼠仔滬は、一九二六年に築造されたもので、楊秦化氏によれば、当初六戸が資金を提供し作業員を雇って完成させたという。石滬を利用する権利は一一・五に分けられ、各戸の権利は〇・五、一、二・五、三などと同じではなかった。利用権の多寡は、築造当初に各戸が醵出した資金と労力の多寡によって決定された。ただし、一九九五年、海鼠仔滬の利用者には、台湾にいる親戚に漁獲を委託された利用者も含まれているため、表7-4の中の利用者は六名より多かった。これを見ると、「化」と書かれた者（すなわち楊秦化氏）の権利が最大で、一年のうち四カ月の漁業権を有している。次いで「義」、「貴」の両名がそれぞれ二カ月半の権利を有する。海鼠仔滬の利用権の期間は牛心湾内滬同様、潮汐の周期に応じており、毎月、朔と望の正午一二時が利用権を交替する時間となっている。この石滬では半月間は一名のみが権利を有し、前述の牛心湾内滬が半月の中で奇数日と偶数日の利用権を別の者に与えた規定とは異なっている。このような違いは二つの石滬が有する歴史の長短に関係していると考えられる。すなわち築造後数十年しか経ていない海鼠仔滬の権利の分化は、一〇〇年以上の歴史がある牛心湾内滬ほど複雑にはなっていない。

海鼠仔滬と牛心湾内滬ではこれまで毎年、過去の伝統に基づいて利用順の表が作成されてきた。ただし近年はその漁獲がわずかで、高齢者が自家用とするか、あるいは漁獲物を販売したとして

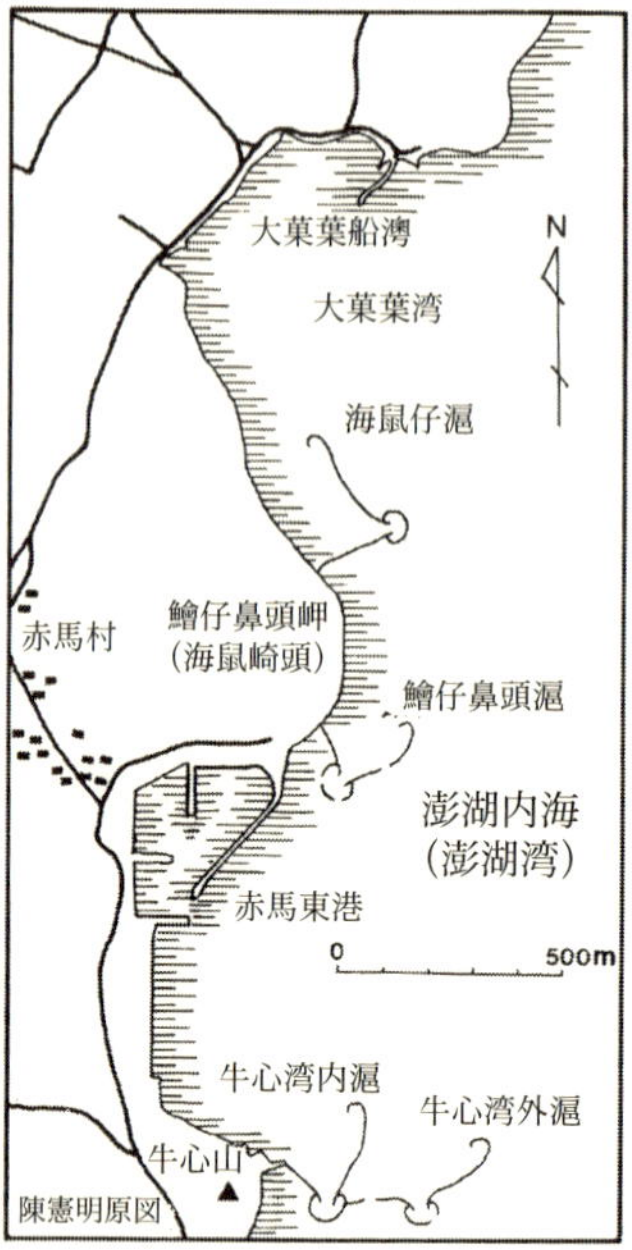

図 7-8　西嶼郷赤馬村における石滬の位置と形態

表 7-4　赤馬村海鼠仔滬における楊氏宗族の利用（巡滬）順：1995 年

月份	一月		二月		三月		四月		五月		六月		七月		八月		閏八月		九月		一〇月		一一月		一二月	
期間	上半月	下半月	上半月	下半月	上半月	下半月	上半月	下半月	上半月	下半月	上半月	下半月	上半月	下半月	上半月	下半月	上半月	下半月	上半月	下半月	上半月	下半月	上半月	下半月	上半月	下半月
巡滬人	義	化	化	求	潘	潘	貴	化	化	家	貴	貴	義	義	化	化	輝	輝	貴	貴	義	義	化	化	求	潘

注：表中，上半月とは陰暦 1 日の正午から 15 日の正午まで，下半月とは陰暦 15 日の正午から翌月 1 日の正午までを指す。
赤馬村楊氏の提供資料による。

も小遣い程度にしかならず家計を維持するようなものではないことから、大部分の権利は放棄されている。楊東易氏と楊秦化氏によると、牛心湾の石滬はかつて一潮で五〇〇〇斤（三〇〇〇キログラム）の漁獲を記録したことがあったという。ただし、数十年来、魚の入滬はごく少量にすぎない。

赤馬村で実際に石滬漁を続けているのは楊東易氏と楊秦化氏の二名のみである。楊東易氏によれば、私が訪問した一九九五年三月一六日の二日前、陰暦二月一四日の大潮の日、海鼠仔滬で一五〇〇斤（九〇〇キログラム）のカツオを漁獲した。これらを一キログラムあたり二〇元で売って合計一八〇〇〇元を得た。近年まれにみる大漁であった。

写真 7-5　赤馬村の海鼠仔滬　滬房（捕魚部）を有する赤馬村の海鼠仔滬は現在でも堅固なかたちで残っている。

海鼠仔滬は赤馬に残る四基の石滬のうちもっとも堅固なものである。形状は七美嶼（澎湖列島最南端の島であり、ここにある石滬の形状は列島一の美しさとして知られる）の双心石滬のごとき美しさである（写真7-5）。図7-8のように石滬の一方の滬手（吉貝嶼でいう伸脚に等しい）は陸地と接している。漁業者はこの滬手（滬堤）の上を歩いて捕魚部である滬房まで行くことができる。石滬を見に行くのは通常一名であり、滬房内に魚が入っていれば、一旦、漁網を取りに家に帰る。もしも魚が多ければ人をよんで協力して囲網を入れる。主要な漁獲物はカツオ

（煙仔魚）である。楊家の認識によると、カツオは暖流にしたがって南方から澎湖湾に入った後、東海岸（馬公方面）を経て北へ進み、大倉嶼を巡った後、折り返し、西嶼の沿岸にそって南下するという。したがって内海側の四基の石滬はいずれも北に向かって開口しており、海岸を回遊するカツオが容易に漁獲されるのである。

漁獲対象魚と石滬の漁期は以下のとおりである。

カツオ――陰暦三～六月が年間でもっとも良い時期である
ハマフエフキ（青嘴、浜龍占）――四～五月、かつては漁獲されたが、現在では少なくなった
ツバメコノシロ（午仔魚）――一〇～一二月
イカ（烏賊、花枝）――一二～三月
雑魚――七～九月。この時期は水温が高く、漁獲量は少ない

牛心湾内滬の沖側には牛心湾外滬がある。これは一九三〇（昭和五）年に築造され、当初は所有権が楊長氏の家と楊秦化氏の父親にあたる楊尚氏の家にあったという。楊長氏の子孫は台湾本島へ挙家離村してしまい、また漁獲が少ないこともあって、村に残る楊家の人々は崩壊した石滬を修復する意志がなかった。現在でも退潮時には美しい形を見ることができるが、漁獲はもはや見込めない。

鱠仔鼻頭滬は鱠仔鼻頭岬の南側にある。現在は赤馬東港に防波堤が築かれたため、その外に位置して

いる。この石滬は一九四五年以降に、楊秦化氏およびその父親（楊尚氏）が築造したという。澎湖ではもっとも新しい石滬である。築造時、石滬の滬手は両方とも南を向いていた。しかし、四、五年使用した後、石滬の外に一本の「沙溝」があり、石滬の開口部に砂がしだいに堆積した。そこであらためて築造しなおし、現在のように北に開口した滬房をもつことになった。楊氏によれば、二回目の築造工事の際、人を雇い、沿岸にある玄武岩を切り出し、これを船にのせて運んだ。石滬を造るための総費用は祝儀も含めると当時の金額で一・八キログラムの黄金の価格に相当したという。一九六七年に赤馬東港の構築後、漁獲量はさらに少なくなり、滬主は管理を放棄した（写真7-6）。

写真 7-6　赤馬村の鱠仔鼻頭滬　滬堤が数カ所崩れているため，現在では使用できない。

この石滬は防波堤のそばにあることから、もっとも近づきやすい。したがって、修復し、管理がゆきとどけば、漁業を体験するための観光資源として活用できるかもしれない。

楊氏宗族の発展と石滬漁業との関係

フィールドワークおよび文献調査によると、赤馬の石滬と楊長氏（一八八〇年頃～一九五七年）の宗族とは密接な関係があった。楊氏の子孫は皆すでに台湾本島に移住したが、調査の結果、親族の楊金城氏、楊耀星氏を探し出し、両氏を訪ねることができた。楊氏一族の発展と赤馬の石滬漁業との関係を理解するために、以下ではこの一族のライフヒストリーを紹介したい。

楊長氏は、頂寮甲の人であり、父親は漁船を造っていた。楊長氏は父の後を継がず、農業と小規模な漁業を営んだ。子供は男子四人、女子一人をもうけた。彼らにはそれぞれ技術を身につけさせた。とくに長男の楊門氏（一八九七年?〜一九六九年）は一四歳で小学校を卒業後、一九一〇年頃には親戚とともに台南市に移り、食料品店で働くようになった。数年後、台南市に日本の憲兵隊が進駐したときには、日本軍の料理人として働いた。この経験から日本人が好む食品の味覚をおぼえたという。その後、軍隊での仕事を離れ、食品雑貨店（丸見商店）を開業し、日本人および日本軍を対象とした小売業を営んだ。商売は好調で、さらに食品加工業を起こし、かつお節、でんぶ、のり佃煮、からすみ、うりの漬物、醤油、味噌などを加工製造した。この加工製造は台南市でおこなっていたが、一九二四年には故郷の緝馬湾に魚製品（かつお節、鯛でんぶなど）の加工場を設立した。加工場は、故郷にとどまっていた父母の楊長氏夫妻、および楊門氏夫妻が経営・管理した。加工場の総面積は二四坪（七九・二平方メートル）あり、そのなかでかつお節の焙乾室が八坪（二六・四平方メートル）を占めた（澎湖廳水産課 一九三二）。

丸見商店は一九二六年には同村にさらに二つの加工場を造った。しかし商品の売れゆきが悪かったため、これらの加工場はすぐに閉鎖された。一方、台南市の丸見商店は卸売りと小売りが順調で、在庫がたまるようなことはなかった。

丸見商店の発展にしたがい、楊家のその他の兄弟も台南市に移り、事業に加わった。日本統治時代から太平洋戦争直後まで、丸見商店は緝馬湾から台湾本島へ移り住む人びとの中継地となった。丸見商店は彼らに臨時の仕事を与えたので、彼らは一定の期間、食住が保障された。そのことで楊家は故郷において高い評判と影響力を持つにいたったのである。

海鼠仔滬（一九二六年完成）と牛心湾外滬（一九三〇年完成）の築造は、楊家の力で楊姓の数戸の者を集め、資金と労力を出すことによって完成にこぎつけた。海中で石滬を築造することは現在の築造技術をもってしても容易でない。しかも、以前は完全に人力によって石を運搬するという、苛酷な工事であった。このように、財力および労働者を集める力をもつ人物が石滬を完成させるために先頭に立つ必要がある。私たちは、なぜ赤馬集落で楊姓をもつ数戸の者のみによって石滬が所有されているのかをこれによって理解できるのである。

五　おわりに

本章は澎湖列島の吉貝、五徳、赤馬の三村における石滬を、フィールドワークと聞き取りによって調査したものである。石滬の所有形態をみると、三つの村落でそれぞれ異なっていた。吉貝嶼には七〇基以上の石滬が見られるが、各石滬は七、八名から一〇名程度の地縁あるいは血縁関係にある小グループによって所有されていた。五徳の石滬には廟の財産のものがあり、すべての男性が石滬の利用権と廟の祭祀をおこなう義務を有した。赤馬には石滬が四基あり、すべてが楊姓の宗族六戸によって所有されていた。

澎湖列島の石滬の形態は三つに分類できた。すなわち、もっとも原初的な半円形あるいは馬蹄形の石堤、次に魚群を漁獲する効果がある滬牙のあるもの、さらに吉貝嶼でもっとも多く見られる有滬房滬である。吉貝嶼ではこれら三類型の石滬のいずれもが存在するが、五徳の石滬には滬牙がなく、また、滬房がないいわゆる笨箕滬である。赤馬の石滬は、比較的新しく造られたものであり、有滬房滬に分類される。

石滬は半世紀ないしは一世紀前には主要な漁具であったと考えられる。石滬の所有者組織は漁村の基層をなす組織の一部であった。漁業が近代化する以前、石滬は各漁村においてきわめて重要な経済的および社会的役割を果たしていたと考えられるのである。しかし、ここ数十年、漁船の動力化が進展し、漁業技術が進歩するにしたがって、沿岸および近海の漁業資源は枯渇してきた。沿岸部で魚の陥穽をまつ石滬では漁獲が不可能となり、これにしたがって、石滬は荒れるにまかされ、倒壊していったのである。現在、石滬はすでに経済的な価値を失っている。しかし、この漁具は古くからこの列島に住む人びとが潮間帯に創造した人文景観といえる。また、文化教育および観光資源としての価値も高い。近年ようやく、各界において石滬が台湾の漁撈文化を考える上において重要な遺産であることが認識されはじめている。澎湖県立文化中心（センター）が二年間にわたって澎湖列島の石滬の悉皆調査をおこなったことは、石滬の漁業文化を見直しはじめた証左である。

本研究の結果、石滬の漁業文化に関する調査にはさまざまな困難があることも明らかとなった。石滬が潮間帯に位置するため、調査は一人では不可能である。地域を熟知した者の先導、解説が必要である。また目的とする石滬に達するために船をチャーターしなければならないこともある。しかも石滬の現場を観察することができるのは、日中の退潮時二、三時間に限られ、十分な時間（日数）がなければ調査をおこなうことは難しい。他方、所有権者が石滬に関して記載したものは少ない。古文書資料を得ることもきわめて困難である。フィールドワークでは石滬漁を経験した古老を訪ね、聞き取りをおこなうことが必要である。しかし、近年、漁を経験した高齢者は、すでに他界したり移村してしまい、訪問や聞き取りの対象を探すことすらままならないのである。

石滬の漁業文化に関する調査には、以下のような問題もある。ハード面では石滬の形態、大きさと構造、石の材料を実地観察・測量するとともに、地図上に正確な位置や開口部の向きなどを記述しなければならない。石滬が設けられた地点の海況（水深、潮汐）、漁況なども調べる必要がある。ソフト面では所有者の組織とその運営、石滬利用に関する規約、漁業技術の変化および宗教、祭祀などと関わる問題の解明が必要であろう。

第八章　澎湖列島における石干見漁業史

一　はじめに

本章では、台湾澎湖列島（図8-1）の石干見漁業の歴史について考察したい。その目的は二つある。ひとつは、漁業調査記録や公文書などの歴史的資料を検討することによって、石干見漁業が近代から現代にいたる澎湖列島の漁業の中でいかなる位置をしめたか、その実態はどうであったかを理解しようとするものである。もうひとつは、石干見に対して近年、新たに付与されつつある意味についても考えることである。これは石干見の扱われ方をめぐる問題の分析といえる。澎湖列島においても石干見は主として漁船漁業の発達にともなって衰退の一途をたどってきた。現在ではすでに役割を終え斜陽化する漁業種類、すなわち「夕陽漁業」という位置にある。しかし、このいわばステレオタイプ化した現代の石干見に対する言説にも検討を加える必要がある。一九九〇年代になって活発化した石干見の地理学的研究が、その後、悉皆調査による研究成果をもたらすにいたった背景としてどのようなことが考えられるのか、おなじく一九八〇年代以降、澎湖列島が海洋レジャーの基地として注目されるなかで石干見はどのように取り扱われはじめているのか。これらを考察してみたい。

なお、すでに何度もふれたように、台湾では石干見と同じ構造の漁具を一般に「石滬《チューホー》」とよぶ。そこで以下で台湾の石干見をさす場合には、石干見にかえて石滬という用語を用いることにする。

二　石滬に関する古記録——起源と伝播経路をめぐって

澎湖列島の石滬はいつ頃、列島のどこで利用されはじめたのであろうか。これについてはまったく明らかになってはいない。たとえば、ツァン（Tsang 1995）は、澎湖列島の開拓を紀元前五〇〇〇～四〇〇〇年代の台湾の新石器時代であったとする。この頃、台湾本島南西岸で海洋資源の開発が始まり、沿岸の船の文化が拡大し、この地域の海洋民族によって澎湖列島が初めて開拓された。先史時代には定置漁具を用いた漁業がおこなわれたと推測されるが、ツァンは、現在も沿岸に残る、火成岩やサンゴ石灰岩でできた囲い、すなわち石滬に注目し、これらのうちのいくつかはおそらく先史時代から残存している漁具であろうと考えている。しかし、石滬に使用されている岩石から築造年代を特定することは不可能である。起源や伝播経路を推定することに終始するのではなく、むしろ地形や石の入手など、地域の

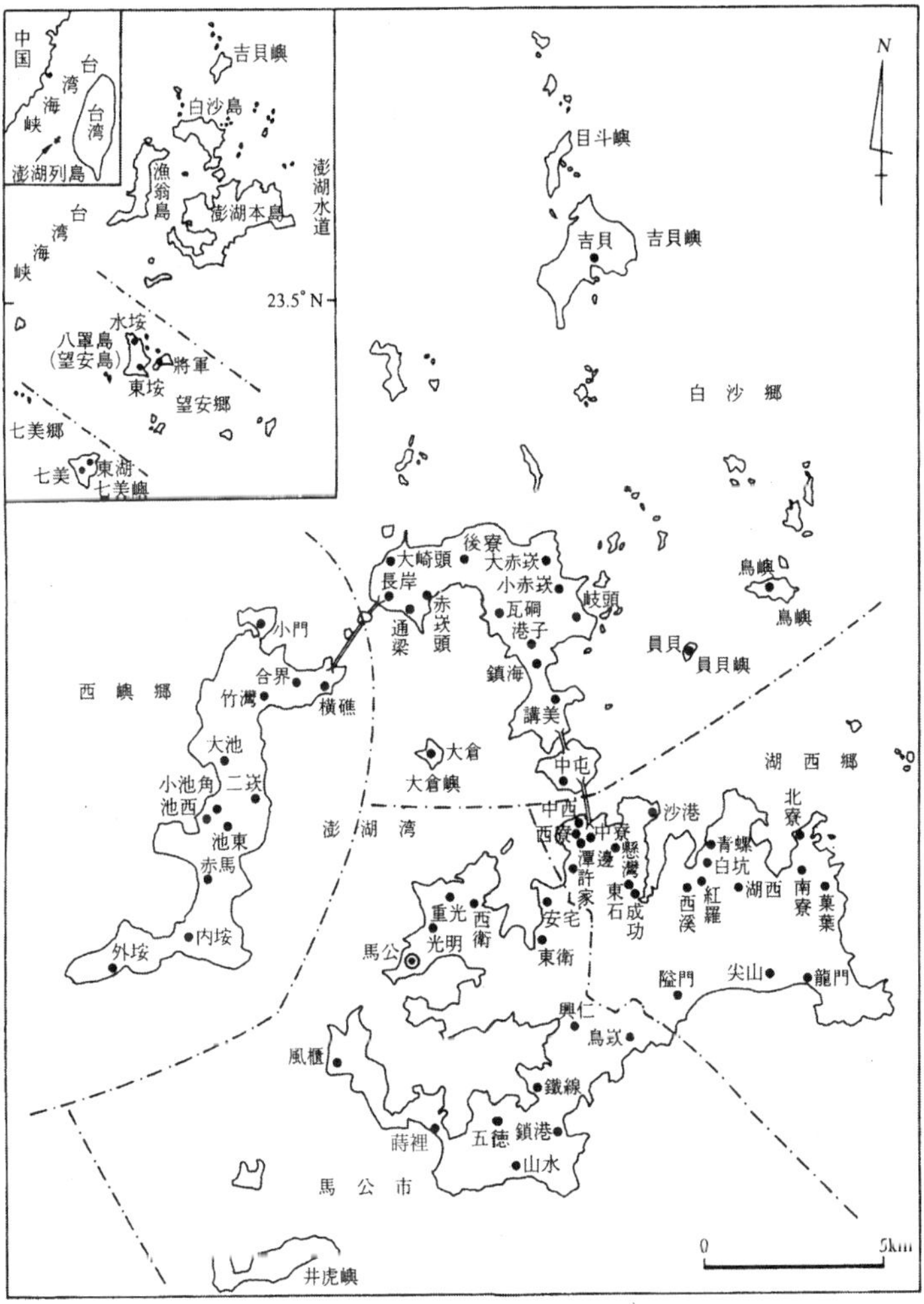
中国
台湾海峡
台湾
澎湖列島
吉貝嶼
白沙島
漁翁島
澎湖本島
澎湖水道
台湾海峡
23.5° N
水垵
八罩島
(望安島)
將軍
東垵
望安鄉
七美鄉
七美
東湖
七美嶼
N
目斗嶼
吉貝
吉貝嶼
白沙鄉
後寮
大崎頭
大赤崁
長岸
小赤崁
赤崁頭
瓦硐
岐頭
鳥嶼
鳥嶼
小門
通梁
港子
員貝
員貝嶼
鎮海
合界
西嶼鄉
竹灣
橫礁
講美
大池
大倉
大倉嶼
中屯
湖西鄉
小池角
二崁
池西
中西
沙港
北寮
澎湖灣
池東
西寮
中寮
青螺
潭邊
懸灣
白坑
赤馬
許家
東石
成功
西溪
紅羅
湖西
南寮
菓葉
重光
西衛
安宅
光明
馬公
東衛
內垵
外垵
隘門
尖山
龍門
興仁
烏崁
風櫃
鐵線
五德
鎖港
蒔裡
山水
馬公市
0
5km
井虎嶼

図 8-1　澎湖列島概略図

環境条件に応じて形成されてきた沿岸の漁業文化に注目することのほうが適当であろう。

ただし、先史時代という石滬の起源についての時代設定とは異なるが、数百年前までの状況に絞るならば、聞き取り、その他の資料から石滬の伝播経路の一端を推定することはできる。

陳憲明と私が一九八九年に台湾本島苗栗県後龍鎮外埔里周辺の石滬を調査した際、石滬の伝播経路について二つの説を得た。すなわち、①この地域の石滬は二〇〇〜三〇〇年前に台湾の先住民が造ったものであり、後になって中国大陸沿岸部や澎湖列島から台湾本島に移り住んだものによって引き継がれたという説、および②澎湖列島からの移住者がもたらした漁法であるという説である。前者は、石滬での漁業活動の際、山地に住む先住民から植物性の魚毒（魚籐）を手に入れ使用する伝統があったことを根拠としていた。また、後者の根拠は、当時、後龍鎮秀水里の里長を務めていた趙萬枝氏（当時七二歳）による指摘である。氏によれば、祖父が澎湖列島から本地域に移住した際、移住者仲間が共同で石滬を構築したというのである。

中国大陸沿岸部福建省あたりから澎湖列島、台湾本島への伝播経路も考えられる。たとえば謝（二〇〇二）は、外埔の漁業者の大多数は福建省泉州府同安県金門や澎湖列島吉貝から移住してきたもので、石滬の構築技術もこのあたりからもたらされたと考えている。後述する「大正三年台湾総督府公文書」（第五九巻十五年保存第十門）に残されている台湾総督府漁業権檔案資料のうちの台北廳芝蘭三堡にある石滬の漁業権資料をみると、「祖先が支那泉洲安東県より当庄に移住の当時、親睦の目的をもってこれを築造した」という記述もみられるのである。

それでは中国大陸にはどのような漁具が存在していたのであろうか。黄叔璥が著した清代の資料『台海使槎録』の「賦餉」には、「滬は海坪の潮漲の及ぶ處に於いて、周囲に土岸を築く。高さ一、二尺。缺を留め門と為す……潮漲、岸を淹没すれば、魚蛤、漲に随い滬に入る。潮退けば水、滬門より出で、魚蛤、網の阻む所と為る」という記述がある。この滬は、沿岸に欠けた円形状（馬蹄形状）の土塁を設け、出口に網をおいたものと考えられる。土塁そのもの、ないしは土塁を中心とする仕掛り全体を滬とよんだようである。

石滬の起源と伝播を考える場合、以上のような中国大陸との関係性も視野に入れなければならない。したがって、文字記録が古くからある中国で石滬についてどのような記録が残されているのかを検討する必要がでてくる。しかし、これらの記録や研究成果と本章で目的とする近現代の澎湖列島の石滬との関連性を導き出すことは現在のところ不可能である。したがって石滬の起源と伝播の問題についてはこれ以上踏み込まず、まとめの章であらためて考えることにしたい。

澎湖列島の石滬が、記録に初めて登場するのは、清代の租税徴収に関する記録においてである。一七一一（康熙五〇）年には、澎湖の大滬（大型の石滬）二口、小滬（小型の石滬）二〇口に雑税が課され、また一七六四（乾隆二九）年には大滬二口、小滬七三口半から同じく雑税が徴収されている。以上のことから澎湖列島の石滬漁業の成立は、少なくとも清代以前にさかのぼることができる。ただし、清代以前の石滬の記録はこれのみであり、具体的な記述がまとまって出現するのは、次節でみるように、日本統治時代の諸記録までまたねばならない。

三　日本統治時代の石滬に関する記録

台湾は、一八九五（明治二八）年、日清戦争の結果日本に割譲され、台湾総督府の管轄下に入った。この制度は一九四五（昭和二〇）年、第二次世界大戦における日本の敗戦とともに台湾が中華民国台湾省に編入されるまで約五〇年間続いた。明治・大正期にあたる統治時代の前半には漁業視察や漁業調査が日本政府および台湾総督府の指示にもとづいて実施されている。また、各種の年鑑や地誌が発行され、その中にも石滬の記事を見いだすことができる。以下では日本統治時代のこのような記録を掘り起こすことによって澎湖列島の石滬漁業の状況を分析してみよう。

漁業視察の記録

台湾総督府による水産調査が早くも一八九五年に開始された。調査は澎湖列島全域および台湾本島西海岸沿いでおこなわれ、本島では北部淡水付近の漁業、新竹から鹿港（現在の彰化県）までの水産事業、台南の養殖業がそれぞれ対象となった（台湾銀行経済研究室編　一九五七）。日本が台湾の資源を利用するために企図した調査であったことはいうまでもない。

翌一八九六（明治二九）年の一月から二月にかけて、当時台湾に在住していた大日本水産会学芸委員鏑木余三男が、澎湖列島へ渡り水産事情を調査している。鏑木（一八九六）は末端の行政単位である郷および郷内の集落の漁業についても調べ、各地の主要な漁業種類のひとつとして石戸（チョホウあるいはチョホー）をあげている。これは石滬の地方名（土名）で、漁獲の原理は、「沿岸浅き所石堤を積み囲み満潮には凡堤上潮水四五尺にして磯近く游泳食を求むる魚類皃之に入り落潮に際しては小形の袋網或は内地「手たも」類を以て捕ふ」ものであった。鏑木はこの漁具を標準的には漁堤であるという。また、「大小ありと雖とも各島沿岸頗る多くして甚たしきは一村二十餘あるあり此種の漁利少名からさるへし」（原文のママ）というように地域漁業にしめる石戸の重要性を指摘している。

各集落の記述は統一しているとはいいがたく、石戸の存在についても、鏑木が気づいたもののみを指摘しているようである。その記述から各集落にある石戸の実数を把握することはできないが、石滬は西嶼や大赤崁、通梁など列島北部に多いという一般的な傾向を認めることはできる。しかも「実物は調査せさりし」も、「吉貝島東海四五尋の所に漁柵と称するものは皆此石戸の類ならん」として、最北端吉貝嶼における石滬の多さも指摘している。

鏑木による調査年と同じ一八九六（明治二九）年、水産伝習所教師の高島信が、大日本水産会の月次小集会で「台湾水産業」の概要について講演している（高島 一八九六）。高島は台湾木島西海岸中部の鹿港から上陸し、北上して苗栗県の海岸部を調査した。当時の台湾の漁業については「目下の所では見込かないと相場か下って居ります」（原文のママ）と述べており、その発展を特に期待していない。その後、総督府は一九〇一（明治三四）年から一九〇九（明治四二）年まで、当時の額で一六〇〇円から五〇〇〇円の予算を澎湖廳につけ、水産試験および漁業調査を進めた。このように漁業は閑却されていたわけではなかったが、その振興は他産業に比較して遅々として進まなかったようである。

石滬に直接関係した記述ではないが、一九〇九（明治四二）年、当時の日本政府側の立場から台湾を視察した農商務省水産課長下啓助の言及に注目しておきたい（下 一九〇九a・b）。下は、視察報告の中で、「台湾の水産に付いては帝国が台湾を領有して後に総督府が其管内の各県廳をして試験せしめ又は総督府みずからやったこともあったやうである」と記している。これは前述した一八九五年および一九〇一年以降の水産試験・調査などを指すものであろう。しかし、「結局今日まで水産に付いては充分に手が着いて居らぬ」のである。そこで「産業の開けぬ所は山の方と海の方であるからどうか海の方に手を着けて貰ひたいと云ふことを私共は二三年前から総督府の人に勧めたが、それ等が動機となって来て見たが宜からうと云ふことで」、下は台湾を訪れたのであった。「行って見ると如何にも水産は発達して居ら」なかったが、「併し望みも見込みあると思ふ」という。とくに澎湖列島の漁業については「充分漁業ある所であって鯛も居ればソウダ鰹も居る色々の魚が捕れる」と高い評価を与えている。ただし発展を期待する視点で台湾漁業をみており、伝統的な漁具については記述がない。

下は、停滞している状況にある台湾の漁業全体を発展させるためには、漁船を改良することと「内地」から良い漁師を移住させることであると提言している。その指導法を誤らずに進めれば、当時の台湾の漁業生産額を二、三倍にできるというのである。技術革新と知識移転を日本の側からおこなおうとする、植民地行政府の立場からの発想とみることができる。

大正期の漁業権資料

第四代台湾総督・児玉源太郎のもとで民政長官を務めていた後藤新平は、土地、人口、旧慣調査をおこない、全島の実情を把握して税収などの基礎的なデータを作成した。大正時代に入ると漁業に関しても願書の提出が義務づけられた。一九一二（大正元）年に施行された台湾漁業規則および同施行規則には台湾総督へ差し出すべき出願申請に関する条文がある。すなわち漁業規則第三条には定置漁業権に関する規則として、「漁具ノ定置シスハ水面ヲ区画シテ漁業ヲ為スノ許可ヲ得ムトスル者ハ台湾総督ノ免許ヲ受クヘシ」と定められているのである。一九一三（大正二）年には、総督府民政長官名で漁業免許申請の提出を促す通達も台湾各廳長宛に出されている。このような漁業免許は、総督府が財政運営のために租税を徴収する目的のみならず、漁場紛争の処理なども目的として交付されたのではないだろうか。

ところで、台湾総督府檔案の一九一三（大正二）年から一九一五（大正四）年にかけての資料中に、澎湖列島の石滬漁業権許可に関わる申請書類が含まれている。この書類は、漁業免許状記載事項案、府報公告案、通牒案、復命書、特別漁業免許願、見取図などから構成され、書類一式が総督佐久間左馬太に提出されている。書類には、申請代表者と所有者、漁場の位置（地先の地名）、漁獲物の種類、漁業権の存続期間、漁具の構造および使用法、慣行、各石滬の漁業株（持分）、石滬の名称、また一部の石滬については構築された年代などが記されており、当時の石滬漁業の実態を把握するうえで貴重な資料である。

復命書によれば、澎湖廳下で四一八件の漁業免許申請が出願されたことがわかる。しかし、このうち「比較的急ヲ要スル」漁業権は石滬のそれであり、実査を終えたのち一七七件に対して免許申請の報告がなされている。これらは、いずれも列島北部の白沙郷内の漁業者による申請であった。復命書に「急ヲ要スル」と書かれた真意は明らかではない。しかし白沙郷沿岸は石滬が澎湖列島でもっとも密に分布しているところであり、漁場位置の未決定や漁場の位置関係にともなって生じる石滬漁業者間の漁場紛争、あるいは沖合で漁船漁業に従事する漁業者と石滬漁業者との紛争があったことが考えられる。これらを回避する目的で申請を急いだのではないだろうか。

漁業免許申請の諸資料から当時の石滬漁業についてまとめておこう。復命書は石滬漁業を以下のように説明している。

本漁業ハ浅海又ハ干潟ニ高サ二尺乃至七八尺湾曲セル石堤ヲ築キ満潮ノ際ハ此石堤水中ニ没シ干潮ノ際ハ漸次露出シ満潮ニ乗シ入リ来リタル魚族ヲ自然此中ニ囲ミ次テ其沖合適宜ノ場所ニ設ケタル虎目ト称スル魚捕部ニ陥ランヲ副漁具ヲ使用シテ之ヲ捕獲スルモノニシテ本島北部及西部沿岸ニ於ケルモノト畧同一ノ趣向ナルモ概シテ其規模甚大ナリ其面積数甲乃至数十甲歩ニ及フモノアリ

石滬は沖側に虎目とよばれる捕魚部が設けられている形態であった。虎目は滬房ともいい、滬房をもつ石滬（有滬房滬）は、もっとも原初的な半円形の石堤、石滬内に枝状の石積み（滬牙）を配して石滬内の水面を小分割することによって漁獲をしやすくした有滬牙滬からさらに発展した漁具構造である。滬房をもつ石滬が構築されたのは大正期から昭和前期といわれている。漁業権申請がなされた当時、ほとんどの石滬がすでに有滬房滬であったことが理解できる。石滬の面積は、地積単位の一甲が約四〇〇平方メートル（約一二二坪）であることから考えると、小型のもので一〇〇〇平方メートル台、大型になると一万平方メートルを超えるものも存在したようである。

漁期はいずれも周年である。漁獲対象は、イワシ、カツオ、ニベ、ボラ、イカ類、エビ類、その他の雑魚であった。石滬内では副漁具として、地方名が紗網仔または苓網という刺網、楫仔網と称されるサデ網、さまざまな形状のタモ網などが使用された。

復命書に設けられた「慣行」の欄には、各石滬が構築された年代や他人が所有していたものを購入した経緯などが記載されているし、免許願書には各石滬の所有者名、個人の持分も記されている。このような資料を分析することによって集落内における所有関係の一端も明らかにできよう。

古閑義康による澎湖廳の漁村調査

大正期の澎湖列島の漁業を詳細に描いたのは澎湖水産會の技師であった古閑義康のほかにはいない。古閑は、一九一七（大正六）年から一九一八（大正七）年にかけて『台湾水産雑誌』に一五回にわたって「澎湖廳漁村調査」を連載している（古閑 一九一七a〜l、一九一八a〜c）。その量は合計で四〇〇頁近くにも達する。総論に続き、澎湖列島を島嶼別、湾別に整理したうえで各湾内の郷ごとに漁業の状況、使用されている漁法などを記載している。

当時の澎湖列島は、生産力が振るわず、商工業は発達していなかった。農業についても十分な広さの土地を確保できず、したがって、産業上の発展を期待するとき、漁業に頼らざるをえない状況にあった。古閑の調査は、澎湖の漁業に関してそれまで資料が蓄積されていないことを鑑み、その詳細を知る目的でおこなわれたものであった。

古閑は主要な漁法のひとつとして石滬にも注目している。調査報告の中に記載された石滬の総数は三一七基におよぶ。特に現在の白沙郷に含まれる鎮海、赤崁、吉貝、瓦硐、通梁の各湾の石滬数は合計一七八基となる。この数は、大正初期の漁業免許申請数の一七七件とほぼ同数であり、古閑の調査が精緻におこなわれたことを傍証するものと考えてよい。以下では古閑による石滬の記述を、①構築に適した自然環境、②漁具の所有と利用状況、③漁場紛争にまとめ、当時の石滬の位置づけを試みよう。

自然環境

古閑は、石滬漁業を玄武岩の破片を使用して浅海に大謀《だいぼう》網や大敷《おおしき》網、または建干《たてぼし》網のような形状にしたもの、すなわち湾形、馬蹄形あるいは半円形の網か、沖側に捕魚部をさらにもうけた形に石垣を築き、干潮時に捕魚部に集まる魚群をとるものと説明する。石垣の高さは満潮時の水面の高さより五、六尺（一・六～二メートル）低い。大きさ（石垣の長さ）は種々あるが、通常は五、六〇〇間から一〇〇〇間（九〇〇～一八〇〇メートル）である。石滬内に滞留した魚群を捕獲する時には、手掛《てぉし》、引網などが使用された。

古閑は石滬を澎湖列島特有の漁業という。澎湖は冬の季節風が強く、北面にあたる海岸部では漁業（漁船漁業をさしているのであろう）に従事することが困難となる。しかも海底はサンゴ石灰岩におおわれており、建網類の敷設には適さない。その点で、石滬は来遊する魚類を捕らえるには最適である。冬季の漁獲高が夏季にくらべて遜色ないのも、石滬があるからであるという。一見「原始的」にみえ、その価値が疑われようとも、いかに悪天候の日であっても干潮時には操業が可能である点で重要な漁業である。澎湖列島の北部一帯は干満差が特に大きい。ちなみに吉貝嶼では、潮位差は三メートル以上に達する。

石滬の漁獲量は列島の各地で多寡があった。たとえば北部赤崁灣では一九一六年に約四一〇トンの漁獲量を記録している。平年でも三〇〇トン前後の漁獲量があった。険礁嶼の石滬の漁獲高は澎湖廳でもっとも多かったという。ここには水産加工場があった。キビナゴやヒシコが塩干魚に加工され、台湾本島や馬公市場へ出荷された。澎湖湾内も漁獲量は優良であった。吉貝嶼には七〇基の石滬があり、一九一六（大正五）年末から翌一九一七年の春にかけて、キビナゴの一日の漁獲量が六トンを超えることが何度もあった。しかし澎湖本島東南側の林投澚尖山郷では約二〇年前（一八九〇年代後半）、隣接する良文港郷において地曳網が開始されたことによって、石滬に入る魚の量が減り、漁獲が皆無の状態になっていた。西嶼澚の小池角郷には三〇カ所に石滬があったが、漁獲量は二、三のものを除いて少なく、破損している石滬も多かった。当時、すでに漁獲が期待されず、補修さえおこなわれていなかったのである。

漁具の所有と利用状況

石滬の所有形態には、個人所有、共同所有の二形態があったと考えられるが、それらについて古閑は詳しくは記していない。たとえば、西嶼湾の内垵区に属する南部の三郷は漁業がさかんであったが、最初にこの地へ移住してきた者の子孫が地曳網と石滬の漁業権を多く所有していたという。これは宗族による共同所有の事例と考えられる。吉貝嶼では一九一五（大正四）年、イギリスの貨物船が暴風のために漂着し、島民が乗組員の救助に貢献したことによって二〇〇〇円の特別収入を得ている。一九一七年にはこのうちの一千数百円を資金に、郷民共同の石滬を築造した。このように、一九〇〇年代に入って新たに設けられた共同所有あるいは総有ともいえる石滬もあった。

前述した尖山郷には石滬が二基あった。かつてはアジ類の漁獲が多く、近隣の郷民が集まり、一定の料金を払って漁獲をした。鎮海湾の中の港仔郷には四カ所に石滬があり、そのうちの三基は鎮海郷との共同使用であった。場所は岐頭郷の背面にあたり、付近にある各郷の石滬に比べて漁獲量が多かった。キビナゴやヒシコが大量に入滬した時には、石滬主（所有者）がそれらを引網（竹筏を使用した蝦《えび》網の中古品）で二、三回漁獲したのち、残った魚群を一般住民に自由に採捕させるという旧慣があった。大赤崁郷でも同じような旧慣があった。

漁場紛争

吉貝嶼には石滬とともに重要な漁業種類として、キビナゴを漁獲対象とする楚《(ママ)》入抄網（焚入抄網《たきいれすくい》が正しいと思われる。以下では焚入抄網を用いる）があった。これは、漁船を用いる大型のサデ網である。艪および櫂漕ぎの無動力漁船に六、七名が乗り組んで夜間に出漁し、石油を浸したコウリャンの束に点火して魚群を探した。魚群を見つけるとさらに多くのコウリャンの束に点火して集魚し、漁船の前方と後方の二カ所から網を敷設した。

焚入抄網は一九〇三（明治三六）年に開始された。集魚する効率は高く、漁獲成績がよかったので短期間に発展をみせ、一九〇八（明治四一）年には二五隻、従事者七〇名あまりを数えるにいたった。しかし、積極的に魚群を集めるこの漁法と、魚群の陥入を待つ石滬漁法とのあいだに同じ漁獲対象であるキビナゴをめぐって対立が生じたのである。一九〇六（明治三九）年には焚入抄網漁業者と石滬漁業者、一九〇九（明治四二）年には焚入抄網漁業者と大層《だいそう》網漁業者および大赤崁の石滬漁業者をまきこんで漁業紛争が生じた。そこで、澎湖廳は以下のような取り締まり規則を設けるにいたった。

■焚入抄網に対する石滬漁業の保護区域を石滬の外側三〇〇間とする。
■吉貝郷焚入抄網漁業者の保護区域を吉貝嶼白沙尾より姑婆嶼の南端見通線と白沙尾より北礁の北端見通線との間における吉貝嶼北部海に限る。
■吉貝郷における焚入抄網漁業者数および漁船数は制限しない。

■焚入抄網漁業の漁期は周年とする。

以上のことから、吉貝嶼周辺の漁場利用は効率のよい網漁業の導入によって変化していたことが明らかである。また、沿岸にもっとも近い場所に構築されるいわばレシーブ型の石滬と、石滬に入るはずの魚群を沖合でさきに漁獲してしまうアタック型の漁法との間で漁業紛争がすでに発生していたことにも注目したい。

同じような紛争が、瓦硐澚の後寮においてもみられた。後寮には二四基の石滬があった。他方、カツオを漁獲対象とする因仔令とよばれる網漁もあった。これは潮の干満を利用する刺建網の一種で、石滬の付近に敷設されることが多かった。このため網漁業者と石滬漁業者との間でたびたび紛争があった。吉貝と同様に、漁船を使用する網漁業の発達が石滬による漁獲に影響を与えていたのである。

年鑑や地誌類における記述

年鑑や地誌類などにもわずかではあるが石滬についての記載がある。

台湾総督府が発行する年鑑『台湾事情』は一九一六（大正五）年の創刊以降、一九四四年・昭和一九年版まで計二八冊が発行された。本書には「水産」の章が設けられ、初版から、「澎湖廳ニ在リテハ石滬、搖鐘《ようしょう》網、二艘曳打瀬《うたせ》網、鮪鰆建網、地曳網、磯魚狩網、刺網、鯛延縄《はえなわ》ニシテ」と澎湖の漁業を説明する一文がある。近代的な網漁業とともに、石滬がとりあげられているのである。引用文とほとんど同じ表記が、一九二一（大正一〇）年の第五版まで続く。一九二二年の大正一一年版から内容が刷新され、ここから三年間は石滬を「新漁業」として以下のように紹介している。

本島に古くより行はれ、石花及び轉石の存する海岸に行はれ、澎湖島最も盛んにて、新竹台北二州の沿岸にも亦之を見る。石にて弧形の堤を築造し、退潮時に内に取り残された魚族を捕獲す、長さ六〇〇間に及ぶものがある。

石滬漁業がなぜ「新漁業」と記載されたのかはわからない。一九二四年の大正一三年版からは「新漁業」は「石滬漁業」と変更され、右記と同じ説明文が一九三九年の昭和一四年版まで一六年間続く。そして一九四〇年から記述はなされなくなっているのである。

澎湖郡長を務めた杉山靖憲（一九一五）は澎湖列島について記した随筆のなかで「かはった石滬漁業」について記述している。杉山は、石滬が澎湖の一特色ととらえ、「先づ他に類のない、独創的のもの」であり、「独創的であるから和書にも洋書にもみえない」と述べる。石滬漁業自体は副業であるが、「半農半漁で生活を営む者に取っては最も重寶な最も適当な副業と謂はねばならぬ」し、「家畜が農家の副業たる以上、石滬が漁家の副業たり得ない理由はない。其の静的であるのは寧ろ副業の常であって収益の多寡の如きも強いて論すべきものではない」と副業としての重要性を指摘している。

このほか昭和初期に発刊された『澎湖事情』(一九二九、一九三二、一九三六)にも石滬の記載がある。これは前述した杉山の記載内容の一部を引用したものにすぎない。

水産基本調査

澎湖廳水産課は一九三〇(昭和五)年、廳内の水産基本調査を実施した。その報告書が一九三二(昭和七)年に発行されている(澎湖廳水産課 一九三二)。本調査は複数の調査員によっておこなわれているため、調査地区ごとに記述の精粗がある。

報告書には石滬漁業の従事者数が明らかにされているが、漁具数については記載されていない。したがって、澎湖列島全体の石滬の総数を推定できない。しかし、地区によっては石滬の形態や利用方法、所有関係、漁獲量などが詳細に報告されている。これらを拾いだしながら、昭和初期の石滬漁業の現状を分析してみたい。

石滬の構築と構造

澎湖本島湖西庄潭邊の石滬に関する記述の中で、石滬の構築方法が説明されている。それによると、石滬は玄武岩を用いて積みあげる。使用する石は一、二キログラムから六〇キログラムほどのものである。形状は地形によって異なる。潭邊で石滬漁業がおこなわれたのは当時より約二〇〇年前という。こ

表 8-1　澎湖列島北部諸集落の石滬による漁獲量（1930 年）　（単位：斤）

	大赤崁	小赤崁	港子	通梁	吉貝	鳥嶼
上ノ組	6,000（4）	1,500（1）	1,300（1）	4,000（4）	8,000 （6）	8,500（3）
中ノ組	4,000（3）	800（2）	1,000（1）	400（3）	6,000（20）	6,500（4）
下ノ組	2,000（7）	500（1）	600（2）	100（9）	1,500（34）	2,000（6）

注：1 斤は 600g。
（）内は組数を表わす。組数は石滬の数と考えてさしつかえない。
澎湖廳水産課（1932）による。

れを修理しながら現在まで引き継いできた。

中寮にある一基の石滬の構造は有滬房滬である。報告書には滬房を「魚溜部」と記述している。この魚溜部は、長さ約六〇メートル、高さ一・八メートル、幅一・五メートルである。垣の部分は一方が約一五〇メートル、他方が二四〇メートルに達する。垣の両端には「カヘシ」すなわち魚群が石滬内にとどまるように工夫された滬湾という構造が設けられている。石積みの高さは、魚溜部に近い最深部では一・五メートルに対して、カヘシ付近では四五センチメートルほどとなっている。

漁獲量

石滬による漁獲量については、減少傾向にあるという記述が多い。これはすでに明治期後半や大正期からみられるように、漁船漁業の発達によって、本来入滬するはずの魚群が沖合でさきに漁獲されてしまうからであろう。漁船漁業における技術の発達によって漁獲強度が増したことや、石滬自体の敷設数が増加したことも漁獲量の減少に関係していると推測できるが、それを論証するに足る資料は報告書にはみられない。たとえば、表8-1は一九三〇（昭和五）年の澎湖列島北部諸集落の漁獲量を示したものである。漁獲魚種はイワシ、キビナゴ、アイゴ、ソーダガツオ、イカ、ダツなどである。数値はいずれも概数であるが、集落全体で最高でも年間九～一〇トン程度（吉貝、鳥嶼）である。古閑の記述にあるように、吉貝でキビナゴが一日に六トンも漁獲されたり、大赤崁で平年三〇〇トン前後の漁獲量が記録された大正期前半と比較していちじるしい減少である。吉貝嶼では、当時、石滬が漁業の中枢をなしてはいたものの、「逐年漁獲ノ減少ヲ来シ、之ヲ凡ソ六十年前ト比較セハ、現在ハ僅カニ其ノ二、三割ノ漁獲ヲ示スニ過キス」という。このような漁獲量の激減が、大正期から昭和初期にかけて、石滬漁業の崩壊、漁船漁業への切り替えにいっそうの拍車をかけたのではないだろうか。しかし、石滬が数多く存在する白沙島周辺では、交通機関が完備していない当時、冬季の強風時に食料の供給が絶たれたときには、石滬の漁獲物をこれにあてた。漁獲量は漸次減少傾向にあるものの、なお「貧民漁業」として存在価値を有していたとも報告書は記しているのである。

所　有

石滬は個人または共同で所有される。ただし個人所有の石滬はきわめて少ない。湖西にある石滬の所有形態は共同所有であった。しかし、所有する人数は、少ないものでは一名や二名、多いものでは一四、五名としていることから、一名による所有は個人所有とみなさなければならない。なお、共同所有の場合、出資の方法は平等であった。

澎湖本島にある雞母塢（五徳）地区には個人所有と集落全体による所有の二つの形態があった。記述内容からすれば、個人所有は集落内の複数の個人が共同で所有しているものをさし、集落全体での所有、いわば総有と対立する概念として用いていることがわかる。個人所有の石滬は三組、集落全体で所有する石滬は一組あった。集落全体で所有する石滬は、廟の基本財産として築造されたもので、毎年、廟の管理者として二〇名が選出され、彼らが漁獲をし、得た収入の中から廟の運営経費を捻出した。

澎湖本島の西溪には三基の石滬があった。うち一基は集落の共同所有であり、残り二基については、それぞれ一八名、一二名の共同所有であった。集落が共有する石滬では廟の祭事を嘱託する一二名を毎年選出し、その報酬として石滬の漁業権を与えたのである。この形態は雞母塢でみられた廟の基本財産としての取り扱い方と同様である。選出された一二名は毎日輪番で石滬を利用した。一二名の共同所有による石滬は一般の利用形態とは異なり、三名が六日間使用して、次の三名と交替した。同じグループの三名は共同で出漁し、漁獲物は平等に分配する方法がとられたという。

集落内の居住者だけでなく、近隣集落間の居住者による共同所有形態もあった。澎湖本島北部中寮にある石滬は、中寮および西寮の居住者が五名ずつと沙港の居住者が一名の計一一名で所有されていた。中寮居住者五名のうちの二名は二株を所有し、一名は三株を所有していた。その株数に応じて、石滬の築造・修繕などに際して、労働力および金品を負担することになっていた。石滬で使用する網漁具も二、三名が共同で作った。出漁形態は、一株につき一日が割り当てられた。ただし、みずからの順番の当日に支障があったとしても、別の日が充てられることはなかった。

白沙島の鎮海には、三基の石滬があった。構築されている場所が隣接する港子地区の東方にあるため、いずれの石滬も港子集落と共有されていた。石滬の数に違いがあるものの、前述した古閑の指摘と同様の記述がなされている。これらは一九二七（昭和二）年にはすべて港子に譲渡されている。

四　終戦後から一九八〇年代までの石滬研究

　ここでは、西村朝日太郎が石滬を「発見」し紹介した一九八〇年をひとつの区切りとして、一九四五年以降の漁業関係資料における石滬への注目について取りあげてみよう。

　日本支配から離脱後の台湾漁業に関する人文社会科学的な研究では、経済的な視点が中心となった。漁業生産、漁船動力化、漁業技術の革新など将来的な商業漁業の発展に関係する調査・研究が対象となり、伝統的な漁具・漁法に注目されることが少なかったことはむしろ当然といえる。石滬は、『台湾漁業史』（台湾銀行経済研究室編　一九五七）においても戦後の漁業種類のひとつとして記載されてはいないし、『今日台湾漁業』の「澎湖県魚業《（ママ）》」の項でも、沿岸漁業のなかに定置として取りあげられているのは、「竹棒、石頭、網等」を用いた建網あるいは建干網系統の漁法のみである（林　一九五九）。この時期、石滬がまとまって説明されたのは、唯一、張（一九七四）による沿岸漁業の研究においてである。石滬が陥穽漁具の一種であり、潮汐を巧みに利用する形態と構造をもつこと、この漁業が澎湖列島および台北県北部に分布していることが述べられたうえ、漁獲対象、利用と所有の形態が簡潔にまとめられている。

ところで、日本海洋漁業協議会（一九五二）が作成した台湾漁業の翻訳資料には、一九四九年に台湾省政府が発給した石滬漁業の許可件数が掲げられており、それによると台北県三件、新竹県四八件、高雄県一四九件、澎湖県一四九件、合計三四九件あったことがわかる。

日本では、藪内芳彦が漁撈文化人類学的視点から「わな仕掛け」と関連させて石干見漁法について論じた（藪内 一九七八）。その中で、台湾の澎湖列島吉貝嶼にある石干見を「石構《せっこう》」とよぶと記述している。このデータソースは歴史学者からの聞き取りである。これはこれまで述べてきた「石滬（チューホー）」、あるいは中国でこれを表現する「石戸（標準語でシーフー、上海あたりの方言ではセッウー）」を日本語音読みで「せっこ」と読めることから、これと混同した結果の誤解ではないだろうか。また、藪内は、石滬を吉貝嶼では「第二次大戦中に用いられていた」漁具と使用時期を限って説明しているが、この情報も正確とはいえない。

西村は、一九七九年末に澎湖列島へ出かけ、白沙島の通梁と赤崁で石滬漁業についての予備的な調査をおこなった。その報告に「生きていた漁具の化石」というタイトルをつけた。従来用いてきた「生ける漁具の化石」とは明らかに異なる表現である。澎湖列島での石滬の活発な利用とみずからの「発見」を強調しているのではないだろうか。西村は「目下澎湖県の島嶼群の海洋民族学的な調査団を編成中であるが、日本のかゝる興味のある研究域の存在するのは嬉しいことだ」と結んでいる（西村 一九八〇）。しかし、石滬漁業の調査研究はこれ以降十数年間にわたって停滞したのである。

五　石滬に対する新たな意味の付与

在地文化の見直し

陳や顔らが一九九〇年代になって石滬について記述したのは、漁業活動の地理学的研究においてである。陳は、鳥嶼の漁村研究の中で、伝統的な漁撈活動のひとつとして一九一〇〜一九三〇年代の石滬を取りあげた（陳 一九九二）。顔は赤崁、吉貝二地区における漁業活動の空間組織に関する論文中で石滬についてもふれた。石滬の構造、名称の由来、所有権（持分）、漁業活動、漁具数などを詳細に分析している（顔 一九九二）。この二論文の発表を台湾研究者による石滬の「発見」と研究の「開始」と考えることができるだろう。その後、陳は馬公市五徳にある廟財産としての石滬の利用（陳 一九九五）、西嶼緝馬湾における石滬の所有関係（陳 一九九六ａ）を分析し、これらをふまえて澎湖列島における石滬の総論的研究を発表した（陳 一九九六ｂ　本書第七章）。また、私も陳とともに一九八九年に台湾本島苗栗県外埔において石滬の利用形態について調査した。一九九五年には澎湖列島吉貝嶼で石滬漁業を調査し、その利用形態を生態学的側面から考察した（田和 一九九七　本書第九章）。さらに台湾の石滬漁業の位置づけを試みた（田和 一九九八）。

陳は、一連の研究をふまえ、石滬研究の今後の課題として漁業文化的調査の必要性を強調する。これによれば、まずハード面として、フィールド調査によって石滬の形態、大きさ、材料を明らかにすること、地図上で位置を確認し、その地点の海況（水深や潮汐）、漁況などを分析すること、ソフト面では石滬の所有権、漁業組織、利用形態、漁業技術、さらにこれらと関連する宗教祭祀を調査することが必要であるという。しかし、調査研究にはさまざまな制限がつきまとう。まず、単独での調査がかなり難しいし、石滬自体を観察するにしても、昼間でかつ退潮時のわずか二、三時間に限定される。過去の所有関係を明らかにしようとしても既述の資料は少なく、古文書などを得ることもきわめて困難な状況である。かつて漁業活動をおこなっていた高齢者に聞き取りをしなければならないが、この世代がすでに生存しないことも多い。また、村外へ移住してしまっている住民も多く、聞き取りはさらに困難な状況である（陳 一九九六b 本書第七章）。

以上のような学界での調査研究と呼応するかのごとく、石滬には新たな価値づけがなされてきた。すなわち石滬は現在では漁業の経済的価値をほとんど失っているとはいえ、潮間帯に創造された人文景観で漁撈文化的にみて重要な資産であり、また文化教育的にも重要であるとしてその価値が再認識されはじめたのである。

李登輝政権下の一九九四年、台湾では中学校のカリキュラム改訂の方針が決定され、新たに『台湾を知ろう（認識台湾）』という科目が設けられることになった。本教科は一九九七年度の試行を経て、一九九八年から正式に開講された。この施策は、台湾が国民統合政策としてもくろむ新しいナショナル・アイデンティティの主張の一環であった（若林 二〇〇一）。国民中学用の教科書『認識台湾《地理篇》』

は、学生に「台（台湾、（ ）内は田和注）、澎（澎湖）、金（金門）、馬（馬祖）の郷土地理環境」を強く認識させるものであり、「愛郷愛土的情懐」を養おうとする意図で編まれている（国立編訳館編 二〇〇〇）。同書第三章「海岸と島嶼」には澎湖双心石滬として七美嶼の石滬の写真が掲載されている。

伝統的村落のひとつである二崁について書かれた『二崁采風』には、「景観巡礼」として馬公市の遠景を望める海食崖と海岸に設けられた石滬（地元では新滬と名づけられている）を合わせた「崎滬崎頭」が取り上げられている。また、現存する六基の石滬とともに、化繊漁網の定置網が現代版の石滬として紹介されている。石滬自体は伝統的漁具ではなく海岸風景の一部ないしは民俗的資料として位置づけられているのである（澎湖采風工作小組編 一九九四）。

一九九五年一二月には澎湖列島の歴史・文化を研究する学術雑誌『硓𥑮石』（季刊）が澎湖県立文化中心（センター）によって発刊された。前述した陳による馬公市五徳の石滬に関する論文は同誌創刊号の巻頭を飾っている。一九九六年からは澎湖県立文化中心および采風文化学会所が主導し、地元の研究者と一般市民で構成された石滬漁業調査グループが列島全体で悉皆調査を実施した。その結果、五五〇基におよぶ石滬の現状が明らかとなり、澎湖列島は世界一の石干見のセンターであることが証明された（洪 一九九九a）。

以上のように、近年、澎湖列島の郷土意識が強く主張され、在地文化を認識する考え方が高揚している。澎湖文化を研究し、文化遺産を保存してゆく動きが活発化しているのである。その動きは、次にみるような澎湖列島の観光化における石滬の認識のされかたにも見てとれる。

観光資源としての石滬

一九八〇年代の澎湖列島では観光・旅遊が重要視されるようになってきた。一九八三年には台湾大学の土木工程学研究所都市計画室が澎湖県政府の委託をうけて大倉嶼の観光発展に関する調査を実施している（台湾大学土木工程学研究所都市計画室編 一九八三）。また、一九八五年には同計画室が吉貝嶼の観光発展細部計画を提出している。吉貝では、漁業は漁獲量が少なく、廃れてゆく産業として説明される。しかし、八〇基にものぼる石滬は吉貝でもっとも重要な漁業景観である。たとえば、石滬の所有者が許可するならば、観光客に滑り止めを施した履物と捕魚具を貸し出して石滬内に案内し、漁業を実際に体験させることができる。石滬での体験漁業は観光客を普遍的に吸引する観光活動になる可能性があるというのである（台湾大学土木工程学研究所都市計画室編 一九八五）。

一九八五年には澎湖県政府が観光発展の構想のもとで二崁など六集落を伝統的な集落に選定し、「民俗村」として保存することが計画された。とくに二崁は、西嶼西台や漁翁島の燈塔とともに古跡観光に適するとして、一九八九年、行政院文化建設委員会が派遣した専門家による集落保存計画が進められた（澎湖采風工作小組編 一九九四）。いわゆる常民文化の見直し、「郷心的文化事業」の進展である。

一九九〇年、台湾交通部観光局は、澎湖列島の観光資源を有効に開発し、観光事業の発展に寄与し、地方財政を豊かにする目的で、澎湖風景特定区の建設計画にのりだした。そして調査団を現地に派遣し、澎湖列島を「風景特定区評定基準」に基づいて国定風景特別区に位置づけた。一九九一年二月には観光

澎湖（2000）	七美嶼，五徳，後寮，吉貝嶼，二崁，外垵，鳥嶼	B	いずれも漁業権があるが，許可をとれば，案内のうえ捕魚可。澎湖の伝統漁撈の特色。
澎湖之旅（2001）	吉貝嶼（後山），険礁嶼，七美嶼	A・C	漁具の構造。観光客の捕魚可。ただしアクセスには滑るので要注意。
台湾離島逍遙遊（2001）	七美嶼，五徳，後寮，吉貝嶼，二崁，外垵，鳥嶼	A・C	史上最もロマンチックな捕魚方式。許可をとれば，案内のうえ捕魚可。
澎湖金門超好玩（2002）	七美嶼	A	最も著名なハート形の石滬。
澎湖深度遊（2002）	七美嶼，大倉，西衛，後寮，通梁，池東，池西，望安，五徳，吉貝嶼，二崁，外垵	A・C	近年，県政府が休閒漁業として推進。石滬で楽しむことを観光客に開放。

石滬の写真：A は高所から俯瞰した石滬の全体を撮影したもの
B は海岸線からの遠望を撮影したもの
C は漁業活動を撮影したもの

文献

澎湖県政府編（1985）『中華民国台湾省澎湖観光簡介』，澎湖県政府

澎湖県政府編（1987）『中華民国台湾省澎湖』，澎湖県政府

澎湖県政府編（1991）『澎湖県』，澎湖県政府

王鑫・馮治華（1991）『澎湖的地形景観』，交通部観光局

澎湖風景特定区管理籌備處編（1993）『澎湖本島蔚藍之旅』，澎湖風景特定区管理籌備處

澎湖風景特定区管理籌備處編（1993）「澎湖観光旅遊資訊」，交通部観光局（パンフレット）

国民旅遊出版社編（1993）『国民旅遊叢書風景特定区之旅』，交通部観光局

澎湖県政府観光課編（1994）『海島風情 PENGHU 澎湖』，澎湖県政府

陳水源（1990 年代）『うるわしい澎湖』，澎湖風景特定区管理籌備處

戸外生活図書股份有限公司台湾製作群編（1996）『金門馬祖澎湖最佳去処』，戸外生活図書

国民旅遊製作群編（1998）『花東澎湖熱門旅遊去処』，戸外生活図書

Log 製作小組編（1999）『到離島走走』，台湾実業文化出版

澎湖県政府編（2000）『四季澎湖海上明珠』，澎湖県政府

交通部観光局編（2000）「澎湖ポンフー」，交通部観光局（パンフレット）

胥育華（2000）『澎湖』，太雅出版

王有森（2001）『澎湖之旅』，玉山社出版

洪雅雯責任編輯（2001）『台湾離島逍遙遊』，生活情報媒体事業

陳玟蓓総編輯（2002）『澎湖金門超好玩』，行遍天下企画

林慧美（2002）『澎湖深度遊』，朱雀文化事業

表 8-2　観光ガイドブック・パンフレットにおける石滬の記載

ガイドブック・パンフレット名	掲載されている石滬のある場所(地名)	石滬の写真	備考
中華民国台湾省澎湖観光簡介（1985）	記載なし	A	目斗嶼港口前景の写真に石滬が写る。
中華民国台湾省澎湖(1987)	七美嶼，吉貝(沙尾海湾)	A・B	七美嶼の石滬は造型優美。捕魚的原始施設。
澎湖県（1991）	七美嶼，赤崁，吉貝嶼	A	七美嶼の石滬は造型優美。捕魚的原始施設。最も早期の人工魚礁。観光客の漁業参加も可能。
澎湖的地形景観(1991)	七美嶼	A	外形が特殊であり，終生忘れがたい。七美嶼の地図中にも石滬の位置が記入。
澎湖本島蔚藍之旅(1993)	記載なし	掲載なし	記載なし。
澎湖観光旅遊資訊(1993)	七美嶼	B	原始的捕魚具。休間漁業活動として利用。七美嶼の石滬のイラストあり。
国民旅遊叢書風景特定区之旅（1993）	記載なし	掲載なし	記載なし。
海島風情 PENGHU 澎湖（1994）	七美嶼	A	先住者の古い漁法。澎湖の新しい観光資源。
うるわしい澎湖(1990 年代：日本語版)	七美嶼	掲載なし	ダブルハートのデザインが美しい。
金門馬祖澎湖最佳去処（1996）	七美嶼	A	月世界。遠くから見ても十分美しい。
花東澎湖熱門旅遊去処（1998）	目斗嶼(沙白水湾)	A	ハート形の魚滬。遠くから見ても十分美しい。
到離島走走（1999）	七美嶼	B	ハート形，芸術的な造型。
四季澎湖海上明珠(2000)	七美嶼	A	安全な休間漁業。
澎湖ポンフー(2000：日本語版)	七美嶼	A	海岸の崖下にはハート形の石滬。人気を集めている。

開発の関係機関として、澎湖風景特定区籌備所が馬公市の文化中心科学館に設置されている。また、行政院経済建設委員会は、一九九四年、「一二項目建設の具体案」(総経費三兆一五〇〇億元)を発表した。そのひとつにレジャー系統、都会公園および体育施設の建設が加えられ、レジャー施設の建設構想の中には、澎湖風景特定区の観光レジャー施設建設が含まれていた。この事業に対しては、一九九一年から二〇〇〇年までの一〇年間に三四・六億元が使用されている(台湾研究所編 二〇〇〇)。

澎湖列島の観光地化の進展とともに石滬にもあらたな海洋レジャー資源としての役割が担わされてきている。それが、前述したように、レクリエーション的な漁業(休閒漁業)のなかで参加型・体験型の漁業施設として石滬を使おうとする動きである。これは石滬に関する観光情報の変化からも知ることができる。表8-2は一九八〇年代から二〇〇二年までの観光ガイドブックおよび観光パンフレットに取りあげられた石滬の記載内容をまとめたものである。一九九〇年代までに掲載された石滬のほとんどが、七美嶼のハート形の石滬であった。この石滬は形がもっとも美しいことで知られ、とくに近くの崖上からその形を眺めることが七美嶼観光の呼びもののひとつであった。掲載された写真のほとんどが急崖上から同じアングルで撮影されている。これらの観光ガイドブックおよび観光パンフレットには漁業にかかわる情報はまったくといってよいほど掲載されていない。しかし二〇〇〇年以降には、体験漁業にかかわる情報が提供され、しかもこれをイメージする手法として、観光客や地元の漁業者が石滬のなかで魚をとる行動を撮影した写真が掲載されるようになってきている。

以上のような変化の中に、本来の漁業という価値をいったん失った石滬が新たな意味を付与され、観光のなかで再び「発見」される状況をよみとることができるのである。

六　おわりに

本章では澎湖列島の石滬漁業を近・現代漁業史的な視点から整理するとともに、近年、石滬に対して付与されている意味について考察した。歴史資料をよりどころに、ひとつの漁具について一〇〇年以上にわたる歴史をまとめた研究例は多くはない。その点でも「石滬漁業史」を提示する意義があったと考えている。しかし、断片的な歴史資料から石滬の漁業史を構築するにはまだ不十分な点が多い。

表8-3は、本章で使用した資料から明らかとなった石滬の数を村里ごとにまとめたものである。一九九九年の数値は悉皆調査であり（洪 一九九九）、澎湖列島全域の石滬の数が正確に表記されている。他の年次の数値は、調査が列島のすべての郷市で同じようにおこなわれたわけではないので、参考にとどめなければならない。しかし、九一五年、一九一七年、一九三〇年の各年とも、数値記録は白沙郷に集中しており、本郷が澎湖列島における石滬漁業の中心であったことをあらためて理解することができる。本表に掲げた一九一五年の漁業免許申請資料についてはまだ十分に分析するにいたっていない。当時七〇件の申請が提出された吉貝嶼における石滬の所有関係などの解明は今後に残された課題である。また、石滬の歴史を考える場合、背後にある台湾の政治体制の変容にも注目しなければならない。歴

表 8-3　地区別の石滬漁具数

	地区名	1896年	1915年	1917年	1930年	1999年
馬公市	中興					1
	重光			1		2
	西衛			15		17
	東衛					1
	安宅					2
	烏崁					9
	興仁					} 7
	鉄線					
	鎖港					3
	山水					7
	五徳			7	4	9
	蒔裡			6		6
	風櫃			1		14
	(小計)			30	4	78
湖西郷	隘門					1
	龍門					12
	菓葉					5
	北寮					2
	南寮			2		10
	湖西			2		} 7
	白坑					
	青螺					2
	紅羅					10
	西渓			3	3	3
	成功					1
	沙港	11		13		23
	中西					2
	尖山			2		
	鼎灣					1
	潭邊			4		2
	許家			1	1	2
	(小計)	11		27	4	83
白沙郷	中屯		3	3	3	9
	講美		7	7	6	8
	港子		4	4	4	5
	岐頭		3	3		3
	小赤崁		4	4	4	5
	大赤崁	8	14	14	14	17
	瓦硐		7	7	8	8
	後寮		23	24	16	32
	通梁	13	21	21	16	33
	員貝		2	2		4
	大倉		6	6	7	8
	鳥嶼		13	12	13	31
	吉貝		70	70	60	88
	(小計)	21	177	177	151	251
西嶼郷	横礁	} 22		4	3	4
	合界				6	11
	竹湾			20		15
	小門					2
	大池					23
	二崁			4		6
	池東			} 30		
	池西					49
	赤馬					4
	内垵			6		9
	外垵			8		19
	(小計)	22		72	9	142
望安郷	東垵			1	} 1	1
	水垵					1
	将軍			1		1
	(小計)			2	1	3
七美郷	東湖					1
	(小計)					1
合計		54	177	308	169	558

注：1896 年は鏑木（1896），1915 年は台湾総督府檔案漁業権資料，1917 年は古閑（1917a-1917l, 1918a-1918c），1930 年は澎湖廳水産課（1932），1999 年は洪（1999a）より算出した。洪（1999a）にある現在の村里名にあわせて，1896, 1915, 1917, 1930 の各年次の地区名を判断した。ただし，湖西郷の尖山地区は洪の村里名にはない。馬公市中興は馬公市中心街の里名である。1917 年の古閑による調査では合計 317 基の石滬が記録されているが，そのうち 9 基については現在の村里名を判断できなかった。

史的資料が多く残る日本統治時代の諸記録は日本側の考え方にもとづいて発信されたものである。したがって伝統漁法である石滬の記録は、台湾に対する支配と資源開発の目的のなかで見落とされてしまったのではないだろうか。そのことは第二次世界大戦後、経済効率をもとめる国家的対応の中で、台湾の側でも伝統漁具が省みられなかったこととあわせて再考する必要があろう。

近年、石滬をめぐってさまざまな言説が出現してきた。そのひとつである在地文化の見直しは台湾全体のナショナルな意図に基づくものである。したがって在地文化の見直しについての分析は本来、石滬といった単一の指標をもちいて議論するものではない。現在のところ、私が意図する研究の守備範囲を越えているといわねばならない。

観光化による石滬への意味づけについては、かつては形が美しい特定の石滬のみが澎湖観光の対象としていわばパターン化されていることが示唆された。しかし近年では、石滬が海洋レジャーの発展の中で休閒漁業観光に関わりはじめている。ただし、石滬の観光利用の限界についても議論しなければならない。海岸から直接アクセスできる石滬もあるが、渡海船を利用して沖合まで行かなければ利用できない石滬も多い。また、石滬の利用は漁具としての効果があらわれる干潮時に限られる。このように石滬観光にも交通手段を確保する必要性や時間的拘束がある。

観光化の分析のためにここで用いたものは、ガイドブックやパンフレットに記載された石滬の説明と紹介内容に限られた。現在も実際に石滬を所有するかあるいは使用する地元の住民はこのような変化をいかにとらえているのか。石滬を担う側への聞き取り調査などは欠落したままである。

以上に掲げたいくつもの問題点に対して調査研究することが今後の課題である。

第九章　澎湖列島吉貝嶼における石滬の漁場利用

一　はじめに

澎湖列島では、石滬漁業が現在でもおこなわれている。とはいえ、列島の主要な漁業は漁獲効率の高い漁船漁業にとってかわって久しい。かつて商業的漁業の地位を有した石滬漁業はその機能を失い、いわば「おかずとり」の漁業として細々と続けられているにすぎない。

一方、石滬研究についていうと、第七章、第八章でみてきたように、漁具の形態や所有権に関する分析や漁業史的研究が一九九〇年代に入ってやっと始まったばかりである。漁業技術や漁場利用における生態学的特質、使用権をめぐる社会的関係、ツーリズムとの関係性などは、いずれも興味深い研究テーマであるが、いまだ十分に議論されてはいない。石滬漁業自体の衰退にともなって漁業活動の観察や聞き取り調査もますます難しくなる状況を考えると、こうした研究の遂行も緊急を要する。

本章では、以上のことをふまえ、第七章と第八章との重複を避けながら澎湖列島における石滬漁業の技術と形態を考察し、そのうえで新しい石滬研究の試みとして白沙郷吉貝嶼における石滬を事例に、「石滬利用の生態」に関する二、三の仮説を提示してみたい。

二　石滬漁業の技術と形態

石滬の立地

台湾における石滬の分布域は、台湾海峡に面する本島北西海岸の後龍、淡水の沿岸部と澎湖列島の北岸一帯の二地域に限定される。特に澎湖列島は石干見が世界でもっとも多く分布する地域といってよい。澎湖列島に多くの石滬が分布する好条件としては、第一章でも記したように、①構築に適した平坦なサンゴ礁の礁原（礁棚）の発達、②玄武岩質の岩石海岸の発達による石材の入手のしやすさ、③最高で二〜三メートルにも達する潮差、加えて、これら三条件と同様の好条件という範疇には当てはまらないものの、④冬季には風波が強く、漁船漁業には不向きであることから、風波に応じて魚類の陥穽を待つ石滬が冬季の漁法として適していたこと、の四点をあげることができた。

石滬がいつ頃、澎湖列島で開始されたのかについては定説がない。しかし、先史時代に定置型の漁業

(trap fishing) がおこなわれたと想定することによって、沿岸部に残るサンゴ石灰岩(咾咕石)でできた囲いのうちのいくつかは、おそらく先史時代から残存しているものであろう、と考える研究者もいる。一方、石滬の記録のうちもっとも古いものは一七〇〇年代初頭のものであり、そこには石滬に課された徴税の記述がある。以上のことは第八章で指摘したとおりである。

石滬は澎湖列島にいったい何基存在したのか。石滬の数を知ることができる記録はほとんど残されていない。列島全体の漁具数を把握することがわずかでも可能となるのは、日本統治時代まで待たねばならない。

表9-1は、一九一七(大正六)年に澎湖廳の漁村調査を実施した古閑義康の記述から石滬漁業を抜粋し、郷ごとに整理したものである。列島全体で三一七基の石滬が記録されている。澎湖の主要な漁業は、当時、延縄、手繰網、巻刺網、建網、流網、一本釣りなどの漁船漁業であった。石滬は、破損したり、漁獲高が減少して価値がないなどと記述されている箇所がめだち、石滬の重要性は、この頃すでに失われつつあることがわかる。一九三〇(昭和五)年には、澎湖廳水産課によって水産基本調査が実施されている。その報告書には地区別の漁業概況が掲載されている。これによれば、列島各地に多くの石滬漁業従事者がいたことがわかる(表9-2)。沙港や吉貝嶼のように、その数が一〇〇名をこえる地区もある。漁業者はほとんどが兼業であった。石滬は半農半漁的性格を有する集落において重要な漁業種類のひとつとして利用されていたことを推察できる。

一九三〇年に漁業法が施行されて以降、石滬の漁業権は、政府に申請して構築場所が船舶航路および

地名	石滬	石滬に関する記述
鎮海灣	(14)	
岐頭郷	3	普通，婦人が従事。キビナゴなど以外が大量に入滬した時のみ男子がでる
鎮海郷	1	
港子郷	4	鎮海郷と共同のもの 3 基。キビナゴなどを大量漁獲した後には一般住民による自由採捕可能
小赤崁郷	4	
員貝嶼	2	北の海面にある。大型
赤崁灣	(26)	
大赤崁郷	14	澎湖廳で漁獲高が最高，主要な対象はキビナゴ，大漁後は一般住民による自由採捕可能
鳥嶼郷	12	主要な漁獲物はキビナゴとカタクチイワシ。石滬網（引網），手揖（ておし）を使用
吉貝灣	(70)	
吉貝郷	70	島の周囲には石滬が無数に併列。キビナゴ，シラスは台湾本島へ，ニベは媽宮（馬公）の市場へ
瓦硐灣	(41)	
中墩郷	3	石滬の位置が悪く，漁獲高は少ない。漁獲物はアイゴなどの雑魚
港尾郷	7	漁業としては石滬が主である。キビナゴ，シラスは相当の漁獲がある
瓦硐郷	7	
後寮郷	24	漁場が刺建網の敷設と競合し，紛争がある
通梁灣	(27)	
通梁郷	21	漁獲高は比較的良好。鰤鮗網，手揖を使用
大倉郷	6	島の南方に石滬が多い
網垵灣	(2)	
網垵郷	1	南部列島には石滬漁業がまだ発達していない
将軍澳郷	1	

古閑（1917a ～ 1917l，1918a ～ 1918c）より作成

表 9-1　澎湖列島における石滬の分布状況（1917 年）

地名	石滬	石滬に関する記述
東西澳	(18)	
火焼坪郷	2	ほとんど破損，放任の状態
后窟潭郷	1	その起源は不明，冬季にはキビナゴ，カツオを漁獲。港湖湾内における石滬の中では優良
西衛郷	15	石滬は多数あるが，漁獲は僅少
蒔裡澳	(14)	
蒔裡郷	6	湾内への魚族の来游が減少し，漁獲高は僅少
雞母塢郷	7	石滬漁業はすでに有名無実化
風櫃尾郷	1	
林投澳	(6)	
双頭掛郷	1	馬公湾にある
西渓郷	3	近来いちじるしく漁獲高を減じた
尖山郷	2	かつてはアジ類の漁獲が多く，郷民は一定の料金を出して漁獲。20 年前の地曳網の使用以降，石滬内に入るものは皆無
鼎湾澳	(20)	
沙港	13	平均漁獲高は湾内の他の郷に比べて優良
東石	1	石滬漁業については特記すべきことなし
港仔尾郷	1	価値のあるものではない
潭邊郷	4	石滬は沙港についで漁獲高がある
中寮・西寮	1	漁獲は比較的良好
南寮澳	(7)	
湖西郷	2	北寮の北方約 1 里のところにあり，大型
後羅罩郷	3	北方に突出する半島の沖合に 2 カ所，青螺郷沖合に 1 カ所。漁獲はアイゴが中心
南寮郷	2	北寮郷の東側にあり，小型。漁獲量は僅少
西嶼澳	(72)	
内垵郷	6	漁獲の優れたものはない。副漁具として手揖《しおし》，狗蝦網《こうか》を使用
外垵郷	8	
小池角郷	30	手揖，滬脚とよばれる引網を使用　漁獲は少なく，破損しているもの多数
二崁郷	4	
竹篙湾郷	20	うち小門が 3 基　外海に 15 基（？），漁獲も多い。副漁具として手揖などを使用
横礁郷	4	

表 9-2　澎湖本島における石滬の分布状況（1930 年）

	石滬従事者	備考
馬公街（馬公鎮）		
后屈潭（重光）	8	
西衛	13	
鐵線尾	5	
雞母塢（五徳）	24	部落有 1 組，個人有 3 組，計 4 組。漁獲高 579 円（昭和 4）
潭里	4	
湖西庄（湖西郷）		
湖西	50	
南寮	21	
菓葉	7	
尖山	13	
港子尾	5	数年前まで 2 組あったが，漁獲高の減少で 1 組になった。漁獲高年間 40-50 円
潭邊	18	成立は約 200 年前
中寮	5	
西寮	8	
沙港	137	
土地公前	5	
東石	1	
港底	?	1 組
西渓	42	石滬 3 個。部落共有 1，共有 2
紅羅	20	
青螺	8	
白猿坑	13	
白沙庄（白沙郷）		
大赤崁	?	石滬漁業 14 組
小赤崁	39	純然たる農業地。石滬漁業 4 組
岐頭（岐頭の部）	29	
（員貝の部）	?	わずかに石滬漁業あり
港子	47	石滬漁業 4 組。古来石滬漁業のみをなす
鎮海	0	昭和 2 年まで石滬漁業 3 組。すべて港子部落に残る
港尾	22	石滬漁業 6 組。漁獲高約 50 円（昭和 5）
中屯	22	石滬漁業 3 組。漁獲高 50-60 円（昭和 5）
瓦硐	40	石滬 8 座
後寮	35	16 組
通梁	63	およそ 300 年前から。石滬漁業 16 組
吉貝嶼	100	従事者 40 名，兼業者 60 名。石滬漁業 60 組。本部落の漁業の中枢
鳥嶼	40	石滬漁業 13 組
大倉嶼	24	すべて専業者。石滬漁業 7 組
西嶼庄（西嶼郷）		
小池角	?	石滬の築設せるもの多し
大池角	40	従事者 25 名，兼業者 15 名
合界頭	?	6 組
横礁	?	3 組
望安庄（望安郷）		
望安	1	1 組

澎湖廳水産課（1932）より作成

表 9-3　澎湖県政府に登録されている石滬漁業権 (1995 年 3 月)

番号	所有者	住所	権利期間	備考
0018	盧瓊台ほか 1 名	高雄	90.07.19-95.07.18	
0019	洪媽在ほか 4 名	池東	90.06.10-95.06.09	
0022	洪應然ほか 7 名	後寮	90.04.03-95.04.02	
0032	顔駿業ほか 1 名	池東	91.09.16-93.07.20 延	更 93.08.26-98.08.25
0072	洪朝聘ほか 3 名	鼎湾	88.02.29-94.02.02 延	更 94.04.21-99.04.20
0075	陳明忠	赤崁	87.08.21-92.08.20	
0117	楊泰化	赤馬	89.05.05-94.05.04	
0118	楊泰化	〃	89.05.05-94.05.04	
0127	顔根在	風櫃	89.01.16-94.01.15	
0152	楊特清ほか 5 名	赤馬	89.05.05-94.05.04	
0153	楊泰化ほか 5 名	赤馬	89.05.05-94.05.04	
0155	謝龍且	吉貝	89.01.16-94.01.15	
0175	呉光庇	竹湾	91.07.26-96.07.25	
0200	涂金殿	赤崁（東滬）	88.02.13-93.02.12	更 94.01.10-99.01.09
0201	〃	〃（西滬）	88.02.13-93.02.12	更 94.01.10-99.01.09
0212	謝呉錦雪ほか 4 名	安宅	89.06.13-94.06.12	
0005	楊壬酉ほか 2 名	赤崁	94.07.16-99.07.15	
0006	〃ほか 4 名	〃	94.07.16-99.07.15	

澎湖県政府「定置区画漁業権者名冊」による
注：権利期間は西暦年 (下 2 桁). 月 . 日を示す 。
延は継続延長を示す。
更は漁業権が更新されたことを示す 。

国防工事を妨害せず、またそれまでの漁業習慣や公益に反することがないと認められれば、取得できた（李・屈 一九八〇）。一九五七（民国四六）年には、澎湖全体で一九二の石滬が登記されている。とくに白沙郷と西嶼郷に多かった（蔣 一九七二）。しかし、その後、漁船漁業の発達や沿岸の漁業資源の枯渇により、更新されなかった漁業権も多かったと考えられる。一九九五年三月の現地調査では、澎湖県政府を訪ね定置漁業権免許証を閲覧することができた。しかし、登録されている石滬は一八件にすぎなかった。しかもそのうちの八件は、許可期限が切れたのち更新されていなかった（表9-3）。

石滬の形態

「台湾之沿岸漁業」（張 一九七四）には、石滬について次のような説明がある。すなわち、この漁業は陥穽漁具の一種であり、上げ潮流とともに接岸した魚群を退潮時に石垣でさえぎり、海水だけを水門より排出させた後、魚群を石滬内に陥れるものである。干満差の大きい海岸に石を積み半円形の石垣を構築する。口は陸側に向いている。長さは築造される場所の地形的環境によって異なるが、通常は一五〇から一九〇メートルである。石積みの幅は、風波が強くあたる中央部が厚く石垣の高さもこの部分がもっとも高い。

顔（一九九二）によれば、吉貝嶼の石滬も初期の頃には海岸部を半円形に囲んだ石堤であったという。とくに水門が設けられることはなかったようである。吉貝嶼の周辺海域は傾斜が緩やかで、小潮の時には海水が滞留し、これに伴って魚群も停留する。したがって石堤部分をはうように遊泳する魚群の習性を利用して集魚する半円形の石滬の効率はよいとはいえなかった。また、石滬内で魚群を追いつめ漁獲することも難しかった。そこで、半円形石堤の中に枝状に石積みを付加する石滬が造られた。この枝状の石積みを滬牙《ホーバッ》、また滬牙をもつ石滬を有滬牙滬とよんだ。漁業者は滬牙の上に立って漁業活動をおこなった。有滬牙滬による集魚効果は半円形石堤に比べると高かったが、海水があまり引かない小潮時には十分に機能しなかった。

次に発展した形態として考案されたのが、半円形石堤に滬目あるいは滬房《ホーパン》とよばれる捕魚部を設けた

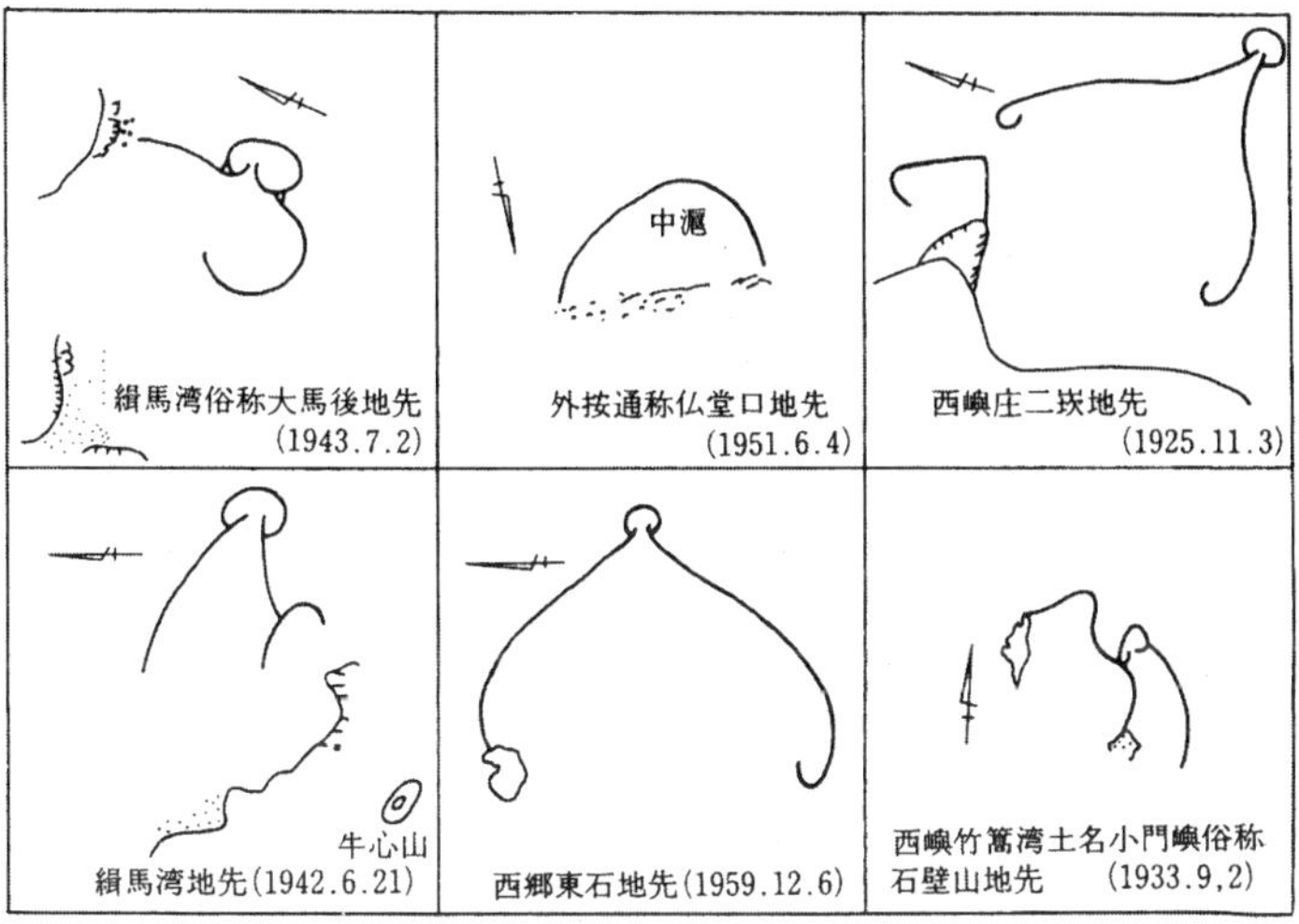

図9-1　石滬の形態

石滬である。退潮時に魚は石堤にさえぎられながら、滬房へと陥穽させられる。集魚効果は前二者に比べて大きかった。前述した澎湖廳水産課による『澎湖廳水産基本調査報告書』の湖西庄潭邊の項に付された石滬の図には、滬房が設けられている。図9-1は澎湖県政府に登録された「定置区画漁業権者名冊」に掲載されている石滬の付図を筆写したものである。これらの付図の登録年次から、滬房を有する石滬が大正時代や昭和初期には澎湖列島全域にすでに存在していたことがわかる。一方、吉貝嶼の石滬に滬房が設けられたのは、聞き取りによれば、一九四〇年前後の四、五年間であったといわれている。

顔は、以上のような三つのタイプの石滬に注目し、そこに無滬房の半円形石堤から無滬房であるが有滬牙の石滬、さらには有滬房滬へと発展段階があったことを明らかにしている。半円形石堤お

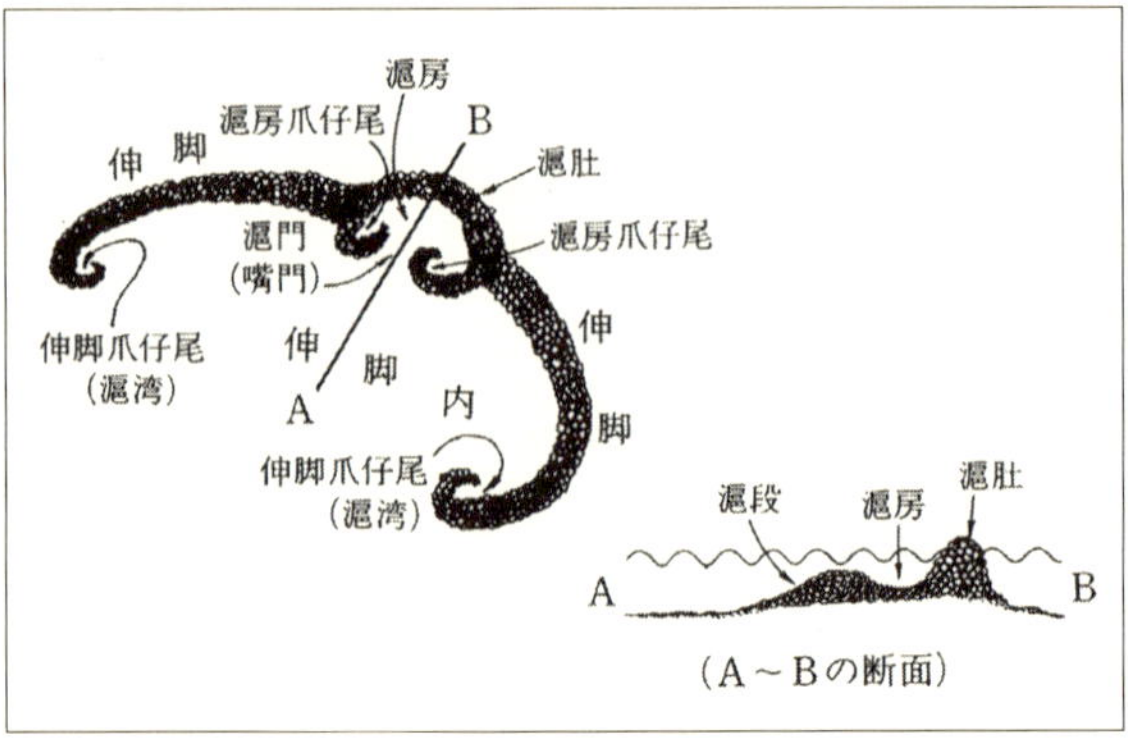

図 9-2　滬房のある石滬（模式図）

よび有滬牙滬は、小潮時には十分に干上がらない水深の浅い沿岸部に築造されたので浅滬、他方、有滬房滬は大潮、小潮の制限をうけない比較的沿岸から離れた水深の深いところに築造されたので深滬と分類された。前掲図9-1のうち二基の石滬が描かれている西嶼庄二崁地先や緝馬湾地先では、水深の浅い岸側に無滬房、水深の深い沖側に有滬房の石滬が築造されていることも明らかである。敷設場所の違いとこれに伴う築造工事の困難性の多寡という点から見ても、石滬の発展段階を正当化することができるだろう。

次に、滬房のある石滬の構造について説明しよう。

図9-2は有滬房滬を模式的に描いたものである。両袖のように伸びたもっとも長い石積みの部分を伸脚《チュンカー》という。伸手《チュンチュー》あるいは滬手《ホーチュー》とよぶところもある。伸脚に囲まれた内側部分全体が伸脚内《チュンカーライ》である。伸脚の両端は魚が石滬の外へ逃げにくいように、内側へ向かって曲がり込んでいる。この部分のことを伸脚爪仔尾《チュンカージャワボエ》あるいは滬湾《ホーワン》とよぶ。伸脚の中央部の沖側に滬房が設けられる。滬房に入る部分を滬門《ホーモン》や嘴口《ツイカオ》と

いう。滬房に入った魚をここから出にくくするために、滬房の石積みにも伸脚同様、かえしの構造が見られる。これは滬房爪仔尾《ホーパンジャワボエ》である。

滬房の最奥部の石積みは滬肚《ホートー》とよばれる。漁業者がこの部分に立って漁業活動をしたり、移動したりするので、石積みの幅を一・五メートルはとる。伸脚と滬房との接続部も石積みの幅を広めにとり、そこに、漁獲した大型魚をいったん集めておくために直径一・三メートル、深さ一・二メートルほどの穴を設ける場合がある。これは魚井《イーチエン》とよばれる。

伸脚内の中央部は滬房より一メートルほど深くする。滬房内は漁獲がしやすいように、小さな石を底に敷きつめ、水深を浅くする。伸脚内から滬門にいたる部分は魚を滬房に誘導するために、徐々に高くなるように傾斜をつけて石を積む。この部分を滬段《ホーティン》という。

石滬に用いられる石材は、海岸部や海岸に近い岩山から切り出される玄武岩の割石である。サンゴ石灰岩は透水性にすぐれるが軽量であるため、これで積んだ石垣は強い波によって壊れやすい。そこで内側だけサンゴ石灰岩で積み、外側は玄武岩でこれをおおうようにして築いた石滬もある。

三　吉貝嶼における石滬の利用

吉貝嶼は白沙本島の北方五・五キロメートルに位置する面積約三・一平方キロメーールの小島である。

戸数約三〇〇、人口は一六八五人（一九九〇年）である。玄武岩からなる低平な島で、島内の最高点は約一六メートルにすぎない。水源が不足していることと、澎湖列島の北辺にあり秋から翌年の春にかけて強い北東季節風を直接うけること、などの理由によって農業には適さない。基幹産業は漁業で、焚寄《たきよせ》網、流網、曳縄釣りなどの漁船漁業が中心である。

島の周囲にはサンゴ礁が発達し、水深の浅い礁原が広がる。ここで古くから、石滬漁業が営まれた。一九一七年の漁村調査報告には七〇基の石滬があったと記されている。『澎湖廳水産基本調査報告書』は、一九三〇年当時、石滬を営む組が六〇あり、この漁業が吉貝嶼の中枢であるとしている。しかし、漁獲量の減少がいちじるしく、六〇年前頃の二、三割しかとれていないということも合わせて記載している。当時すでに漁船漁業が主流となり、これによって魚群が沖合で漁獲されてしまい、接岸する魚群の量は減少していたことを推定できる。

現在、石滬の数は六〇〜七〇年前より多く、約八〇基ある。聞き取りによれば、漁獲量は最近二〇年間でさらに三分の一に減少したという。かつて馬公市場や台湾本島の台南市場へ漁獲物を出荷していた商業的漁業の性格はすでに失われ、石滬はいわば「おかずとり」程度の漁業と化している。

吉貝嶼の石滬は、島内の親類や友人が共同で築造し、その男系子孫が所有権を継承してきた。表9-4は現在ある石滬の共同所有の株数（持分数）を示したものである。六から八の株数で所有されているものが全体の三分の一にのぼる。ただし、一株が必ずしも一名によって所有されているとは限らない。また漁業者は通常、複数の石滬の株を所有している。

漁場利用は、旧暦八月一日から一年間、漁業者が毎日交替して使用する輪番制によっている。そのため、八月一日以前に年間の利用順を決定するくじ引きがおこなわれる。漁獲量は潮の変化に応じて多寡があるという。したがって、くじ順によって各自が年間にわたって利用する日の潮加減がわかり、その年の漁獲の良し悪しが判断される場合もある。

次に、石滬を所有する個人と特定の石滬をとりあげて、漁場利用と所有形態についてみてゆこう。

陳定来氏（一九二八年生まれ）は、一三基の石滬の所有権を持っている。吉貝嶼北海岸に三基（凹滬《ラプホー》、粗滬《チョッホー》、船仔頭滬《チュナタウホー》）、北にある過嶼に七基（門前滬《ブイチーホー》、龍頭滬《リオンタウホー》、礁坪滬《タペホー》、長岸東滬《トウンホアンタンホー》、高西滬《コアサイホー》、低西滬《ケーサイホー》、龍尾滬《リオンポエホー》）、さらに北の目斗嶼に三基（西坪口《サイペカウ》、旧滬《クーホー》、新滬《シンホー》）である。このうち吉貝嶼北岸と過嶼にある合計一〇基は、陳氏の配偶者の父、荘石臨氏が所有していた。荘氏には二人の息子がいたが、いずれも島に残らず、高雄に出てしまったため、陳氏がその権利を継承した。

荘氏は船仔頭滬の代表者であった。代表者のことを滬主とよぶ。滬主の権利は世襲されるため、陳氏に引き継がれている。滬主は、石滬の築造に必要な石を砕くための斧や石を運搬する船を提供した。築造に適している季節は夏季のみであり、しかも作業は潮の引いた昼間に二、三時間しかできない。一基を完成さ

表 9-4　吉貝嶼における持分（株数）別の石滬の数

持分	数	%
1	1	1.3
2	1	1.3
3	0	
4	3	3.9
5	4	5.3
6	6	7.9
7	7	9.2
8	13	17.1
9	4	5.3
10	6	7.9
11	7	9.2
12	5	6.6
13	0	
14	3	3.9
15	0	
16	7	9.2
17	2	2.6
18	2	2.6
30	5	6.6
計	76	100.0

顔（1992）より作成

せるまでには二、三年はかかったという。滬主は築造期間中、旧暦一日と一五日には築造に従事している共同所有者の食事を用意した。海岸で神（好兄弟という安全と繁栄をもたらす神）を拝んだ後、ともに食事をした。船仔頭滬は一三株によって所有されているので、滬主は石滬の築造にあたって一三分の一の仕事を分担した。その後の補修作業時には、一四分の二が持分となった。漁獲の権利すなわち石滬の利用権は一四分の二与えられる。そのため、利用順を決定するためのくじは二回ひくことになる。

朱同賢氏（一九二七年生まれ）は、妻と二人暮らしである。島から出ている子どもたちからの送金とわずかな野菜作り、石滬での魚とりで生活をしている。朱氏は八基の石滬の所有権を持っている。しかし、現在使用しているのは、凹滬（持分は一七分の一、以下（　）内は持分を示す）、外滬《ゴアホー》（一〇分の一）、蹋滬《ラプホー》（一八分の二）、外坪滬《ゴアペホー》（一〇分の一）、沙滬仔《ソアホーア》（一〇分の一）の五基である。それぞれに対して、くじで利用順が決定される。仮にくじ順の関係で複数の石滬に対して利用する日が重なってしまう場合には、みずからが利用するもの以外は他人に頼んで魚をとってもらう。その場合、漁獲物の取り分は半分ずつであるという。

朱氏が使用する凹滬では、通常、潮が四分ほど引いた時に漁にでる。ただし、小潮の時には五分、大潮の時には七、八分引いたところで魚とりをはじめる。大潮の時でも滬房内の海水は引いてしまわず、水深にして約一・三メートルは残るという。小潮の時には水深は二メートルほどに達する。このため、小型の曳網やタモ網を使用したり、ゴーグルをつけて泳ぎながらヤスで魚を突いたりする。一九九五年三月一七日には、朱氏に凹滬の利用順が回ってきた。みずから朝夕の二回漁に出たが、高齢であるため他の若い人四、五名に手伝いを頼んだ。この日は風が強くて寒いので朱氏は漁には参加せず、海岸に設けられた防風壁から漁業活動を見守った。漁獲物はアイゴが主であった。朱氏が漁獲物の半分をもらい、残り半分を手伝いのものが分配した。朱氏は漁獲物を隣人や親戚にも分け与えるということであった。

　柯其便氏は五基の石滬の権利を所有している。柯氏の父には六人の子供がいたが、柯氏以外の五人は島から出たので、残った彼が権利を継承し、管理している。柯氏の所有する石滬および持分は、船仔頭滬（一四分の〇・五）、高勢仔尾滬《コアンシーアボエホー》（七分の〇・七五）、外滬（一〇分の一）、内滬《ライホー》（一一分の一）、礁坪仔滬《タペアホー》（三六分の二）である。船仔頭滬は一四分の一の株を二人で共有し、一カ月交替で利用している。高勢仔尾滬の株についても二人で共有し、二年間は七分の一、続く二年間は半年だけ七分の一を保有する。以上のような〇・五や〇・七五の持分が生じたのは、権利を所有している複数の石滬で補修が重なった結果である。すなわち、石滬の補修に対して労働を提供できなくなり、他人にこの作業を任せるとともに、持分を与えることになったのである。

四　漁場利用の分析――くじ順と漁獲量に関する仮説

　石滬漁業の漁期は周年にわたるが、盛漁期は北東季節風が強い旧暦一〇月から一二月にかけての三カ月間である。この時期は波浪が大きく、これによって大量の魚群が接岸するからである。また、大潮となる旧暦初一日および一五日の前後数日間は漁獲がよい。特に月のない朔の夜に漁獲量が多いという。反対に小潮の初八日および二二日とこれらの日の前後二、三日間は漁獲量が少ない。大潮時と小潮時の漁獲量の差異は、石滬内へ流動する水量の多寡によって生じる魚群の陥入量の差に基づくものであろう。

ところで石滬漁業における漁場利用の特色に、権利者がくじ順に応じて毎日交替する利用形態がある。すでにふれたように、くじによって旧暦八月一日から一年間の利用順があらかじめ決定される吉貝嶼では、そのくじ順と潮時がうまく巡りあうか否かで年間の漁獲量の見込みがあらかじめ判断できるという。たとえば、株数一四の船仔頭滬の場合、もっとも良いくじ順が五、六、七番、次に良いくじ順が三、四、八、九、一〇番、良くないくじ順が残りの一、二、一一～一四番である。株数一〇の石滬では一、八、九、一〇番、株数一一の石滬では一、二、三、八、九、一〇、一一番がそれぞれ良いくじ順とされる。他方、株数七や一二、一七の石滬にはくじ順による漁獲量の個人差はないということである。

以上のことをふまえて、表9-5に、①くじ順が漁獲の良し悪しを細かく決定する株数一四の石滬、②くじ順が漁獲の良し悪しを決定する株数一〇、一一の石滬、③くじ順が漁獲の良し悪しを決定しない株数七、一二、一七の石滬、について一九九一年八月から一九九二年七月までの漁業活動を例として取りあげ、潮の巡りとくじ順あるいは季節との関係が石滬ごとにどのように形成されるかを検討した。表には、旧暦による各月の朔の日（初一日）と望の日（一五日）、そしてその前後二日、計五日間をそれぞれ選び出し、その期間にくじ順で漁業活動がおこなわれるものに○印を付した。

株数一四の石滬（表9-5a）では、良いくじ順の場合、いずれも盛漁期一〇～一二月の三カ月間に、大潮の日前後の漁業活動が四ないし六度巡っている。朔の日前後も二ないし三度巡っている。次に良いとされる五つのくじでは、盛漁期に二ないし四度、大潮の日前後の漁業活動が巡ってくる。これに対して悪いくじの場合には、二番くじが一〇月に二度大潮の漁業活動が巡ってくるだけで、他のくじ順では盛漁期に大潮の日に巡りあうことがない。

株数一〇の石滬（表9-5b）では、良いくじ順にあたる一、八、九、一〇番では盛漁期には朔の日前後の漁業活動が必ず巡ってくる。しかも一年間に朔が巡る回数はいずれも九〜一一回に達している。悪いくじ順とされる二番は、盛漁期には朔の日の漁業活動が巡っているので、良いくじに近いと判断されるが、詳細はわからない。その他の悪いくじ順では、望の日の漁業活動は巡ってくるが、朔の日はほとんど巡ってこないか、巡ってきたとしても、盛漁期以外の時期である。株数一一の石滬（表9-5c）では、良くないくじ順の四〜七番が他の良いくじ順とどこに違いがあるのか、いまのところ見いだしていない。

株数七の石滬（表9-5d）、一二の石滬（表9-5e）一七の石滬（表9-5f）はいずれもくじによる漁獲量に差がない事例である。株数七の場合には、いずれのくじ順も盛漁期に二度（ただし六番は三度）の朔の日前後の漁業活動が巡っていることがわかる。しかし、株数一一の場合には、盛漁期における朔と望の巡り方には一〜四回と違いがみられた。年間に朔と望が巡ってくる回数はいずれも九〜一二回の範囲内にある。また、株数一七の場合には、付表に示したように盛漁期における朔と望の巡り方には六通りあった。このうちタイプC（朔1・望1型）が一七のくじのうちの六を占めた。一方で、朔と望が

表 9-5a　潮の巡りとくじ順の関係（株数 14 の石滬）：1991 年 8 月～ 1992 年 7 月

		旧暦	8月	9月	10月	11月	12月	1月	2月	3月	4月	5月	6月	7月	8月	計
良いくじ順	5 番	朔		○	○	○							○	○	○	6
		望		○	○	○							○	○		5
	6 番	朔			○	○	○							○		4
		望			○	○	○							○		4
	7 番	朔				○	○							○		3
		望				○	○							○		3
次に良いくじ順	3 番	朔	○	○	○						○	○	○	○		7
		望	○	○	○						○	○	○	○		7
	4 番	朔		○	○	○						○	○	○		6
		望		○	○	○						○	○	○		6
	8 番	朔		○	○	○						○	○	○		6
		望		○	○	○						○	○	○		6
	9 番	朔				○	○	○								3
		望				○	○	○								3
	10 番	朔				○	○	○								3
		望				○	○	○								3
悪いくじ順	1 番	朔	○	○						○	○	○	○			6
		望	○	○						○	○	○	○			6
	2 番	朔	○	○	○						○	○	○			6
		望	○	○	○						○	○	○			6
	11 番	朔					○	○	○							3
		望					○	○	○							3
	12 番	朔					○	○	○							3
		望					○	○	○							3
	13 番	朔						○	○	○						3
		望	○					○	○	○						4
	14 番	朔							○	○	○					3
		望	○						○	○	○					4

表 9-5b　潮の巡りとくじ順の関係（株数 10 の石滬）：1991 年 8 月～ 1992 年 7 月

		旧暦	8月	9月	10月	11月	12月	1月	2月	3月	4月	5月	6月	7月	8月	計
良いくじ順	1 番	朔	○	○	○	○	○	○	○	○	○					9
		望							○	○	○	○	○	○		6
	8 番	朔			○	○	○	○	○	○	○	○	○	○		10
		望														0
	9 番	朔		○	○	○	○	○	○	○	○	○	○	○		11
		望											○	○		2
	10 番	朔		○	○	○	○	○	○	○	○	○				9
		望										○	○	○		3
悪いくじ順	2 番	朔	○	○	○	○	○	○								6
		望			○	○	○	○	○	○	○	○	○	○		10
	3 番	朔	○	○												2
		望	○	○	○	○	○	○	○	○	○	○	○	○		12
	4 番	朔														0
		望	○	○	○	○	○	○	○	○	○	○			○	11
	5 番	朔											○	○	○	3
		望	○	○	○	○	○	○	○	○	○					9
	6 番	朔										○	○	○		3
		望	○	○	○	○	○	○								6
	7 番	朔							○	○	○	○	○	○		6
		望	○	○												2

一回も巡ってこないくじ（タイプF）が一あった。また盛漁期に朔が二回、望が一回巡ってくるタイプAにあたる三番くじと七番くじは、年間を通じてみた場合にも他のくじ順より有利な条件となっているように考えられる。このように、株数一二と一七の石滬においては、現在のところ、月齢とくじ順の巡りとの関係でまだ解明できていない部分があることを記しておく。

以上のように、くじ順が朔と望さらにはこれらと関係する潮（潮差が大きいこと）との関係によって、漁獲量に個人差が生じる場合があることを明らかにできた。しかし、

表 9-5c　潮の巡りとくじ順の関係（株数 11 の石滬）：1991 年 8 月～ 1992 年 7 月

		旧暦	8月	9月	10月	11月	12月	1月	2月	3月	4月	5月	6月	7月	8月	計
良いくじ順	1番	朔	○			○	○		○	○			○			6
		望		○			○	○		○	○		○	○		7
	2番	朔	○			○			○	○		○	○		○	7
		望	○	○			○			○	○		○	○		7
	3番	朔	○		○	○			○			○			○	6
		望	○	○		○	○			○			○			6
	8番	朔		○			○	○			○			○		5
		望			○			○	○			○				4
	9番	朔		○			○	○		○	○		○	○		7
		望			○			○			○	○		○		5
	10番	朔		○			○			○	○		○	○		6
		望		○	○			○			○			○		5
	11番	朔		○		○	○			○			○			5
		望		○			○	○			○			○		5
悪いくじ順	4番	朔			○	○			○			○				4
		望	○			○	○		○	○			○			6
	5番	朔			○			○	○			○				4
		望	○			○			○	○		○	○			6
	6番	朔			○			○			○	○		○		5
		望	○		○	○			○			○				5
	7番	朔		○	○			○			○			○		5
		望			○	○			○			○				4

以上のような関係性だけでは理解できない事例もあった。私の聞き取り結果が誤りなのか、あるいは話し手が本質的に認識している風、潮差、操業時間という関係性以外のことが存在するのか。いずれにしても不明な部分の解釈は、ここでは留保しなければならない。

　ところで、すでにみてきたように、吉貝嶼では、通常、個人が複数の石滬の所有権を有する。しかも、各自が権利を有する石滬の株数はほとんど一定していない。このことは、石滬の利

表 9-5d　潮の巡りとくじ順の関係（株数 7 の石滬）：1991 年 8 月～ 1992 年 7 月

		旧暦	8月	9月	10月	11月	12月	1月	2月	3月	4月	5月	6月	7月	8月	計
くじ順にとくに関係しない	1番	朔	○	○		○	○	○		○	○	○	○			9
		望	○	○		○	○	○		○	○	○	○			9
	2番	朔	○	○	○		○	○	○		○	○	○			9
		望	○	○	○		○	○	○		○	○	○			9
	3番	朔	○	○	○		○	○	○		○	○	○	○		10
		望	○	○	○		○	○	○		○	○	○	○		10
	4番	朔		○	○	○		○	○	○		○	○	○	○	10
		望		○	○	○		○	○	○		○	○	○		9
	5番	朔		○	○	○		○	○	○			○	○	○	9
		望		○	○	○		○	○	○			○	○		8
	6番	朔			○	○	○		○	○	○			○		7
		望	○		○	○	○		○	○	○			○		8
	7番	朔				○	○			○	○	○		○		6
		望	○			○	○			○	○	○		○		7

用の重複というリスクを少なくすることに役だっているといえるのではないだろうか。すなわち、各石滬の年間の利用日はくじによって決定される。仮に、ある漁業者が同じ株数の石滬複数基の所有権を持っていたとしよう。もしこれらに対してくじ引きによって同じくじ順を引いてしまった場合、一年間の利用日はまったく同じになってしまう。一回の操業で複数の石滬を利用することは不可能なので、この漁業者はみずからが入漁する石滬以外の石滬での操業を他人に依頼しなければならない。するとそこでとれた魚は依頼者と被依頼者の間で分配しなければならないのである。他方、権利を有する各石滬の株数が一定でなければ、たとえ同じくじ順をひいてしまったとしても、複数の石滬で利用日が重なる場合は少なくてすむ。このようにくじ順の重複を回避するために、株数の異なる石滬が造られてきたと考えられないであろう

表 9-5e　潮の巡りとくじ順の関係（株数 12 の石滬）：1991 年 8 月～ 1992 年 7 月

		旧暦	8月	9月	10月	11月	12月	1月	2月	3月	4月	5月	6月	7月	8月	計
くじ順にとくに関係しない	1番	朔	○		○		○		○		○			○		6
		望	○		○		○		○		○		○			6
	2番	朔	○		○		○					○		○		5
		望	○		○		○		○		○					5
	3番	朔	○							○		○		○		4
		望	○		○		○		○		○			○		6
	4番	朔				○		○		○		○		○		5
		望	○		○		○					○		○		5
	5番	朔		○		○		○		○		○			○	6
		望	○							○		○		○		4
	6番	朔		○		○		○		○		○			○	6
		望				○		○		○		○		○		5
	7番	朔		○		○		○		○			○		○	6
		望		○		○		○		○		○		○		6
	8番	朔		○		○		○					○			4
		望		○		○		○		○		○				5
	9番	朔		○					○		○		○			4
		望		○		○		○		○			○			5
	10番	朔			○		○		○		○		○			5
		望		○		○		○					○			4
	11番	朔			○		○		○		○		○			5
		望		○					○		○		○			4
	12番	朔			○		○		○		○					4
		望			○		○		○		○		○			5

表 9-5f 付表　盛漁期（10-12 月）に朔・望が巡る回数とくじ数

タイプ	朔	望	くじ数
A	2	1	2
B	1	2	2
C	1	1	6
D	1	0	3
E	0	1	3
F	0	0	1
計			17

表 9-5f　潮の巡りとくじ順の関係（株数 17 の石滬）：1991 年 8 月～ 1992 年 7 月

		旧暦	8月	9月	10月	11月	12月	1月	2月	3月	4月	5月	6月	7月	8月	計
くじ順にとくに関係しない	1番	朔	○				○				○					3
		望				○				○				○		3
	2番	朔	○				○				○			○		4
		望				○				○				○		3
	3番	朔	○			○	○			○	○			○		6
		望				○				○			○	○		4
	4番	朔				○				○				○		3
		望			○	○			○	○			○			5
	5番	朔				○				○				○		3
		望			○				○				○			3
	6番	朔				○				○			○	○		4
		望			○				○				○			3
	7番	朔			○	○			○	○			○			5
		望			○				○				○			3
	8番	朔			○				○				○			3
		望			○				○			○				3
	9番	朔			○				○				○			3
		望										○				1
	10番	朔			○				○				○			3
		望						○				○				2
	11番	朔			○				○			○				3
		望		○				○				○				3
	12番	朔		○				○				○				3
		望		○				○				○				3
	13番	朔		○				○				○			○	4
		望	○	○			○	○			○					5
	14番	朔		○				○				○				3
		望	○				○				○				○	4
	15番	朔		○				○				○				3
		望	○				○	○			○				○	5
	16番	朔		○			○				○					3
		望	○				○				○			○		4
	17番	朔					○				○					2
		望	○			○	○				○			○		5

か。ただし、石滬の株数によっては、良いくじ順、悪いくじ順が発生する。しかし、これも長期的に見れば、漁業者それぞれにとって漁獲量の平等性が確保できるように機能しているといえるのではないだろうか。

五　おわりに

石滬の漁場利用について生態学的な側面から分析をおこない、いくつかの仮説を提示した。これらの仮説を論証するためには、石滬の株数がどのようなプロセスを通じて、またどのような考えに基づいて決定にいたるのかを調査する必要がある。漁場利用の平等性は、第一にはくじ引きによる輪番制によって達成されていると考えられるからである。しかし、問題はそれにとどまらない。同じ漁法を利用しているからには、結果的には各漁業者の漁獲量が平準化していることが証明されなければならない。そのためには漁獲量に関する日別、月別のデータ、季節的な変動を示すデータなどがぜひとも必要である。しかし、残念ながら利用できる漁獲データはきわめて少ないといわざるをえない。

台湾における石滬研究は、緒についたばかりである。研究の方法や範囲そして研究の可能性をあらためて問うことが今後ますます求められる。

第十章　東アジアの石干見研究——まとめと課題

ここまで、石干見の分布、形態と構造、所有関係を考え、日本、韓国、台湾における石干見の実態を明らかにしてきた。以下では、本書で得た石干見研究の諸成果を確認し、また、いくつかの課題を提示して「まとめ」の章としたい。

一　東アジアの石干見分布圏

日本、韓国、台湾を中心とする東アジア地域における石干見の分布域は、学界では一九六〇年代からすでに明らかとなり、分布域を示す地図も描かれてきた。今回、日本については一九七〇年代から一九八〇年代にかけての沖縄（南西諸島）、奄美諸島、五島列島の状況、韓国、台湾についても最新の情報が詳説された。これによって以前より高い精度で石干見の分布状況を理解することが可能となった（図

10‐1）。

沖縄においては八重山列島小浜島の石干見が詳しく論じられた。矢野・中村・山崎（二〇〇二）による報告に続いて、研究データが整理された意義は大きい。奄美諸島では従来から知られていた奄美大島北部の笠利、龍郷に加えて、同島南部瀬戸内、そして奄美大島の南に位置する徳之島の石干見の状況が明らかとなった。五島列島では北部の小値賀島と南部の福江島の石干見が論じられた。西九州の石干見分布域の中では空白であった五島列島の状況が、有明海や島原半島沿岸、宇土半島沿岸、鹿児島県出水地方における従来の石干見研究に加えられたことになる。

韓国では、石干見が忠清南道、全羅北道、全羅南道、慶尚南道、済州島というように、黄海側に面した西海岸および対馬海峡に面した南部のとくにリアス式海岸域に広く分布する。ただし、まだ、海岸線全域にわたって調査されたわけではなく、今後の研究成果が待たれるところである。

台湾澎湖列島に残存する石干見の数は五〇〇基以上にもおよぶ。世界一の石干見の集中地域を形成しているといえよう。台湾本島北西部の海岸域にもかつて石干見が数多く分布していた。その一部は現在でも利用されている。

それでは図10‐1のような分布域は、いかにして形成されたのであろうか。石干見は、基本的には沿岸の環境に応じて各地で発展をとげたものと考えなければならない。しかし一方では、東アジアのみならず、東南アジア、南太平洋地域の海洋文化とのつながりもあろう。とはいえ現在のところ、長い海岸線を持つ中国中南部一帯の石干見についての情報はほとんど得られていない。澎湖列島の石干見は台湾

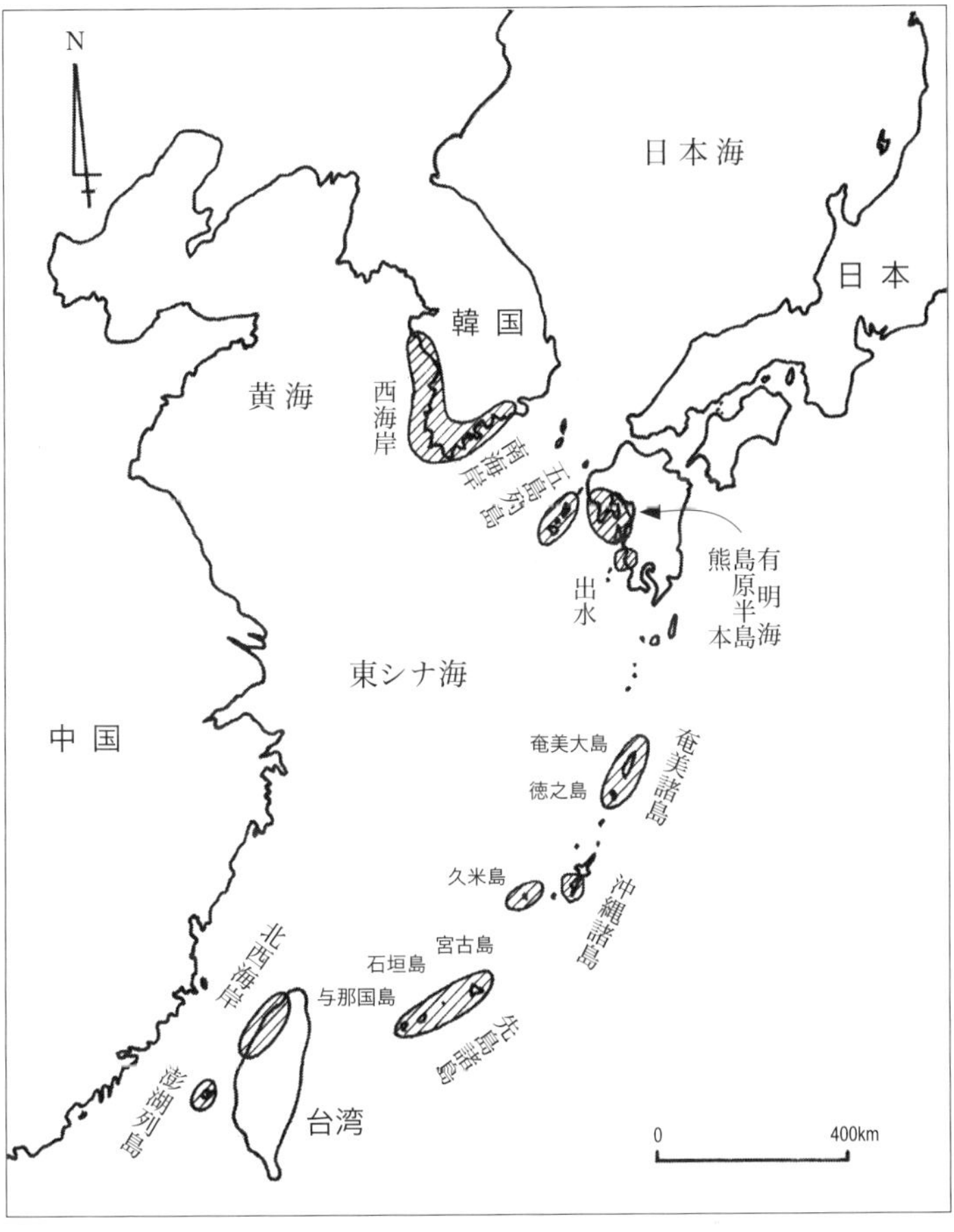

図 10-1　東アジアにおける石干見の分布

海峡を隔てた福建省沿岸の漁業者が澎湖列島へ移住した際にもたらした技術であるとも伝えられており、中国中南部との関係性も視野に入れて研究が続けられなければならない。そこで次に、中国における石干見の記録についてふれておきたい。

二　中国における石干見の記録

中国の石干見に関係する文字は「滬」である。この「滬」について、まず、辞書的な記述をとりあげて、それらがもつ意味について考えてみよう。

「滬」は、『新字源』には「えり、あじろ、海辺に竹を並べ立てて魚をとる仕掛け」、『中日大辞典』には「えり――細長く屈曲した袋状に竹簀を立てて魚をとる仕掛け」とある。『漢語大詞典』によれば、唐代末の陸亀蒙による連詩作「漁具」の序文に「竹を海澨に列べるを滬と曰う」こと、また宋の陸游の詩「村舎」に「潮生じ魚滬短く、風起こり鴨船斜めなり」という部分があることがわかる。滬とともに簄という文字も用いられる。

『中国漁業史の研究』を著した中村（一九九五）も、「滬」は前述した陸亀蒙の漁具詩の序に見えることを指摘している。さらに明の正徳修『華亭県志』巻三風俗の業漁で「竹を編んで港を断つを断と曰い」、加えて清の『全唐詩』の滬の注では「呉人今これを簖という」ことも述べている。呉は現在の江蘇省の別名である。そこには太湖をはじめ七大湖など長江の水流を調節する遊水湖が多く分布する水郷地帯が形成されていた（羽原 一九六一）。ここは当時から有名な漁業地域であった。「今」とはおそらく唐代のことをさしたのであろう。滬は日本のエリに類するものといえよう。

羽原（一九六一）は、中古（漢より宋にいたる年代）の漁撈法として「滬（ことえり）」をあげている。「滬」は「魞」とも書き、潮の満ちるときに海浜に竹を列をなして立て、林のようにし、これに簿（たけす）を張っておいて、退潮に伴って魚類が沖へ出るのを留めとらえるものである。したがって滬は魞と同じ仕掛けである。李・屈（一九八〇）が著した『中國漁業史』にある挿図「魚扈図」は、時代は明らかではないが、竹と思われる杭をV字形に敷設した漁具を示している。これはこれまでみてきた定置漁具の「滬」に合致する漁具と考えてよいのではないだろうか。ただし、前述した陸游がいう「滬」は、潮の満ち引きを利用するもののようである。

ふたたび『漢語大詞典』に戻ろう。

清時代、黄叔璥による『台海使槎録』の「賦餉」に「滬は海坪の潮漲の及ぶ處に於いて、周囲に土岸を築く。高さ一、二尺。缺を留め門と為す……潮漲、岸を淹没すれば、魚蛤、漲に随い滬に入る。潮退けば水、滬門より出で、魚蛤、網の阻む所と為る」という記述がみられる。この滬は、沿岸に欠けた円形状（馬蹄形状）の土塁を設け、出口に網をおいたものと考えられる。土塁そのもの、ないしは土塁を中心とする仕掛け全体を滬とよんだようである。土塁であるため、石干見の石垣のように隙間から海水が出入りする構造ではなかった。したがって、土塁の一部が捕魚を目的として開かれていた。構造的には、サンゴ礁地域で広く見られる、石垣の頂点部を開口しておき、そこに張網などを敷設するタイプの石干見に近い。

ところで、上海地域自体が「滬」とよばれる場合があることを付け加えておこう。この「滬」は「滬瀆」に由来する。「滬瀆」は本来、川の名で、呉淞江の河口付近をさした。「滬」は「扈」からきており、「扈」の本義は魚をとる道具のことである。南朝時代の、顧野王による『輿地志』に「竹を挿して海中に列べ、縄を以て之を編み、岸に向かって両翼を張る。潮上がれば即ち没し、潮落けば即ち出づ。魚、潮に随って竹に碍げられ去るを得ず、之を名づけて扈という」という記載がある。一方、「瀆」は「独」で、その本義は単独で大海に流入する河川を意味する。「滬瀆」の名が最初に見られるのは、梁の簡文帝の『呉郡石造銘』である。東晋年間にここに塁を築いて海賊を防いだという。これが川の名前に由来する「滬瀆塁」である（熊編 一九九九）。

このような、中国における石干見の漁業史的記録を整理し、さらに地方誌から漁業に関する記録をひろいあげる作業が今後の課題である。

三　石干見の技術

石干見は単純な構造物と見られがちであるが、詳細にみれば、その形態は、地形や漁獲対象魚類の行動性などに応じて多様である。そこには、漁業者が海とともに生きてきた努力と魚をしるための知恵の集積が見いだされる。

このような石干見漁の技術について、石干見が立地する海域の生態学的理解のみならず、漁業活動の生態学的研究もすすめる必要がある。たとえば、魚類の行動には「魚道」として語られるように一定の移動路がある。V字形やW字形の石干見では漁業者が魚道を正確に認知することが、漁獲にとってとくに重要な要素となる。まず、魚道に応じた場所に頂点部分を造る必要がある。そしてそこに水門を設けて、魚群を導く。水門には張網やウケ(秋道 一九八九)などを敷設して漁獲する。石干見を構築する際には、このように、外海の魚道との関係性が必ず考えられたと思われる。韓国の石干見研究で指摘されたような、石垣の高さ、捕魚部の構造、付着した膠着生物によって石垣の堅さが維持されることなどからも、海とつながりを持ち続けてきた漁業者の知恵がうかがえる。

漁業者は、魚の生態に関してどのような地域固有の知識をもち、石干見を構築し漁業をおこなってきたのか調査する必要がある。各地の漁獲対象魚種のリストづくりとともに、その習性に応じたどのような工夫が石干見になされているのかも詳細に知る必要がある。

多くの石干見が存在する漁場域では、石干見を構築する場所を選択する際、魚道の前面と後面という関係が生じてしまう場合があるはずである。海岸の周辺に連続して石干見を構築する際のしきたりはどうなっているのか、台湾の澎湖列島でみられるような、各石滬の持株数が一定しない状況にはどのような生態学的な意味があるのかなども、今回は若干の仮説を提示するにとどまったが、石干見の多様な所有形態と用益形態に関連させながら、さらに解明しなければならない漁業技術に関する重要な研究課題である。

四　石干見の所有と利用・漁獲物の分配

石干見の所有は、総有や共同所有、個人所有の形態がある。その所有形態に応じて、どのような利用形態がつくられてきたか、誰が管理し、補修するのか、漁獲物はどのように分配されるのかなど、東アジア各地の事例を集めることができた。

地域の宗教施設を管理する費用を捻出するために共同で利用される石干見が、複数の地域において認められた。五島列島の小値賀島では石干見漁撈と神社の祭礼との関係についての詳細な事例が水野によって分析された。石干見は、「お山参り」の際に沖の神島神社の祭神に捧げる神饌としての魚をとるためにのみ、もしくはその祭礼の費用を捻出するためにのみ利用されたのである。

澎湖列島馬公市五徳地区においても、陳の指摘にある通り、廟の管理をおこなうために村が所有する石滬を一年間、輪番で利用するしきたりがつくられてきた。このことは、昭和初期におこなわれた『澎湖廳水産基本調査報告書』(一九三二)にも記載されている。五徳(威霊宮)だけでなく、湖西(白坑公廟)、鳥嶼(赤崁廟)などにある石滬も村廟を維持管理するための費用を捻出する目的で利用された(洪　一九九九b)。

石干見が婚礼に際して設けられた事例も沖縄(南西諸島)小浜島と澎湖列島でみとめられた。小浜島では、娘の嫁入りの際に石干見を婚家に持参させた。このような事例は複数存在した。矢野・中村はこのような行為がかつてかなり頻繁におこなわれていたのではないかと推測している。澎湖列島赤馬でも石滬が嫁入り道具のひとつであった。農家に嫁ぐ娘のために、魚が食べられるようにと石滬を持たせてやったという伝承が残されている。

漁獲物の分配方法も、共同利用や村の総有という所有形態と深く関わって、さまざまなタイプが見いだされた。水野が指摘する、「実質的平等」とともに「一般的互酬性」を示す分配慣習は、分配方法を考えるうえで、ひとつの指標を与えている。実際に漁業活動に参加した者への分配方法と参加できなかった(または参加しなかった)者への分配方法、漁業活動に参加しなくても、漁獲時にその場にいた者や見物人に対して与えられる分配方法も存在した。韓国や台湾でも見られたような、主要な漁獲物を漁獲した後には、一般の住民に開放される事例、また、潮の引き具合を目安に一般に開放されるしきたりなども、ローカルな漁場認知のシステムと考えられる。

今後とも、このような、所有、利用、分配の諸相を整理し分析することが続けられなければならない。また、所有権の継承や組み換えなどについても資料の蓄積がのぞまれよう。ただし、すでに繰り返し指摘しているように、石干見は消えゆく運命にあることは否めない事実である。どのような調査・研究にしろ、時間的に急がねばならない。

五　石干見の保存と再生

石干見からは、これまで述べてきたように、伝統的な漁業にみられる「知」の重要性と、漁村社会を中心として形成された多様な漁業文化を理解することができる。さらに、現存する石干見は、伝統的な漁具の遺産としてのみならず、漁村社会における伝統文化を引き継ぐ遺産という点からもきわめて価値がある。

残存する石干見については、これ以上破壊されないように保存策を早めに講じる必要がある。また、操業が続けられている石干見を活用することができるように方策をたてる必要がある。その方法として考えられるのは、文化財としての保護と観光資源としての新たな利用という二つの側面である。

日本の石干見は、早くに廃れ、近年、文化財指定や観光漁業に利用されているものもきわめて少ない。長崎県北高来郡（現在は諫早市）高来町のスクイは、一九八六年四月一一日、町から文化財保護の指定をうけた。スクイを使いながら保存する、いわば動態保存である。これを管理する中島安伊氏はスクイの修理にかかった代金を町に請求し、町がそれを支払うという。他方、中島氏も湯江漁業協同組合正組合員として漁協に毎年、スクイの使用料を払っていた（多辺田　一九九五）。

韓国や台湾では残存している石干見も数多く、漁具数がきわめて少なくなってしまった日本の現状とは異なっている。緊急の保護・管理がなされれば、日本のような状況になることはないだろう。これを考えるにあたって、フランスにおける石干見観光漁業の事例が参考になる。

フランス西部ビスケー湾に位置するレ島では、近年、石干見保存会が組織された。石干見はレ島文化のもっとも重要な表象の一つであるという立場から、この保存会が文化資源・観光資源としての石干見の修復と保存に携わっている。具体的には、有料の石干見ガイドツアーの実施や放棄された石干見の復元などがおこなわれている。近隣にあるオレロン島においても同様な観光資源としての石干見の利用と保全が開始されている。この動きは世界的な石干見保護に対する一つの可能性を示唆するものである(岩淵 二〇〇二)。

台湾澎湖列島でも近年、石滬に新たな価値づけがなされてきた。石滬は潮間帯に創造された漁撈文化として重要な資産であり、また文化教育的価値を有するものとしてその価値が再認識されはじめているのである。石干見は観光資源としてどのように活用することができるのだろうか。澎湖列島では、観光客から費用を徴収し、石干見漁業を楽しんでもらう参加型の観光活動が提案されている。タモ網のような漁具を貸し出して実際に魚をとらせ、とれた魚を分け与えたり、調理して供するようなシステムを整えていけば、石滬は観光客を普遍的に吸引できる観光活動のひとつになるというのである(台湾大学土木工程学研究所都市計画室編 一九八五)。これは、日本の有明海や沖縄にみられる伝統的ないくつかの石干見のように文化財として保存しようとする動きとは異なる。海が漁業空間から観光産業の商品と化してゆく過程において、島外の人からも島内の人からも石干見に対して新たなイメージづけが起こる可能性がある。本来の漁業という価値をいったん失った石滬が新たな意味を付与され、観光のなかで再び

「発見」される状況をよみとることができるのである。

フランス、オレロン島では、前述したように、石干見保存会による修復がおこなわれている。しかし、修復が行政当局によって認められない場合もあったという。その海域が、遊泳区域と可航水域に区分されていたからであった。これは石干見保護がたんなる海洋環境保全の見地からのみではなく、広く海岸線部の管理という見地から論じられなければならない問題であるということを如実に示している。また、石干見による漁業資源の横取りを嫌う一般漁業従事者との調整も課題である（岩淵 二〇〇二）。

大規模なリゾート開発や他の目的による用地獲得も、干潟や礁原などを含む沿岸域においておし進められている。現存する石干見がこのような開発の中でいかに変容するかを追いながら、フロンティアとしての沿岸域の利用を考えることも今後に残された研究課題といえるだろう。

Anand, P. E. V. (1996) Fishing methods in Lakshadweep. *INFOFISH international* 96 (3).

Bird, R. B., Bird, D. W. and Beaton, J. M. (1995) Children and traditional subsistence on Mer (Murray Island), Torres Strait. *Australian aboriginal studies* 1995-1.

Brandt, A. von (1984) *Fish catching methods of the world* (3rd ed.). Fishing News Books Ltd.

Carrier, J. G. (1982) Fishing practices on Ponam Island (Manus Province, Papua New Guinea). *Anthropos* 77.

Firth, R. (1939) *Primitive Polynesian economy*. Routledge & Kegan Paul Ltd.

Fischer, J. L. and Fischer, A. M. (1970) *The Eastern Carolines*. Human Relations Area Files Press.

Haddon, A. C. (1912) Hunting and fishing. In A. C. Haddon (ed.) *Reports of the Cambridge anthropological expedition to Torres Straits Vol.IV Arts and crafts*, Cambridge University Press.

Hunter-Anderson, R. L. (1981) Yapese stone fish traps. *Asian perspectives* 24.

Johannes, R. E. (1981) *Words of the lagoon : Fishing and marine lore in the Palau district of Meranesia*. University of California Press.

Johannes, R. E. and MacFarlane, J. W. (1991) *Traditional fishing in the Torres Strait Islands*. CSIRO Division of Fisheries.

Kawamura, G. and Bagariano, T. (1980) Fishing methods and gears in Panay Island, Philippines. *Memoirs of the faculty of fisheries, Kagoshima University* 29.

LeBar, F. M. (1964) *The Material culture of Truk*. Department of Anthropology Yale University.

Lieber, M. D. (1994) *More than a living : Fishing and the social order on a Polynesian atoll.* Westview Press.

Nishimura, A. (1968a) Primitive fishing methods. In A. Smith (ed.) *Ryukyuan culture and society.* University of Hawaii Press.

Nishimura, A. (1968b) Living fossil of oldest fishing gear in Japan. *The VIII th internatinal congress of anthropological and ethnological science held in Tokyo and Kyoto.*

Nishimura, A. (1971) Ishihibi, the oldest fishing gear, its morphology and function. In J.Szabadealvi and Z.Ujvary (eds.) *Studia ethnographica et folkloristica in Honorem Bela Gunda.* Debrecen

Nishimura, A. (1975) Cultural and social change in the mode of ownership of stone tidal weirs. In R. W. Casteel and G. I. Quimby (ed.) *Maritime adaptations of the Pacific.* Mouton Publishers.

Pownall, P. (1979) *Fisheries of Australia.* Fishing News Books Ltd.

Reed, A. W. (1969) *An illustrated encyclopedia of aboriginal life.* A. H. & A. W. Reed.

Reinman, F. M. (1967) Fishing: An aspect of oceanic economy. *Fieldiana anthropology* 56 (2).

Stewart, H. (1977) *Indian fishing : Early methods on the Northwest Coast.* University of Washington Press.

Subani, W. & Barus, H. R. (1989) *Aiat penangkapan ikan dan udang laut di Indoneshia (Fishing gears for marine fish and shrimp in Indonesia).* Jurnal penelitian perikanan laut (Journal of marine fisheries research) 50.

Summers, C. C. (1964) *Hawaiian fishponds.* Museum Press.

Teiwaki, R. (1988) *Management of marine resources in Kiribati.* University of the South Pacific.

Tsang, C. (1995) Marine exploitation in prehistoric Taiwan. In T. Lin (ed.) *Proceedings of the international conference on anthropology and the museum* (Taiwan Museum).

Umali, A. (1950) *Guide to the classification of fishing in the Philippines.* States Government Printing Office.

Zayas, C. N. (1994) Pangayaw and tumandok in the marine world of the Visayan islanders. In I. Ushijima, and N. C. Zayas (eds.) *Fish-*

ers of the Visayas : Visayas maritime anthropological studies 1 : 1991-1993. CSSP Publications.
秋道智彌（一九七六）「漁撈活動と魚の生態」、『季刊人類学』七―二
秋道智彌（一九八九）「ミクロネシアの筌漁――漁具・漁法の生態学的研究」、『国立民族学博物館研究報告別冊』六
秋道智彌（一九九五）『海洋民族学――海のナチュラリストたち』東京大学出版会
井上真（二〇〇一）「自然資源の共同管理制度としてのコモンズ」、井上真・宮内泰介編『コモンズの社会学――森・海・川の資源共同管理を考える』新曜社
いれいたかし（一九九七）『沖縄・釣りの民俗誌』沖縄タイムス社
岩淵聡文（二〇〇二）「フランス西部、Ré島における石干見」、『第五〇回東京商船大学学術講演会論文集』
牛島巌（一九八七）『ヤップ島の社会と交換』弘文堂
栄喜久元（一九七一）『奄美大島与論島の民俗語彙と昔話』奄美社
大島襄二編（一九七七）『魚と人と海――漁撈文化を考える』日本放送出版協会
大島襄二編（一九八三）『トレス海峡の人々――その地理学的・民族学的研究』古今書院
小川博（一九八四）『海の民俗誌』名著出版
小野重朗（一九七三）「奄美大島のカキ（石干見）」、鹿児島県文化財保護課編『鹿児島県文化財調査報告書』二〇
海上保安庁水路部編（一九九七ａ）『平成一〇年度潮汐表　第一巻　日本及び付近』日本水路協会
海上保安庁水路部編（一九九七ｂ）『平成一〇年度潮汐表　第二巻　太平洋及びインド洋』日本水路協会
笠利町誌執筆委員会編（一九七三）『笠利町誌』笠利町
鏑木余三男（一八九六）「台湾澎湖列島水産の概況」、『大日本水産会報』一六六
亀山慶一（一九八六）『漁民文化の民俗研究』弘文堂

漢語大詞典編輯委員会・漢語大詞典編纂処編（一九九〇）『漢語大詞典　第六巻』、漢語大詞典出版社
顔秀玲（一九九二）『澎湖群島吉貝村和赤崁村漁撈活動的空間組織』（国立台湾師範大学地理研究所碩士論文）、国立台湾師範大学地理研究所
喜舎場永珣（一九七七）「八重山における旧来の漁業」、喜舎場永珣『八重山民俗誌　上巻・民俗篇』沖縄タイムス社（初出は一九三四）
北大路弘信（一九八三）「マリー島」、大島襄二編『トレス海峡の人々――その地理学的・民族学的研究』古今書院
金光彦（一九八八）「水産業」、韓国文化広報部文化財管理局編『韓国の民俗大系――韓国民俗総合調査報告書　第二巻　全羅北道篇』竹田旦・任東権訳、国書刊行会
具志堅宗弘（一九七二）『原色・沖縄の魚』琉球水産協会
洪國雄（一九九九a）『澎湖的石滬』澎湖県立文化中心
洪國雄（一九九九b）「澎湖石滬産業與漁村社會生活」、『西瀛風物』六
古閑義康（一九一七a）「澎湖廳漁村調査（一）」、『台湾水産雑誌』一三
古閑義康（一九一七b）「澎湖廳漁村調査（二）」、『台湾水産雑誌』一四
古閑義康（一九一七c）「澎湖廳漁村調査（三）」、『台湾水産雑誌』一五
古閑義康（一九一七d）「澎湖廳漁村調査（四）」、『台湾水産雑誌』一六
古閑義康（一九一七e）「澎湖廳漁村調査（五）」、『台湾水産雑誌』一七
古閑義康（一九一七f）「澎湖廳漁村調査（六）」、『台湾水産雑誌』一八
古閑義康（一九一七g）「澎湖廳漁村調査（七）」、『台湾水産雑誌』一九
古閑義康（一九一七h）「澎湖廳漁村調査（八）」、『台湾水産雑誌』二〇
古閑義康（一九一七i）「澎湖廳漁村調査（九）」、『台湾水産雑誌』二一

古閑義康（一九一七j）「澎湖廳漁村調査（一〇）」、『台湾水産雑誌』二二
古閑義康（一九一七k）「澎湖廳漁村調査（一一）」、『台湾水産雑誌』二三
古閑義康（一九一七l）「澎湖廳漁村調査（一二）」、『台湾水産雑誌』二四
古閑義康（一九一八a）「澎湖廳漁村調査（一三）」、『台湾水産雑誌』二五
古閑義康（一九一八b）「澎湖廳漁村調査（一四）」、『台湾水産雑誌』二六
古閑義康（一九一八c）「澎湖廳漁村調査（一五）」、『台湾水産雑誌』二七
国立編訳館編（二〇〇〇）『国民中学認識台湾（地理篇）』、国立編訳館
後藤明（一九九六）『海の文化史――ソロモン諸島のラグーン世界』未來社
近藤忠・山口要八（一九五一）「野崎島巨石遺跡の紹介」、『考古学雑誌』三七―四
坂口徳太郎（一九二一）『奄美大島史』三州堂書店
柴田恵司（二〇〇〇）『潟スキーと潟漁――有明海から東南アジアまで』東南アジア漁船研究会
島袋源七（一九七一）「沖縄古代の生活――狩猟・漁労・農耕」、谷川健一編『村落共同体』（叢書わが沖縄四）木耳社（初出は一九〇〇）
下啓助（一九〇九a）「台湾視察談」、『大日本水産会報』三二六
下啓助（一九〇九b）「台湾視察談（承前）」、『大日本水産会報』三二七
謝英従（二〇〇一）「外埔石滬與平埔族、澎湖移民――外埔朱家石滬契書談起」、『台湾文献』五二―一
蔣祖武監修（一九七二）『澎湖縣志　巻五、巻六、物産誌上・下巻』澎湖県文献委員会
杉浦健一（一九三九）「ヤップ島民の漁業と漁具」、『人類学雑誌』五四―二
杉山靖憲（一九二五）『澎湖を古今に渉りて』台日社
スチュアートヘンリ（一九九二）「極北地帯の石干見――特殊な簗に関する民族学・考古学的研究」、『史観』一二八

須藤健一（一九八九）「海のしきたり」、鹿児島大学南太平洋研究センター編『オセアニア物語』めこん
瀬川真平（一九八三）「スティーブン島」、大島襄二編『トレス海峡の人々——その地理学的・民族学的研究』古今書院
染木煦（一九四五）『ミクロネジアの風土と民具』彰考書院
台湾銀行経済研究室編（一九五七）『台湾漁業史』（台湾研究叢刊第四二種）
台湾研究所編（二〇〇〇）『台湾総覧二〇〇〇年版』同研究所
台湾総督府（一九一六～一九四四）『台湾事情』（創刊～昭和一九年版）台湾総督府
台湾総督府（一九二九）『澎湖事情』台湾総督府
台湾総督府（一九三二）『澎湖事情』台湾総督府
台湾総督府（一九三六）『澎湖事情』台湾総督府
台湾大学土木工程学研究所都市計画室編（一九八三）『澎湖大倉観光発展細部計画規画報告』同計画室
台湾大学土木工程学研究所都市計画室編（一九八五）『澎湖吉貝観光発展細部計画規画報告』同計画室
高島信（一八九六）「台湾水産業」、『大日本水産会報』一七二
武田淳（一九九三）「海からの捧げもの」、『潮騒』九
田中耕司（一九九九）「海と陸のはざまに生きる」、秋道智彌編『自然は誰のものか』昭和堂
谷川健一（一九八九）『海の夫人』河出書房新社
多辺田政弘（一九九〇）『コモンズの経済学』学陽書房
多辺田政弘（一九九五）「海の自給畑・石干見——農民にとっての海」、中村尚司・鶴見良行編『コモンズの海』学陽書房
田和正孝（一九九七）「澎湖列島の石干見漁業——伝統的地域漁業の生態」、浮田典良編『地域文化を生きる』大明堂
田和正孝（一九九八）「石干見漁業に関する覚え書き——台湾における石滬の利用と所有」、秋道智彌・田和正孝『海人たちの自然誌——アジア・太平洋における海の資源利用』関西学院大学出版会

田和正孝（二〇〇二）「石干見研究ノート――伝統漁法の比較生態」、『国立民族学博物館研究報告』二七―一
田和正孝（二〇〇三）「澎湖列島における石滬の漁業史的位置づけと新たな意味の付与」、『関西学院史学』三〇
張一鳴（一九七四）「台湾之沿岸漁業」、台湾銀行経済研究室編『台湾漁業之研究第一冊』（台湾研究叢刊第一一二種）
陳憲明（一九九二）「一個珊瑚礁漁村的生態――澎湖鳥嶼的研究」、『地理研究報告』（国立台湾師範大学地理研究所）一八
陳憲明（一九九五）「澎南地区五徳里廟産的石滬與巡滬的公約」、『硓砧石』（澎湖縣立文化中心季刊）
陳憲明（一九九六ａ）「西嶼緝馬湾的石滬漁業與其社会文化」、『硓砧石』二
陳憲明（一九九六ｂ）「澎湖群島石滬之研究」、『地理研究報告』（国立台湾師範大学地理研究所）二五
陳文達（一七二〇）『台湾縣志』〈台湾文献叢刊　第一輯〉大通書局
永井龍一（一九三三）「名越左源太南島雜話」、『日本庶民生活史料集成　一』三一書房
長崎新聞社長崎県大百科事典出版局編（一九八四）『長崎県大百科事典』長崎新聞社
長沢利明（一九八二）「久米島東部の魚垣」、『西郊民俗』一〇一
中西純一（一九九七）「日本とベトナムの干潟漁」、『季刊民族学』八二
中村敬（一九九二）「沖縄・小浜島の石干見漁撈について」（日本民族学会第二七回研究大会発表配布資料）
中村治兵衛（一九九五）『中国漁業史の研究』刀水書房
西日本新聞社都市圏情報部編（一九九九）『海幸彦たちの四季　九州の伝統漁』西日本新聞社
西村朝日太郎（一九六七）「沖縄における原始漁法――黒島における一つの junta を中心として」、蒲生正男・大林太良・村武精一編『文化人類学』角川書店
西村朝日太郎（一九六九）「漁具の生ける化石、石干見の法的諸関係」、『比較法学』五―一・二合併号
西村朝日太郎（一九七四）『海洋民族学――陸の文化から海の文化へ』日本放送出版協会
西村朝日太郎（一九七九）「生きている漁具の化石――沖縄宮古群島における kaki の研究」、『民族学研究』四四―三

西村朝日太郎（一九八〇）「生きていた漁具の化石――台湾、澎湖島を訪ねる」、『民族学研究』四五―一
西村朝日太郎（一九八六）「喜舎場永珣と海洋民族学」、『八重山文化論叢』
日本海洋漁業協議会（一九五二）『台湾の漁業　附台湾の水産統計』日本海洋漁業協議会
農商工部水産局編（一九〇八）『韓國水産誌　第一輯』日韓印刷
昇曙夢（一九四九）『大奄美史』奄美社
橋本征治（二〇〇〇）「ハワイ諸島における伝統的「池」養殖の地理学的研究」、『東西学術研究所紀要』三三
羽原又吉（一九六一）「中國漁業の沿革」、『社会経済史学』二六―四・五
早川正一（一九八二）「Yap 島 Rang 村の地勢と村民の経済活動」、ミクロネシア研究委員会編『ミクロネシアの文化人類学的研究――西カロリンの言語・社会・先史文化』国書刊行会
澎湖采風工作小組編（一九九四）『二崁采風』澎湖県立文化中心
澎湖廳水産課（一九三二）『澎湖廳水産基本調査報告書』澎湖廳
松岡静雄（一九四三）『ミクロネシア民族誌』岩波書店
水野紀一（一九八〇）「奄美大島の石干見漁撈」、『史観』一〇三
水野紀一（二〇〇二）「南西諸島の石干見漁撈」、『早稲田大学高等学院研究年誌』四六
柳田國男・倉田一郎（一九三八）『分類漁村語彙』民間伝承の會
矢野敬生・中村敬・山崎正矩（二〇〇二）「沖縄八重山群島・小浜島の石干見」、『人間科学研究』一五―一
藪内芳彦（一九六二）「世界漁業文化圏設定試論」、『人文研究』一三―一一
藪内芳彦編（一九七八）『漁撈文化人類学の基本的文献資料とその補説的研究』風間書房
藪内芳彦（一九七八）「漁撈文化圏設定試論」、藪内芳彦編『漁撈文化人類学の基本的文献資料とその補説的研究』風間書房

山城浩（一九七二）『小浜島誌』小浜島郷友
熊日之編（一九九九）『上海通史　第一巻』上海人民出版社
吉田敬市（一九四八）「漁業と自然環境——有明海の石干見とアンコウ網漁業」、『人文地理』一—一
吉田敬市（一九五四）『朝鮮水産開発史』朝水會
李士豪・屈若搴（一九八〇）『中國漁業史』台湾商務印書館
李相高・許成会（金秀姫訳）（一九九九）「韓国の石干見漁業について」、『民具マンスリー』三一—一・一一（原著は一九九七『水産業史研究』四〈水産業史研究所刊〉）
林希超（一九五九）『今日台湾漁業』（発行所不明）
若林正丈（二〇〇一）『台湾——変容し躊躇するアイデンティティ』筑摩書房

あとがき

一九八八年の秋、自宅に、突然、台湾から手紙が舞い込んだ。当時、まったく面識のなかった、国立台湾師範大学の陳憲明先生からであった。丁寧な日本語による、「あなたがかつて引用したM. E. Smith編の *Those who Live from the Sea* という本がどうしても手に入らない。ついてはコピーを手に入れたい」という内容の手紙であったことを記憶している。陳先生は複写代金や送料の負担についても書き添えてくださっていたが、私は「それは結構です。ただし、台湾の沿岸漁業を見たいので、訪台してもよろしいでしょうか？」という不躾な文面をコピーに同封した。

台湾行きは、陳先生の厚意によって、翌年八月末に実現した。先生の案内で、本島北西海岸苗栗県の沿岸を歩いた。そして、後龍鎮の高い堤防の上から、海岸べりに大きく弧を描いた石干見を初めて眺めることができたのである。遠目にはその大きさに驚き、近づけば、海岸の丸い転石を精巧に積みあげた見事な石壁に圧倒される思いであった。石干見は台湾では石滬《チューホー》とよばれることを教わり、かつてこの地区にあった石滬の名称を聞き取ることもできた。石滬は台湾海峡に浮かぶ澎湖列島から台湾本島へ移住した漁業者がもたらしたものである、という話にも興味がわいた。

これ以降、石干見には関心をもち続けたものの、特に研究をすすめることはなかった。その間、台湾では陳先生とその教え子である顔秀玲さんによって、石滬の研究が開始され、その成果は私の手元にも届いた。驚くほど数多くの石干見が澎湖列島にある。今度はこれをぜひ、自分の目で確かめてみたい。二度目の訪台は、一九九五年三月、澎湖の石滬に出会う旅であった。この時も陳先生にお世話になり、澎湖本島各地を訪ね、さらに石干見の集中度としては列島中最高の吉貝嶼にまで足を伸ばした。潮の満ち引きや月齢、季節風と関係する石滬の利用形態からは、石干見研究の面白さを感じることができた。その後、細々と石干見研究を続けながら、漁業史的な関心も芽ばえ、二〇〇一年、二〇〇二年には、大正期の石滬漁業権資料を探すために、台中にある台湾文献委員会に出かけた。

その頃、二〇〇二年六月、国立民族学博物館の岸上伸啓氏から連絡をいただいた。岸上さんが主催されている共同研究会「先住民による水産資源の分配と商業流通」において、七月に石干見に関する研究会を催すので何か話題を提供しないか、という誘いであった。発表者の中心は、早稲田大学で海洋民族学を研究されてきた先生であった。石干見研究の第一人者、西村朝日太郎先生の門下の方々と初めて研究交流が実現するということもあり、ありがたく参加させてもらうことにした。石干見研究には沈滞ムードが漂っていると感じていた私にとって、研究会は、予想を覆す充実ぶりであった。

私は、研究会終了後ほどなく、参加されていた矢野敬生先生に手紙を差し上げた。東アジアにおける石干見研究の現在を何か一冊にまとめられないか、という内容であった。僭越であったが、出版計画案も考えてみた。矢野先生からは、協力を惜しまないとの返事をすぐにいただき、本書へ向けての執筆を約束してくださった。中村敬、水野紀一両先生との連絡もすべて矢野先生が進めてくださった。結果的に、最初の出版計画に近いものが仕上がったのは矢野先生のお陰である。

さて、本書の各章は書き下ろしとともに以下の既往論文から構成されている。

第一章　石干見の分布
田和正孝（二〇〇二）「石干見研究ノート――伝統漁法の比較生態」、『国立民族学博物館研究報告』二七―一の第一章を加筆修正
第二章　石干見の形態と構造
田和正孝（二〇〇二）「石干見研究ノート――伝統漁法の比較生態」、『国立民族学博物館研究報告』二七―一の第二章を加筆修正
第三章　石干見の所有と用益
田和正孝（二〇〇二）「石干見研究ノート――伝統漁法の比較生態」、『国立民族学博物館研究報告』二七―一の第三章を加筆修正
第四章　沖縄・小浜島の石干見
矢野敬生・中村敬による書き下ろし
第五章　奄美諸島および五島列島の石干見漁撈

水野紀一による書き下ろし

第六章　韓国の石干見漁業

李相高・許成会（金秀姫訳）（一九九九）「韓国の石干見漁業について」、『民具マンスリー』三一－一一・一二を加筆修正（原著は『水産業史研究』四、一九九七年に所収）

第七章　澎湖列島における石滬の研究

陳憲明（一九九六）「澎湖群島石滬之研究」、『地理研究報告』（国立台湾師範大学地理研究所）二五を加筆修正

第八章　澎湖列島における石干見漁業史

田和正孝（二〇〇三）「澎湖列島における石滬の漁業史的位置づけと新たな意味の付与」、『関西学院史学』三〇を加筆修正

第九章　澎湖列島吉貝嶼における石滬の漁場利用

田和正孝（一九九七）「澎湖列島の石干見漁業――伝統的地域漁業の生態」、浮田典良編『地域文化を生きる』大明堂を加筆修正

第十章　東アジアの石干見研究――まとめと課題

田和正孝による書き下ろし

右記論文のいくつかについては、再録の許可を得たり、翻訳をすすめる必要があった。

『民具マンスリー』誌に掲載された釜慶大学校の李相高・許成会両先生による韓国の石干見に関する論文の再録許可については、同誌の編集をされている神奈川大学の香月洋一郎先生にお世話になった。先生には、釜山にある水産業史研究所長の朴九秉先生を紹介していただいた。そして朴先生を介して、李・許両先生から一部を修正し再録する許しをいただいた。また、編集の都合上、文章表現を統一する必要があった。香月先生にその旨を相談すると、李・許論文を日本語に訳された成均館大学校の金秀姫先生を紹介してくださった。金先生には論文を送り、最終チェックをしていただくとともに、掲載の許可もいただいた。香月先生の厚情によって、編集作業をスムーズに運ぶことができた。

台湾語による陳先生の論文は、まず、私が粗い訳をつくった。これを、中国文学を専攻する関西学院大学の成田静香氏に見ていただき、誤りを正し、訳出できていない部分を補足していただいた。その後、できあがった原稿を陳先生に送り、目を通していただいた。

編集の段階でお世話になった多くの先生には、この場を借りて、心よりお礼を申し上げたい。また、論文の掲載を許可してくださった国立民族学博物館出版委員会、関西学院大学史学会にもお礼申し上げたい。

本書を飾る石干見の写真の一部は、大阪人間科学大学の杉本尚次先生、大阪学院大学の瀬川真平氏、総合地球環境学研究所プロジェクト研究員の橋村修氏の提供によるものである。貴重な資料をありがたく使用させていただいた。皆様にも厚くお礼申し上げる。

一般にはなじみのない石干見に関する書物の出版計画に理解をいただき、その後の編集過程で数多くのアドバイスを下さったのは、法政大学出版局編集部の松永辰郎氏である。氏には本当にお世話になった。お礼のことばもない。

最後になるが、本書を二人の先生の霊前に捧げたい。一人は、数多くのページで名前があげられた、石干見研究の世界的権威、西村朝日太郎先生である。先生の数々の研究がなければ、このような書物が上梓されることはなかった。西村先生に本書をまず捧げることは、執筆くださった矢野、中村、水野の各先生をはじめとする早稲田大学の「西村学派」の諸先生がもっとも望まれることにちがいない。もう一人は、地理学者、藪内芳彦先生である。藪内先生から、私は、世界各地の漁業文化をはじめ数々の地理学的「知」について指導を得た。先生が描かれた、世界における石干見の分布図は、私の粗末な石干見研究の発端でもある。東西の二人の先生は、生前、互いに交流があったことも付記しておきたい。西村先生の古稀記念論文集『歴史的文化像』（一九八〇）に藪内先生はパプアニューギニア南岸の海上交易に関する論文を寄せておられるのである。

両先生が他界されてから久しいが、今、やっと少しだけ学恩に報いることができたような気がしている。

石垣島白保では魚垣の復元が進められている

二〇〇六年九月

編者　田和正孝

追記

本書の編集作業が進む中、執筆者の一人、水野紀一先生が永眠された。ここに所収の論文が絶筆となった。体調不良をおしてご協力いただいた先生に感謝するとともに、ご冥福を祈りたい。

ものと人間の文化史 135 石干見《いしひみ》 最古の漁法

2007年2月10日 初版第1刷発行

発行所 財団法人 法政大学出版局
〒102-0073 東京都千代田区九段北 3-2-7
電話 03(5214)5540 振替 00160-6-95814
整版・緑営舎 /印刷・平文社 /製本・鈴木製本所

Printed in Japan

ISBN978-4-588-21351-9

著者略歴

田和正孝（たわ　まさたか）

1954年生まれ．関西学院大学大学院文学研究科博士課程後期単位取得退学．現在，関西学院大学文学部教授．専門は漁業文化地理学．著書に『変わりゆくパプアニューギニア』（丸善，1995），『漁場利用の生態』（九州大学出版会，1997），『東南アジアの魚とる人びと』（ナカニシヤ出版，2006）など．

矢野敬生（やの　たかお）

1946年生まれ．早稲田大学大学院文学研究科博士課程後期課程満期退学．現在，早稲田大学人間科学学術院教授．専門はアジア社会論・海洋民族学．著書・論文に『新編白川村史・下巻』（白川村，1998），「泥質干潟における採貝漁撈」（『人間科学研究』13-1, 2000），『村落社会のフィールドワーク』（早稲田大学人間科学部村落社会学研究室，2002）など．

中村　敬（なかむら　たかし）

1942年生まれ．早稲田大学大学院文学研究科修士課程修了．現在，二葉栄養専門学校長．専門は社会学・海洋民族学．論文に「沖縄八重山群島小浜島の石干見」（『人間科学研究』15-1, 2002）など．

水野紀一（みずの　のりかず）

1948年生まれ．早稲田大学大学院文学研究科修士課程修了．元早稲田大学高等学院教諭．専門は日本史学・海洋民族学．著書・論文に『昭島市史附編民俗編』（昭島市，1978），「奄美群島の石干見漁撈」（『史観』103, 1980），「南西諸島の石干見漁撈」（『研究年誌』46, 2002）など．2004年没．

李　相高（Lee Sang-Go）

1956年生まれ．釜山水産大学校大学院，ロードアイランド州立大学大学院修了．現在，釜慶大学校海洋産業経営学部教授．専門は水産経済学．論文に「韓国の伝統的ウナギ漁業について（その1）」（『民具マンスリー』29-11, 1997），「干潟ヌルメ（潟板）に関する研究」〔韓国語〕（『水産業史研究』6, 1999），「新海洋秩序下における韓国の漁業管理とTAC制度」（『地域漁業研究』特別号，2000）など．

許　成会（Huh Sung-Hoi）

1956年生まれ．ソウル大学校大学院，テキサス大学大学院修了．現在，釜慶大学校海洋学科教授．専門は海洋学．論文に，「干潟ヌルメ（潟板）に関する研究」〔韓国語〕（『水産業史研究』6, 1999）など．

陳　憲明（Chen Hsien-Ming）

1944年生まれ．台湾師範大学大学院，筑波大学大学院修了．元台湾師範大学地理系教授．専門は人文地理学・漁業地理学．著書・論文に「台湾北部番子澳漁撈的時空間配置」〔中文〕（『地理研究報告』13, 1987），「半島馬来西亜的漁業発展」〔中文〕（『地理研究報告』34, 2001），『澎湖的農漁産業文化』〔中文〕（澎湖県文化局，2002）など．

ものと人間の文化史

★第９回梓会出版文化賞受賞

文化の基礎をなすと同時に人間のつくり上げたもっとも具体的な「かたち」である個々の「もの」について、その根源から問い直し、「もの」とのかかわりにおいて営々と築かれてきたくらしの具体相を通じて歴史を捉え直す

1 須藤利一編
船
海国日本では古来、漁業・水運・交易はもとより、大陸文化も船によって運ばれた。本書は造船技術、航海の模様の推移を中心に、漂流、船霊信仰、伝説の数々を語る。四六判３６８頁 '68

2 直良信夫
狩猟
人類の歴史は狩猟から始まった。本書は、わが国の遺跡に出土する獣骨、猟具の実証的考察をおこないながら、狩猟をつうじて発展した人間の知恵と生活の軌跡を辿る。四六判２７２頁 '68

3 立川昭二
からくり
〈からくり〉は自動機械であり、驚嘆すべき庶民の技術的創意がこめられている。本書は、日本と西洋のからくりを発掘・復元・遍歴し、埋もれた技術の水脈をさぐる。四六判４１０頁 '69

4 久下司
化粧
美を求める人間の心が生みだした化粧—その手法と道具に語らせた人間の欲望と本性、そして社会関係。歴史を遡り、全国を踏査して書かれた比類ない美と醜の文化史。四六判３６８頁 '70

5 大河直躬
番匠
番匠はわが国中世の建築工匠。地方・在地を舞台に開花した彼らの造型・装飾・工法等の諸技術、さらに信仰と生活等、職人以前の独自で多彩な工匠的世界を描き出す。四六判２８８頁 '71

6 額田巌
結び
〈結び〉の発達は人間の叡知の結晶である。本書はその諸形態および技法を作業・装飾・象徴の三つの系譜に辿り、〈結び〉のすべてを民俗学的・人類学的に考察する。四六判２６４頁 '72

7 平島裕正
塩
人類史に貴重な役割を果たしてきた塩をめぐって、発見から伝承・製造技術の発展過程にいたる総体を歴史的に描き出すとともに、その多彩な効用と味覚の秘密を解く。四六判２７２頁 '73

8 潮田鉄雄
はきもの
田下駄・かんじき・わらじなど、日本人の生活の礎となってきた伝統的はきものの成り立ちと変遷を、二〇年余の実地調査と細密な観察・描写によって辿る庶民生活史　四六判２８０頁 '73

9 井上宗和
城
古代城塞・城柵から近世代名の居城として集大成されるまでの日本の城の変遷を辿り、文化の各領野で果たしてきたその役割を再検討。あわせて世界城郭史に位置づける。四六判３１０頁 '73

10 室井綽
竹
食生活、建築、民芸、造園、信仰等々にわたって、竹と人間との交流史は驚くほど深く永い。その多岐にわたる発展の過程を個々に辿り、竹の特異な性格を浮彫にする。四六判324頁 '73

11 宮下章
海藻
古来日本人にとって生活必需品とされてきた海藻をめぐって、その採取・加工法の変遷、商品としての流通史および神事・祭事での役割に至るまでを歴史的に考証する。四六判330頁 '74

12 岩井宏實
絵馬
古くは祭礼における神への献馬にはじまり、民間信仰と絵画のみごとな結晶として民衆の手で描かれ祀り伝えられてきた各地の絵馬を豊富な写真と史料によってたどる。四六判302頁 '74

13 吉田光邦
機械
畜力・水力・風力などの自然のエネルギーを利用し、幾多の改良を経て形成された初期の機械の歩みを検証し、日本文化の形成における科学・技術の役割を再検討する。四六判242頁 '74

14 千葉徳爾
狩猟伝承
狩猟には古来、感謝と慰霊の祭祀がともない、人獣交渉の豊かで意味深い歴史があった。狩猟用具、巻物、儀式具、またけものたちの生態を通して語る狩猟文化の世界。四六判346頁 '75

15 田淵実夫
石垣
採石から運搬、加工、石積みに至るまで、石垣の造成をめぐって積み重ねられてきた石工たちの苦闘の足跡を掘り起こし、その独自な技術の形成過程と伝承を集成する。四六判224頁 '75

16 高嶋雄三郎
松
日本人の精神史に深く根をおろした松の伝承に光を当て、食用、薬用等の実用の松、祭祀・観賞用の松、さらに文学・芸能・美術に表現された松のシンボリズムを説く。四六判342頁 '75

17 直良信夫
釣針
人と魚との出会いから現在に至るまで、釣針がたどった一万有余年の変遷を、世界各地の遺跡出土物を通して実証しつつ、漁撈によって生きた人々の生活と文化を探る。四六判278頁 '76

18 吉川金次
鋸
鋸鍛冶の家に生まれ、鋸の研究を生涯の課題とする著者が、出土遺品や文献・絵画により各時代の鋸を復元・実験し、庶民の手仕事にみられる驚くべき合理性を実証する。四六判360頁 '76

19 飯沼二郎／堀尾尚志
農具
鍬と犂の交代・進化の歩みとして発達したわが国農耕文化の発展経過を世界史的視野において再検討しつつ、無名の農民たちによる驚くべき創意のかずかずを記録する。四六判220頁 '76

20 額田巖
包み
結びとともに文化の起源にかかわる〈包み〉の系譜を人類史的視野において捉え、衣・食・住をはじめ社会・経済史、信仰、祭事などにおけるその実際と役割とを描く。四六判354頁 '77

21 阪本祐二
蓮
仏教における蓮の象徴的位置の成立と深化、美術・文芸等に見る人間とのかかわりを歴史的に考察。また大賀蓮はじめ多様な品種とその来歴を紹介しつつその美を語る。四六判306頁 '77

22 小泉袈裟勝
ものさし
ものをつくる人間にとって最も基本的な道具であり、数千年にわたって社会生活を律してきたその変遷を実証的に追求し、歴史の中で果たしてきた役割を浮彫りにする。四六判314頁 '77

23-Ⅰ 増川宏一
将棋Ⅰ
その起源を古代インドに、我国への伝播の道すじを海のシルクロードに探り、また伝来後一千年におよぶ日本将棋の変化と発展を盤、駒、ルール等にわたって跡づける。四六判280頁 '77

23-Ⅱ 増川宏一
将棋Ⅱ
わが国伝来後の普及と変遷を貴族や武家・豪商の日記等に博捜し、遊戯者の歴史をあとづけると共に、中国伝来説の誤りを正し、将棋宗家の位置と役割を明らかにする。四六判346頁 '85

24 金井典美
湿原祭祀 第2版
古代日本の自然環境に着目し、各地の湿原聖地を稲作社会との関連において捉え直して古代国家成立の背景を浮彫にしつつ、水と植物にまつわる日本人の宇宙観を探る。四六判410頁 '77

25 三輪茂雄
臼
臼が人類の生活文化の中で果たしてきた役割を、各地に遺る貴重な民俗資料・伝承と実地調査にもとづいて解明。失われゆく道具のなかに、未来の生活文化の姿を探る。四六判412頁 '78

26 盛田嘉徳
河原巻物
中世末期以来の被差別部落民が生きる権利を守るために偽作し護り伝えてきた河原巻物を全国にわたって踏査し、そこに秘められた最底辺の人びとの叫びに耳を傾ける。四六判226頁 '78

27 山田憲太郎
香料 日本のにおい
焼香供養の香から趣味としての薫物へ、さらに沈香木を焚く香道へと変遷した日本の「匂い」の歴史を豊富な史料に基づいて辿り、我国風俗史の知られざる側面を描く。四六判370頁 '78

28 景山春樹
神像 神々の心と形
神仏習合によって変貌しつつも、常にその原型＝自然を保持してきた日本の神々の造型を図像学的方法によって捉え直し、その多彩な形象に日本人の精神構造をさぐる。四六判342頁 '78

29 増川宏一

盤上遊戯

祭具・占具としての発生を『死者の書』をはじめとする古代の文献にさぐり、形状・遊戯法を分類しつつその〈進化〉の過程を考察。〈遊戯者たちの歴史〉をも跡づける。四六判326頁 '78

30 田淵実夫

筆

筆の里・熊野に筆づくりの現場を訪ねて、筆匠たちの境涯と製筆の由来を克明に記録しつつ、筆の発生と変遷、種類、製筆法、さらには筆塚、筆供養にまで説きおよぶ。四六判204頁 '78

31 橋本鉄男

ろくろ

日本の山野を漂移しつづけ、高度の技術文化と幾多の伝説とをもたらした特異な旅職集団＝木地屋の生態を、その呼称、地名、伝承、文書等をもとに生き生きと描く。四六判460頁 '79

32 吉野裕子

蛇

日本古代信仰の根幹をなす蛇巫をめぐって、祭事におけるさまざまな蛇の「もどき」や各種の蛇の造型・伝承に鋭い考証を加え、忘れられたその呪性を大胆に暴き出す。四六判250頁 '79

33 岡本誠之

鋏（はさみ）

梃子の原理の発見から鋏の誕生に至る過程を推理し、日本鋏の特異な歴史的位置を明らかにするとともに、刀鍛冶等から転進した鋏職人たちの創意と苦闘の跡をたどる。四六判396頁 '79

34 廣瀬鎮

猿

嫌悪と愛玩、軽蔑と畏敬の交錯する日本人とサルとの関わりあいの歴史を、狩猟伝承や祭祀・風習、美術・工芸や芸能のなかに探り、日本人の動物観を浮彫りにする。四六判292頁 '79

35 矢野憲一

鮫

神話の時代から今日まで、津々浦々につたわるサメの伝承とサメをめぐる海の民俗を集成し、神饌、食用、薬用等に活用されてきたサメと人間のかかわりの変遷を描く。四六判292頁 '79

36 小泉袈裟勝

枡

米の経済の枢要をなす器として千年余にわたり日本人の生活の中に生きてきた枡の変遷をたどり、記録・伝承をもとにこの独特な計量器が果たした役割を再検討する。四六判322頁 '80

37 田中信清

経木

食品の包装材料として近年まで身近に存在した経木の起源を、こけら経や塔婆、木簡、屋根板等に遡って明らかにし、その製造・流通に携った人々の労苦の足跡を辿る。四六判288頁 '80

38 前田雨城

色 染と色彩

わが国古代の染色技術の復元と文献解読をもとに日本色彩史を体系づけ、赤・白・青・黒等におけるわが国独自の色彩感覚を探りつつ日本文化における色の構造を解明。四六判320頁 '80

39　吉野裕子

狐　陰陽五行と稲荷信仰

その伝承と文献を渉猟しつつ、中国古代哲学＝陰陽五行の原理の応用という独自の視点から、謎とされてきた稲荷信仰と狐との密接な結びつきを明快に解き明かす。　四六判232頁　'80

40－Ⅰ　増川宏一

賭博Ⅰ

時代、地域、階層を超えて連綿と行なわれてきた賭博。──その起源を古代の神判、スポーツ、遊戯等の中に探り、抑圧と許容の歴史を物語る。全Ⅲ分冊の〈総説篇〉。　四六判298頁　'80

40－Ⅱ　増川宏一

賭博Ⅱ

古代インド文学の世界からラスベガスまで、賭博の形態・用具・方法の時代的特質を明らかにし、夥しい禁令に賭博の不滅のエネルギーを見る。全Ⅲ分冊の〈外国篇〉。　四六判456頁　'82

40－Ⅲ　増川宏一

賭博Ⅲ

聞香、闘茶、笠附等、わが国独特の賭博を中心にその具体例を網羅し、方法の変遷に賭博の時代性を探りつつ禁令の改廃に時代の賭博観を追う。全Ⅲ分冊の〈日本篇〉。　四六判388頁　'83

41－Ⅰ　むしゃこうじ・みのる

地方仏Ⅰ

古代から中世にかけて全国各地で作られた無銘の仏像を訪ね、素朴で多様なノミの跡に民衆の祈りと地域の願望を探る。宗教の伝播、文化の創造を考える異色の紀行。　四六判256頁　'80

41－Ⅱ　むしゃこうじ・みのる

地方仏Ⅱ

紀州や飛騨を中心に草の根の仏たちを訪ねて、その相好と像容の魅力を探り、技法を比較考証して仏像彫刻史に位置づけつつ、中世地域社会の形成と信仰の実態に迫る。　四六判260頁　'97

42　岡田芳朗

南部絵暦

田山・盛岡地方で「盲暦」として古くから親しまれてきた独得の絵解き暦を詳しく紹介しつつその全体像を復元する。その無類の生活暦は、南部農民の哀歓をつたえる。　四六判288頁　'80

43　青葉高

野菜　在来品種の系譜

蕪、大根、茄子等の日本在来野菜をめぐって、その渡来・伝播経路、品種分布と栽培のいきさつを各地の伝承や古記録をもとに辿り、畑作文化の源流とその風土を描く。　四六判368頁　'81

44　中沢厚

つぶて

弥生投弾、古代・中世の石戦と印地の様相、投石具の発達を展望しつつ、願かけの小石、正月つぶて、石こづみ等の習俗を辿り、石塊に託した民衆の願いや怒りを探る。　四六判338頁　'81

45　山田幸一

壁

弥生時代から明治期に至るわが国の壁の変遷を壁塗＝左官工事の側面から辿り直し、その技術的復元・考証を通じて建築史・文化史における壁の役割を浮き彫りにする。　四六判296頁　'81

46 小泉和子
簞笥（たんす）
★第11回江馬賞受賞
近世における簞笥の出現＝箱から抽斗への転換に着目し、以降近現代に至るその変遷を社会・経済・技術の側面からあとづける。著者自身による簞笥製作の記録を付す。四六判378頁 '82

47 松山利夫
木の実
山村の重要な食糧資源であった木の実をめぐる各地の記録・伝承を集成し、その採集・加工における幾多の試みを実地に検証しつつ、稲作農耕以前の食生活文化を復元。四六判384頁 '82

48 小泉袈裟勝
秤（はかり）
秤の起源を東西に探るとともに、わが国律令制下における中国制度の導入、近世商品経済の発展に伴う秤座の出現、明治期近代化政策による洋式秤受容等の経緯を描く。四六判326頁 '82

49 山口健児
鶏（にわとり）
神話・伝説をはじめ遠い歴史の中の鶏を古今東西の伝承・文献に探り、特に我国の信仰・絵画・文学等に遺された鶏の足跡を追って、鶏をめぐる民俗の記憶を蘇らせる。四六判346頁 '83

50 深津正
燈用植物
人類が燈火を得るために用いてきた多種多様な植物との出会いと個個の植物の来歴、特性及びはたらきを詳しく検証しつつ「あかり」の原点を問いなおす異色の植物誌。四六判442頁 '83

51 吉川金次
斧・鑿・鉋（おの・のみ・かんな）
古墳出土品や文献・絵画をもとに、古代から現代までの斧・鑿・鉋を復元・実験し、労働体験によって生まれた民衆の知恵と道具の変遷を蘇らせる異色の日本木工具史。四六判304頁 '84

52 額田巌
垣根
大和・山辺の道に神々と垣との関わりを探り、各地に垣の伝承を訪ねて、寺院の垣、民家の垣、露地の垣など、風土と生活に培われた生垣の独特のはたらきと美を描く。四六判234頁 '84

53-Ⅰ 四手井綱英
森林Ⅰ
森林生態学の立場から、森林のなりたちとその生活史を辿りつつ、産業の発展と消費社会の拡大により刻々と変貌する森林の現状を語り、未来への再生のみちをさぐる。四六判306頁 '85

53-Ⅱ 四手井綱英
森林Ⅱ
森林と人間との多様なかかわりを包括的に語り、人と自然が共生するための森や里山をいかにして創出するか、森林再生への具体的な方策を提示する21世紀への提言。四六判308頁 '98

53-Ⅲ 四手井綱英
森林Ⅲ
地球規模で進行しつつある森林破壊の現状を実地に踏査し、森と人が共存する日本人の伝統的自然観を未来へ伝えるために、いま何が必要なのかを具体的に提言する。四六判304頁 '00

54 酒向昇
海老（えび）
人類との出会いからエビの科学、漁法、さらには調理法を語り、めでたい姿態と色彩にまつわる多彩なエビの民俗を、地名や人名、詩歌・文学、絵画や芸能の中に探る。四六判428頁 '85

55—I 宮崎清
藁（わら）I
稲作農耕とともに二千年余の歴史をもち、日本人の全生活領域に生きてきた藁の文化を日本文化の原型として捉え、風土に根ざしたそのゆたかな遺産を詳細に検討する。四六判400頁 '85

55—II 宮崎清
藁（わら）II
床・畳から壁・屋根にいたる住居における藁の製作・使用のメカニズムを明らかにし、日本人の生活空間における藁の役割を見なおすとともに、藁の文化の復権を説く。四六判400頁 '85

56 松井魁
鮎
清楚な姿態と独特な味覚によって、日本人の目と舌を魅了しつづけてきたアユ——その形態と分布、生態、漁法等を詳述し、古今のアユ料理や文芸にみるアユにおよぶ。四六判296頁 '86

57 額田巌
ひも
物と物、人と物とを結びつける不思議な力を秘めた「ひも」の謎を追って、民俗学的視点から多角的なアプローチを試みる。『結び』、『包み』につづく三部作の完結篇。四六判250頁 '86

58 北垣聰一郎
石垣普請
近世石垣の技術者集団「穴太」の足跡を辿り、各地城郭の石垣遺構の実地調査と資料・文献をもとに石垣普請の歴史的系譜を復元しつつ石工たちの技術伝承を集成する。四六判438頁 '87

59 増川宏一
碁
その起源を古代の盤上遊戯に探ると共に、定着以来二千年の歴史を時代の状況や遊び手の社会環境との関わりにおいて跡づける。逸話や伝説を排して綴る初の囲碁全史。四六判366頁 '87

60 南波松太郎
日和山（ひよりやま）
千石船の時代、航海の安全のために観天望気した日和山——多くは忘れられ、あるいは失われた船舶・航海史の貴重な遺跡を追って、全国津々浦々におよんだ調査紀行。四六判382頁 '88

61 三輪茂雄
篩（ふるい）
臼とともに人類の生産活動に不可欠な道具であった篩、箕（み）、笊（ざる）の多彩な変遷を豊富な図解入りでたどり、現代技術の先端に再生するまでの歩みをえがく。四六判334頁 '89

62 矢野憲一
鮑（あわび）
縄文時代以来、貝肉の美味と貝殻の美しさによって日本人を魅了し続けてきたアワビ——その生態と養殖、神饌としての歴史、漁法、螺鈿の技法からアワビ料理に及ぶ。四六判344頁 '89

63　むしゃこうじ・みのる
絵師
日本古代の渡来画工から江戸前期の菱川師宣まで、時代の代表的絵師の列伝で辿る絵画制作の文化史。前近代社会における絵画の意味や芸術創造の社会的条件を考える。四六判２３０頁　'90

64　碓井益雄
蛙（かえる）
動物学の立場からその特異な生態を描き出すとともに、和漢洋の文献資料を駆使して故事・習俗・神事・民話・文芸・美術工芸にわたる蛙の多彩な活躍ぶりを活写する。四六判３８２頁　'89

65-Ⅰ　竹内淳子
藍（あい）Ⅰ　風土が生んだ色
全国各地の〈藍の里〉を訪ねて、藍栽培から染色・加工のすべてにわたり、藍とともに生きた人々の伝承を克明に描き、風土と人間が生んだ〈日本の色〉の秘密を探る。四六判４１６頁　'91

65-Ⅱ　竹内淳子
藍（あい）Ⅱ　暮らしが育てた色
日本の風土に生まれ、伝統に育てられた藍が、今なお暮らしの中で生き生きと活躍しているさまを、手わざに生きる人々との出会いを通じて描く。藍の里紀行の続篇。四六判４０６頁　'99

66　小山田了三
橋
丸木橋・舟橋・吊橋から板橋・アーチ型石橋まで、人々に親しまれてきた各地の橋を訪ねて、その来歴と築橋の技術伝承を辿り、土木文化の伝播・交流の足跡をえがく。四六判３１２頁　'91

67　宮内悊　★平成三年度日本技術史学会賞受賞
箱
日本の伝統的な箱（櫃）と西欧のチェストを比較文化史の視点から考察し、居住・収納・運搬・装飾の各分野における箱の重要な役割とその多彩な文化を浮彫りにする。四六判３９０頁　'91

68-Ⅰ　伊藤智夫
絹Ⅰ
養蚕の起源を神話や説話に探り、伝来の時期とルートを跡づけ、記紀・万葉の時代から近世に至るまで、それぞれの時代・社会・階層が生み出した絹の文化を描き出す。四六判３０４頁　'92

68-Ⅱ　伊藤智夫
絹Ⅱ
生糸と絹織物の生産と輸出が、わが国の近代化にはたした役割を描くと共に、養蚕の道具、信仰や庶民生活にわたる養蚕と絹の民俗、さらには蚕の種類と生態におよぶ。四六判２９４頁　'92

69　鈴木克美
鯛（たい）
古来「魚の王」とされてきた鯛をめぐって、その生態・味覚から漁法、祭り、工芸、文芸にわたる多彩な伝承文化を語りつつ、鯛と日本人とのかかわりの原点をさぐる。四六判４１８頁　'92

70　増川宏一
さいころ
古代神話の世界から近現代の博徒の動向まで、さいころの役割を各時代・社会に位置づけ、木の実や貝殻のさいころから投げ棒型や立方体のさいころへの変遷をたどる。四六判３７４頁　'92

71 樋口清之
木炭
炭の起源から炭焼、流通、経済、文化にわたる木炭の歩みを歴史・考古・民俗の知見を総合して描き出し、独自で多彩な文化を育んできた木炭の尽きせぬ魅力を語る。 四六判２９６頁 '93

72 朝岡康二
鍋・釜（なべ・かま）
日本をはじめ韓国、中国、インドネシアなど東アジアの各地を歩きながら鍋・釜の製作と使用の現場に立ち会い、調理をめぐる庶民生活の変遷とその交流の足跡を探る。 四六判３２６頁 '93

73 田辺悟
海女（あま）
その漁の実際と社会組織、風習、信仰、民具などを克明に描くとともに海女の起源・分布・交流を探り、わが国漁撈文化の古層としての海女の生活と文化をあとづける。 四六判２９４頁 '93

74 刀禰勇太郎
蛸（たこ）
蛸をめぐる信仰や多彩な民間伝承を紹介するとともに、その生態・分布・捕獲法・繁殖と保護・調理法などを集成し、日本人と蛸との知られざるかかわりの歴史を探る。 四六判３７０頁 '94

75 岩井宏實
曲物（まげもの）
桶・樽出現以前から伝承され、古来最も簡便・重宝な木製容器として愛用された曲物の加工技術と機能・利用形態の変遷をさぐり、手づくりの「木の文化」を見なおす。 四六判３１８頁 '94

76-Ⅰ 石井謙治
和船Ⅰ
★第49回毎日出版文化賞受賞

江戸時代の海運を担った千石船（弁才船）について、その構造と技術、帆走性能を綿密に調査し、通説の誤りを正すとともに、海難と信仰、船絵馬等の考察にもおよぶ。 四六判４３６頁 '95

76-Ⅱ 石井謙治
和船Ⅱ
★第49回毎日出版文化賞受賞

造船史から見た著名な船を紹介し、遣唐使船や遣欧使節船、幕末の洋式船における外国技術の導入について論じつつ、船の名称と船型を海船・川船にわたって解説する。 四六判３１６頁 '95

77-Ⅰ 金子功
反射炉Ⅰ
日本初の佐賀鍋島藩の反射炉と精練方＝理化学研究所、島津藩の反射炉と集成館＝近代工場群を軸に、日本の産業革命の時代における人と技術を現地に訪ねて発掘する。 四六判２４４頁 '95

77-Ⅱ 金子功
反射炉Ⅱ
伊豆韮山の反射炉をはじめ、全国各地の反射炉建設にかかわった有名無名の人々の足跡をたどり、開国か攘夷かに揺れる幕末の政治と社会の悲喜劇をも生き生きと描く。 四六判２２０頁 '95

78-Ⅰ 竹内淳子
草木布（そうもくふ）Ⅰ
風土に育まれた布を求めて全国各地を歩き、木綿普及以前に山野の草木を利用して豊かな衣生活文化を築き上げてきた庶民の知られざる知恵のかずかずを実地にさぐる。 四六判２８２頁 '95

78-Ⅱ　竹内淳子
草木布（そうもくふ）Ⅱ
アサ、クズ、シナ、コウゾ、カラムシ、フジなどの草木の繊維から、どのようにして糸を採り、布を織っていたのか——聞書きをもとに忘れられた技術と文化を発掘する。　四六判２８２頁　'95

79-Ⅰ　増川宏一
すごろくⅠ
古代エジプトのセネト、ヨーロッパのバクギャモン、中近東のナルド、中国の双陸などの系譜に日本の盤雙六を位置づけ、遊戯・賭博としてのその数奇なる運命を辿る。　四六判３１２頁　'95

79-Ⅱ　増川宏一
すごろくⅡ
ヨーロッパの鵞鳥のゲームから日本中世の浄土双六、近世の華麗な絵双六、さらには近現代の少年誌の附録まで、絵双六の変遷を追って時代の社会・文化を読みとる。　四六判３９０頁　'95

80　安達巌
パン
古代オリエントに起ったパン食文化が中国・朝鮮を経て弥生時代の日本に伝えられたことを史料と伝承をもとに解明し、わが国パン食文化二〇〇〇年の足跡を描き出す。　四六判２６０頁　'96

81　矢野憲一
枕（まくら）
神さまの枕・大嘗祭の枕から枕絵の世界まで、人生の三分の一を共に過す枕をめぐって、その材質の変遷を辿り、伝説と怪談、俗信と民俗、エピソードを興味深く語る。　四六判２５２頁　'96

82-Ⅰ　石村真一
桶・樽（おけ・たる）Ⅰ
日本、中国、朝鮮、ヨーロッパにわたる厖大な資料を集成してその豊かな文化の系譜を探り、東西の木工技術史を比較しつつ世界史的視野から桶・樽の文化を描き出す。　四六判３８８頁　'97

82-Ⅱ　石村真一
桶・樽（おけ・たる）Ⅱ
多数の調査資料と絵画・民俗資料をもとにその製作技術を復元し、東西の木工技術を比較考証しつつ、技術文化史の視点から桶・樽製作の実態とその変遷を跡づける。　四六判３７２頁　'97

82-Ⅲ　石村真一
桶・樽（おけ・たる）Ⅲ
樹木と人間とのかかわり、製作者と消費者とのかかわりを通じて桶樽と生活文化の変遷を考察し、木材資源の有効利用という視点から桶樽の文化史的役割を浮彫にする。　四六判３５２頁　'97

83-Ⅰ　白井祥平
貝Ⅰ
世界各地の現地調査と文献資料を駆使して、古来至高の財宝とされてきた宝貝のルーツとその変遷を探り、貝と人間とのかかわりの歴史を「貝貨」の文化史として描く。　四六判３８６頁　'97

83-Ⅱ　白井祥平
貝Ⅱ
サザエ、アワビ、イモガイなど古来人類とかかわりの深い貝をめぐって、その生態・分布・地方名、装身具や貝貨としての利用法などを豊富なエピソードを交えて語る。　四六判３２８頁　'97

83-Ⅲ　白井祥平
貝Ⅲ
シンジュガイ、ハマグリ、アカガイ、シャコガイなどをめぐって世界各地の民族誌を渉猟し、それらが人類文化に残した足跡を辿る。参考文献一覧／総索引を付す。　四六判３９２頁 '97

84　有岡利幸
松茸（まつたけ）
秋の味覚として古来珍重されてきた松茸の由来を求めて、稲作文化と里山（松林）の生態系から説きおこし、日本人の伝統的生活文化の中に松茸流行の秘密をさぐる。　四六判２９６頁 '97

85　朝岡康二
野鍛冶（のかじ）
鉄製農具の製作・修理・再生を担ってきた農鍛冶の歴史的役割を探り、近代化の大波の中で変貌する職人技術の実態をアジア各地のフィールドワークを通して描き出す。　四六判２８０頁 '98

86　菅　洋
稲　品種改良の系譜
作物としての稲の誕生、稲の渡来と伝播の経緯から説きおこし、明治以降主として庄内地方の民間育種家の手によって飛躍的発展をとげたわが国品種改良の歩みを描く。　四六判３３２頁 '98

87　吉武利文
橘（たちばな）
永遠のかぐわしい果実として日本の神話・伝説に特別の位置を占めて語り継がれてきた橘をめぐって、その育まれた風土とかずかずの伝承の中に日本文化の特質を探る。　四六判２８６頁 '98

88　矢野憲一
杖（つえ）
神の依代としての杖や仏教の錫杖に杖と信仰とのかかわりを探り、人類が突きつつ歩んだその歴史と民俗を興味ぶかく語る。多彩な材質と用途を網羅した杖の博物誌。　四六判３１４頁 '98

89　渡部忠世／深澤小百合
もち（糯・餅）
モチイネの栽培・育種から食品加工、民俗、儀礼にわたってそのルーツと伝承の足跡をたどり、アジア稲作文化という広範な視野からこの特異な食文化の謎を解明する。　四六判３３０頁 '98

90　坂井健吉
さつまいも
その栽培の起源と伝播経路を跡づけるとともに、わが国伝来後四百年の経緯を詳細にたどり、世界に冠たる育種と栽培・利用法を築いた人々の知られざる足跡をえがく。　四六判３２８頁 '99

91　鈴木克美
珊瑚（さんご）
海岸の自然保護に重要な役割を果たす岩石サンゴから宝飾品として知られる宝石サンゴまで、人間生活と深くかかわってきたサンゴの多彩な姿を人類文化史として描く。　四六判３７０頁 '99

92-Ⅰ　有岡利幸
梅Ⅰ
万葉集、源氏物語、五山文学などの古典や天神信仰に表れた梅の足跡を克明に辿りつつ日本人の精神史に刻印された梅を浮彫にし、梅と日本人の二〇〇〇年史を描く。　四六判２７４頁 '99

92-Ⅱ 有岡利幸
梅Ⅱ
その植生と栽培、伝承、梅の名所や鑑賞法の変遷から戦前の国定教科書に表れた梅まで、梅と日本人との多彩なかかわりを探り、桜との対比において梅の文化史を描く。 四六判338頁 '99

93 福井貞子
木綿口伝（もめんくでん） 第2版
老女たちからの聞書を経糸とし、厖大な遺品・資料を緯糸として、母から娘へと幾代にも伝えられた手づくりの木綿文化を掘り起し、近代の木綿の盛衰を描く。増補版 四六判336頁 '00

94 増川宏一
合せもの
「合せる」には古来、一致させるの他に、競う、闘う、比べる等の意味があった。貝合せや絵合せ等の遊戯・賭博を中心に、広範な人間の営みを「合せる」行為に辿る。 四六判300頁 '00

95 福井貞子
野良着（のらぎ）
明治初期から昭和四〇年までの野良着を収集・分類・整理し、それらの用途と年代、形態、材質、重量、呼称などを精査して、働く庶民の創意にみちた生活史を描く。 四六判292頁 '00

96 山内昶
食具（しょくぐ）
東西の食文化に関する資料を渉猟し、食法の違いを人間の自然に対するかかわり方の違いとして捉えつつ、食具を人間と自然をつなぐ基本的な媒介物として位置づける。 四六判290頁 '00

97 宮下章
鰹節（かつおぶし）
黒潮からの贈り物・カツオの漁法から鰹節の製法や食法、商品としての流通までを歴史的に展望するとともに、沖縄やモルジブ諸島の調査をもとにそのルーツを探る。 四六判382頁 '00

98 出口晶子
丸木舟（まるきぶね）
先史時代から現代の高度文明社会まで、もっとも長期にわたり使われてきた刳り舟に焦点を当て、その技術伝承を辿りつつ、森や水辺の文化の広がりと動態をえがく。 四六判324頁 '01

99 有岡利幸
梅干（うめぼし）
日本人の食生活に不可欠の自然食品・梅干をつくりだした先人たちの知恵に学ぶとともに、健康増進に驚くべき薬効を発揮する、その知られざるパワーの秘密を探る。 四六判300頁 '01

100 森郁夫
瓦（かわら）
仏教文化と共に中国・朝鮮から伝来し、一四〇〇年にわたり日本の建築を飾ってきた瓦をめぐって、発掘資料をもとにその製造技術、形態、文様などの変遷をたどる。 四六判320頁 '01

101 長澤武
植物民俗
衣食住から子供の遊びまで、幾世代にも伝承された植物をめぐる暮らしの知恵を克明に記録し、高度経済成長期以前の農山村の豊かな生活文化を愛惜をこめて描き出す。 四六判348頁 '01

102 向井由紀子／橋本慶子
箸（はし）
そのルーツを中国、朝鮮半島に探るとともに、日本人の食生活に不可欠の食具となり、日本文化のシンボルとされるまでに洗練された箸の文化の変遷を総合的に描く。四六判３３４頁 '01

103 赤羽正春
採集 ブナ林の恵み
縄文時代から今日に至る採集・狩猟民の暮らしを復元し、動物の生態系と採集生活の関連を明らかにしつつ、民俗学と考古学の両面から山に生かされた人々の姿を描く。四六判２９８頁 '01

104 秋田裕毅
下駄 神のはきもの
古墳や井戸等から出土する下駄に着目し、下駄が地上と地下の他界を結ぶ聖なるはきものであったという大胆な仮説を提出、日本の神々の忘れられた側面を浮彫にする。四六判３０４頁 '02

105 福井貞子
絣（かすり）
膨大な絣遺品を収集・分類し、絣産地を実地に調査して絣の技法と文様の変遷を地域別・時代別に跡づけ、明治・大正・昭和の手づくりの染織文化の盛衰を描き出す。四六判３１０頁 '02

106 田辺悟
網（あみ）
漁網を中心に、網に関する基本資料を網羅して網の変遷と網をめぐる民俗を体系的に描き出し、網の文化を集成する。「網に関する小事典」「網のある博物館」を付す。四六判３１６頁 '02

107 斎藤慎一郎
蜘蛛（くも）
「土蜘蛛」の呼称で畏怖される一方「クモ合戦」など子供の遊びとしても親しまれてきたクモと人間との長い交渉の歴史をその深層に遡って追究した異色のクモ文化論。四六判３２０頁 '02

108 むしゃこうじ・みのる
襖（ふすま）
襖の起源と変遷を建築史・絵画史の中に探りつつその用と美を浮彫にし、衝立・障子・屏風等と共に日本建築の空間構成に不可欠の建具となるまでの経緯を描き出す。四六判２７０頁 '02

109 川島秀一
漁撈伝承（ぎょろうでんしょう）
漁師たちからの聞き書きをもとに、寄り物、船霊、大漁旗など、漁撈にまつわる〈もの〉の伝承を集成し、海の道によって運ばれた習俗や信仰の民俗地図を描き出す。四六判３３４頁 '03

110 増川宏一
チェス
世界中に数億人の愛好者を持つチェスの起源と文化を、欧米における膨大な研究の蓄積を渉猟しつつ探り、日本への伝来の経緯から美術工芸品としてのチェスにおよぶ。四六判２９８頁 '03

111 宮下章
海苔（のり）
海苔の歴史は厳しい自然とのたたかいの歴史だった――採取から養殖、加工、流通、消費に至る先人たちの苦難の歩みを史料と実地調査によって浮彫にする食物文化史。四六判１７２頁 '03

112 原田多加司
屋根 檜皮葺と柿葺
屋根葺師一〇代の著者が、自らの体験と職人の本懐を語り、連綿として受け継がれてきた伝統の手わざを体系的にたどりつつ伝統技術の保存と継承の必要性を訴える。 四六判340頁 '03

113 鈴木克美
水族館
初期水族館の歩みを創始者たちの足跡を通して辿りなおし、水族館をめぐる社会の発展と風俗の変遷を描き出すとともにその未来像をさぐる初の〈日本水族館史〉の試み。 四六判290頁 '03

114 朝岡康二
古着（ふるぎ）
仕立てと着方、管理と保存、再生と再利用等にわたり衣生活の変容を近代の日常生活の変化として捉え直し、衣服をめぐるリサイクル文化が形成される経緯を描き出す。 四六判292頁 '03

115 今井敬潤
柿渋（かきしぶ）
染料・塗料をはじめ生活百般の必需品であった柿渋の伝承を記録し、文献資料をもとにその製造技術と利用の実態を明らかにして、忘れられた豊かな生活技術を見直す。 四六判294頁 '03

116-Ⅰ 武部健一
道Ⅰ
道の歴史を先史時代から説き起こし、古代律令制国家の要請によって駅路が設けられ、しだいに幹線道路として整えられてゆく経緯を技術史・社会史の両面からえがく。 四六判248頁 '03

116-Ⅱ 武部健一
道Ⅱ
中世の鎌倉街道、近世の五街道、近代の開拓道路から現代の高速道路網までを通観し、道路を拓いた人々の手によって今日の交通ネットワークが形成された歴史を語る。 四六判280頁 '03

117 狩野敏次
かまど
日常の煮炊きの道具であるとともに祭りと信仰に重要な位置を占めてきたカマドをめぐる忘れられた伝承を掘り起こし、民俗空間の壮大なコスモロジーを浮彫りにする。 四六判292頁 '04

118-Ⅰ 有岡利幸
里山Ⅰ
縄文時代から近世までの里山の変遷を人々の暮らしと植生の変化の両面から跡づけ、その源流を記紀万葉に描かれた里山の景観や大和・三輪山の古記録・伝承等に探る。 四六判276頁 '04

118-Ⅱ 有岡利幸
里山Ⅱ
明治の地租改正による山林の混乱、相次ぐ戦争による山野の荒廃、エネルギー革命、高度成長による大規模開発など、近代化の荒波に翻弄される里山の見直しを説く。 四六判274頁 '04

119 菅 洋
有用植物
人間生活に不可欠のものとして利用されてきた身近な植物たちの来歴と栽培・育種・品種改良・伝播の経緯を平易に語り、植物と共に歩んだ文明の足跡を浮彫にする。 四六判324頁 '04

120-Ⅰ　山下渉登
捕鯨Ⅰ
世界の海で展開された鯨と人間との格闘の歴史を振り返り、「大航海時代」の副産物として開始された捕鯨業の誕生以来四〇〇年にわたる盛衰の社会的背景をさぐる。　四六判314頁　'04

120-Ⅱ　山下渉登
捕鯨Ⅱ
近代捕鯨の登場により鯨資源の激減を招き、捕鯨の規制・管理のための国際条約締結に至る経緯をたどり、グローバルな課題としての自然環境問題を浮き彫りにする。　四六判312頁　'04

121　竹内淳子
紅花（べにばな）
栽培、加工、流通、利用の実際を現地に探訪して紅花とかかわってきた人々からの聞き書きを集成し、忘れられた〈紅花文化〉を復元しつつその豊かな味わいを見直す。　四六判346頁　'04

122-Ⅰ　山内昶
もののけⅠ
日本の妖怪変化、未開社会の〈マナ〉、西欧の悪魔やデーモンを比較考察し、名づけ得ぬ未知の対象を指す万能のゼロ記号〈もの〉をめぐる人類文化史を跡づける博物誌。　四六判320頁　'04

122-Ⅱ　山内昶
もののけⅡ
日本の鬼、古代ギリシアのダイモン、中世の異端狩り・魔女狩り等々をめぐり、自然＝カオスと文化＝コスモスの対立の中で〈野生の思考〉が果たしてきた役割をさぐる。　四六判280頁　'04

123　福井貞子
染織（そめおり）
自らの体験と厖大な残存資料をもとに、糸づくりから織り、染めにわたる手づくりの豊かな生活文化を見直す。創意にみちた手わざのかずかずを復元する庶民生活誌。　四六判294頁　'05

124-Ⅰ　長澤武
動物民俗Ⅰ
神として崇められたクマやシカをはじめ、人間にとって不可欠の鳥獣や魚、さらには人間を脅かす動物など、多種多様な動物たちと交流してきた人々の暮らしの民俗誌。　四六判264頁　'05

124-Ⅱ　長澤武
動物民俗Ⅱ
動物の捕獲法をめぐる各地の伝承を紹介するとともに、全国で語り継がれてきた多彩な動物民話・昔話を渉猟し、暮らしの中で培われた動物フォークロアの世界を描く。　四六判266頁　'05

125　三輪茂雄
粉（こな）
粉体の研究をライフワークとする著者が、粉食の発見からナノテクノロジーまで、人類文明の歩みを〈粉〉の視点から捉え直した壮大なスケールの〈文明の粉体史観〉　四六判302頁　'05

126　矢野憲一
亀（かめ）
浦島伝説や「兎と亀」の昔話によって親しまれてきた亀のイメージの起源を探り、古代の亀卜の方法から、亀にまつわる信仰と迷信、鼈甲細工やスッポン料理におよぶ。　四六判330頁　'05

127 川島秀一
カツオ漁
一本釣り、カツオ漁場、船上の生活、船霊信仰、祭りと禁忌など、カツオ漁にまつわる漁師たちの伝承を集成し、黒潮に沿って伝えられた漁民たちの文化を掘り起こす。四六判３７０頁 '05

128 佐藤利夫
裂織（さきおり）
木綿の風合いと強靭さを生かした裂織の技と美をすぐれたリサイクル文化として見なおす。東西文化の中継地・佐渡の古老たちからの聞書をもとに歴史と民俗をえがく。四六判３０８頁 '05

129 今野敏雄
イチョウ
「生きた化石」として珍重されてきたイチョウの生い立ちと人々の生活文化とのかかわりの歴史をたどり、この最古の樹木に秘められたパワーを最新の中国文献にさぐる。四六判３１２頁〔品切〕 '05

130 八巻俊雄
広告
★平成十七年度日本広告学会賞受賞

のれん、看板、引札からインターネット広告までを通観し、いつの時代にも広告が人々の暮らしと密接にかかわって独自の文化を形成してきた経緯を描く広告の文化史。四六判２７６頁 '06

131-I 四柳嘉章
漆（うるし）I
全国各地で発掘された考古資料を対象に科学的解析を行ない、縄文時代から現代に至る漆の技術と文化を跡づける試み。漆が日本人の生活と精神に与えた影響を探る。四六判２７４頁 '06

131-II 四柳嘉章
漆（うるし）II
遺跡や寺院等に遺る漆器を分析し体系づけるとともに、絵巻物や文学作品の考証を通じて、職人や産地の形成、漆工芸の地場産業としての発展の経緯などを考察する。四六判２１６頁 '06

132 石村眞一
まな板
日本、アジア、ヨーロッパ各地のフィールド調査と考古・文献・絵画・写真資料をもとにまな板の素材・構造・使用法を分類し、多様な食文化とのかかわりをさぐる。四六判３７２頁 '06

133-I 赤羽正春
鮭・鱒（さけ・ます）I
鮭・鱒をめぐる民俗研究の前史から現在までを概観するとともに、原初的な漁法から商業的漁法にわたる多彩な漁法と用具、漁場と社会組織の関係などを明らかにする。四六判２９２頁 '06

133-II 赤羽正春
鮭・鱒（さけ・ます）II
鮭漁をめぐる行事、鮭捕り衆の生活等を聞き取りによって再現し、人工孵化事業の発展とそれを担った先人たちの業績を明らかにするとともに、鮭・鱒の料理におよぶ。四六判３５２頁 '06

134 増川宏一
遊戯　その歴史と研究の歩み
古代から現代まで、日本と世界の遊戯の歴史を概説し、内外の研究者との交流の中で得られた最新の知見をもとに、研究の出発点と目的を論じ、現状と未来を展望する。四六判２９６頁 '06